U0925509

新丝绸之路经济带物流节点网络布局研究

六大经济走廊物流节点布局

杨莹◎著

清華大學出版社
北京

图书在版编目（CIP）数据

新丝绸之路经济带物流节点网络布局研究 ：六大经济走廊物流节点布局 / 杨莹著. 北京 ：清华大学出版社，2025. 8. -- ISBN 978-7-302-70041-8

Ⅰ. F259.1

中国国家版本馆 CIP 数据核字第 20255E1F95 号

责任编辑：陆浥晨
封面设计：李召霞
责任校对：宋玉莲
责任印制：刘 菲

出版发行：清华大学出版社
网　　址：https://www.tup.com.cn，https://www.wqxuetang.com
地　　址：北京清华大学学研大厦 A 座　　**邮　　编**：100084
社 总 机：010-83470000　　**邮　　购**：010-62786544
投稿与读者服务：010-62776969，c-service@tup.tsinghua.edu.cn
质量反馈：010-62772015，zhiliang@tup.tsinghua.edu.cn
印 装 者：三河市科茂嘉荣印务有限公司
经　　销：全国新华书店
开　　本：170mm×240mm　　**印　　张**：14.5　　**字　　数**：186 千字
版　　次：2025 年 8 月第 1 版　　**印　　次**：2025 年 8 月第1 次印刷
定　　价：129.00 元

产品编号：109214-01

摘　　要

本研究以新丝绸之路经济带物流节点网络布局作为研究对象，将新丝绸之路经济带沿线国家和地区作为物流节点，对其进行物流节点效率分析、物流需求预测、物流节点引力关系计算、物流节点网络层级布局、物流节点与区域经济发展的影响分析。研究以丝绸之路经济带为出发点，扩充至“一带一路”范围内六大经济走廊沿线主要国家和地区的相关研究，将经济走廊沿线国家和地区作为物流节点进行效率分析，掌握物流节点在研究阶段的物流成效；运用灰色预测模型 GM(1,1)以经济走廊货物周转总量为指标对各经济走廊进行物流需求预测，把握经济带发展脉络；通过引力模型计算经济走廊沿线物流节点之间的引力关系，使用 Chord-Diagram 应用的 Power BI 对物流节点进行网络层级布局；通过向量自回归(VAR)模型对新丝绸之路经济带沿线 40 个物流节点与区域经济发展的影响关系进行分析。通过对新丝绸之路经济带物流节点网络布局的研究，得出如下研究结论。

第一，从六个经济走廊视角进行经济走廊物流节点效率分析。详细梳理中国—中亚—西亚经济走廊、新亚欧大陆桥经济走廊、中巴经济走廊、中蒙俄经济走廊、孟中印缅经济走廊、中国—中南半岛经济走廊的发展现状，根据每个经济走廊的不同特点有针对性地收集经济走廊的物流效率评价指标和指标数据，通过对指标数据进行无量纲化处理后，运用数据包络分析方法对每个经济走廊的物流效率进行测算。虽然六大经济走廊物流发展现状参差不齐，但沿线地区和国家均保持着很高的参与度。中国—中亚—西亚经济走廊物流节点效率较好；新亚欧大陆桥经济走廊物流节点效率呈现出最佳良好；中巴经济走廊物流节点效率良好；中蒙俄经济走廊物流节点效率尚好；孟中印缅物流节点效率逐年进步；中国中南半岛物流效率结果良好。

第二，在六大经济走廊发展的过程中，物流需求是不可忽视的重要指标。在数据单元相对较少的前提下，运用灰色预测模型对经济走廊的物流需求进行预测。中国—中亚—西亚经济走廊物流需求快速增长；新亚欧大陆桥经济走廊物流效率和物流需求走向趋高；中巴经济走廊物流需求增长明显；中蒙俄经济走廊物流需求稳步增长、孟中印缅物流需求平稳缓慢缓增长；中国中南半岛物流需求增长较快。

第三，通过物流引力模型得到经济走廊各物流节点间的物流引力，并以此为依据进行物流网络层级布局。中国—中亚—西亚经济走廊、新亚欧大陆桥经济走廊、中蒙俄经济走廊、孟中印缅经济走廊和中国中南半岛经济走廊可将沿线物流节点划分为强物流引力、较强物流引力、中度物流引力和弱物流引力四个层级；中巴经济走廊因为沿线物流节点较少没有层级划分，两个节点之间呈强引力关系。

第四，通过建立VAR模型分析新丝绸之路经济带物流节点与区域经济发展的影响关系。大多数物流节点与区域经济发展之间呈现很好的促进作用和较高的影响力；部分物流节点与区域经济发展之间的相互作用力较好；少数物流节点与区域经济发展之间呈现较弱的影响关系。

研究预测经济走廊物流需求，可客观地得知经济走廊对于物流需求的发展趋势；通过物流节点关系强弱的描述和分层，为经济走廊物流基础设施的投入建设提供指导依据；通过向量自回归模型分析经济带沿线物流节点与区域经济发展之间的关系，研究结果与经济带物流产业发展相吻合，对经济带和经济走廊的建设具有科学价值和学术意义。

关键词： 新丝绸之路经济带　物流节点　物流效率　物流需求　物流节点引力　物流网络布局　物流节点与区域经济

目　　录
CONTENTS

绪　论

第 1 章

1.1 研究背景及意义

1.1.1 研究背景

2013年习近平总书记提出建设"新丝绸之路经济带"的合作倡议，为我国推动建设新型国际关系打开了一扇新的大门。我们以开放互惠的理念让我国先进的技术"走"出去，为丝绸之路经济带沿线国家的物流基础建设、产业升级、经济发展提供技术、资源和服务；同时我们也谦虚地"请"进来沿线国家的商品、能源和原材料，推动全球产业链升级和供应链一体化发展，为丝绸之路沿线国家提供战略联盟合作平台。

随着我国物流基础设施建设给区域经济发展带来红利，无论是经济发达区域还是我国西部经济欠发达地区，都已经认识到物流基础设施的互联互通对当地产业经济的拉动作用是不可忽视的，对丝绸之路沿线国家和地区的经济发展更是具有重要价值。丝绸之路经济带沿线国家，尤其与我国距离较近的国家，由于受到自然条件差、经济基础薄、物流水平低、道路条件弱等方面的限制，经济发展始终处于全球相对落后水平。"新丝绸之路经济带"合作倡议的提出，以沿线国家合作共赢为抓手，以物流基础设施互联互通为手段，以提高沿线国家和地区经济发展水平为目标，展开丝绸之路经济带物流产业的全面建设与合作。其中物流基础设施联通建设是沿线国家和地区提高经济水平必不可少的重要因素。当物流基础设施互联互通后，沿线国家和地区的物资往来将会更加高效，当物流通道和物流节点的建设形成物流网络后，能更好地降低经济带沿线国家和地区的物流成本，提升物流网络的服务效率。

在全球产业供应链一体化背景下，新丝绸之路经济带物流产业发展成为经济带沿线国家和地区经济结构优化与发展的一支主导力量。物流节点作为物流网络的组成部分，其物流服务水平和物流能力的高低已成为影响丝绸之路经济带是否可以顺利推进和有序发展的重要因素。随着新丝绸之路经济带的物流基础设施持续建设，其物流节点网络整体规模正在逐步形成并扩大，物流产业发展速度逐步加快，物流相关行业运行效率逐渐提高，对新丝绸之路经济带沿线国家和地区的经济发展起到明显的拉动作用。

通过对新丝绸之路经济带物流节点网络布局的研究，全面了解新丝绸之路经济带自倡议提出至今物流节点网络的发展水平，通过科学的方法寻找其发展规律和发展方向，可以进一步提高新丝绸之路经济带沿线国家和地区资源使用效率和物流服务质量，在降低新丝绸之路经济带沿线国家和地区物流服务成本的同时，为新丝绸之路经济带沿线国家和地区从物流产业角度提高经济发展水平，提供可靠和科学的决策依据。

1.1.2　研究意义

新丝绸之路经济带是在古丝绸之路概念的基础上形成的一条新的经济发展通道。新丝绸之路经济带国内地区包括我国西北地区的陕西省、甘肃省、青海省、宁夏回族自治区、新疆维吾尔自治区和西南地区的重庆市、四川省、云南省、广西壮族自治区。新丝绸之路经济带东边牵着亚太经济圈，西边连着发达的欧洲经济圈，被认为是“世界上最长、最有潜力的经济大走廊”。新丝绸之路经济带沿线有多个物流节点，作为物流基础对新丝绸之路经济带沿线国家和地区的经济增长有着不可低估的作用。新丝绸之路经济带沿线国家和地区物流通道主要进行物资运输和配送活动，而物流基本活动中包装、流通加工、分拣、储存、集散、信息处理等物流活动均是在物流节点中完成的。物流通道和物流节点共同构成物流网络，可达成区域间物流基础设施互联互通。

1）理论意义

新丝绸之路经济带物流基础设施互联互通是一个由内到外、以点到面，以整体为单位的长期性、系统性的实施过程。进行新丝绸之路经济带物流节点网络布局研究有如下理论意义。

(1) 有序推进经济带物流基础设施建设。通过对新丝绸之路经济带物流基础设施建设成绩的梳理，全面了解自“一带一路”倡议提出至今，在物流基础设施建设中已有的优势和存在的劣势，将更好地统筹国内区域物流基础设施建设规划，确定经济带沿线国家可持续发展的物流基础设施建设计划，将从理论的视角有序推进新丝绸之路经济带沿线国家和地区的物流基础设施建设和规划。

(2) 理顺物流节点网络布局。研究从“一带一路”范围内的六大经济走廊沿线国家和地区的物流节点入手，理顺“一带一路”范围内六大经济走廊沿线的区域物流节点网络，挖掘物流节点网络发展的空间和潜力，从理论的视角为我国推进“一带一路”建设提供物流节点网络布局依据。

(3) 明确经济带发展方向。通过对“一带一路”范围内六大经济走廊沿线国家和地区物流节点网络的研究，从理论的视角进一步明确我国建构国内国际双循环的“一带一路”建设和从我国沿海开放城市逐步向西开放发展国内大循环的发展方向，为经济带沿线国家和地区经济系统协调发展提供理论依据。

2）现实意义

新丝绸之路经济带物流节点网络布局研究顺应了全球供应链一体

化发展的内在要求，我国与经济带沿线国家和地区共同建设国际物流大通道，为进一步构建全球供应链一体化发展和产业链升级提供了新思路和新方法。通过与经济带沿线国家物流基础设施的共建共享，达到合作共赢的目的，为沿线国家和地区寻找最有效的物流网络。以物流基础设施互联互通为突破口，与沿线国家构建以供应链一体化发展、产业链和价值链升级的互惠互利战略合作平台。

(1) 寻找与经济带沿线国家和地区的合作契机。我国是全球供应链一体化发展中不可或缺的成员，我国的发展与经济带沿线国家和地区的整体发展密不可分。我国提出"一带一路"倡议得到沿线国家和地区的积极响应。通过对六大经济走廊沿线国家和地区的物流效率分析，全面掌握在计算周期内物流节点的物流贡献，并且可以得知物流投入是冗余还是不足，为今后的物流基础设施建设投入提供科学依据；预测经济走廊物流需求，可客观地得知经济走廊对于物流需求的发展趋势；寻找我国与经济走廊沿线国家和地区间物流产业和经济发展相融相近的契机，推动经济带可持续发展、国家和地区之间的相互紧密合作。

(2) 厘清经济带物流层级关系。通过对经济带沿线国家和地区物流节点引力计算和物流网络层级布局的研究，厘清经济带物流节点之间存在的不同网络层级关系。根据可持续发展的物流节点强强合作关系、可深入合作的物流节点较弱关系等，推动下一步经济带物流基础建设投入，改善物流服务方式、挖掘物流节点之间合作潜力，推进经济带高质量、可持续发展。

1.2　研究目的

研究从"一带一路"范围内的六大经济走廊沿线国家和地区的物流节点，从宏观层面全面分析经济带沿线国家和地区的物流节点发展现状和趋势。经济带沿线国家和地区大部分属于经济欠发达地区，但很多地区都拥有丰富的物产资源。这些地区由于物流发展缓慢，使得进出经济带的物资受到很大限制，制约了经济的发展。物流产业发展是促进新丝绸之路经济带沿线国家和地区经济及社会协调发展的重要力量，也是拉动其经济增长的有力基础。在经济带经济快速发展的当今，为经济带沿线国家和地区的经济发展及当地人民生活水平的提高提供与之相匹配的物流网络服务是非常重要和值得研究的课题。

本研究通过对经济带沿线国家和地区的物流节点和物流网络研究，将经济带沿线国家和地区作为物流节点，以物流基础设施效率分析、物流需求预测为出发点，通过对经济带沿线国家和地区物流节点强弱关系及层级分析，对经济带沿线物流节点对区域经济发展影响关系的全面分析，找到新丝绸之路经济带物流节点发展的着眼点，为下一步我国对经济带的建设和布局提供借鉴，为推进经济带可持续高质量发展，营造良好合作环境，提高经济带沿线国家的经济水平具有理论研究价值和现实指导意义。

1.3 研究内容和思路

本研究在全面梳理新丝绸之路经济带沿线物流节点发展现状的基础上，通过物流基础设施效率分析、物流需求预测、物流节点引力关系和物流节点对区域经济发展的影响分析，以新丝绸之路经济带沿线物流节点为出发点，分为9章进行撰写。

第1章 绪论

主要阐述论文的研究背景，从理论角度和现实角度分析研究意义，提出研究问题的目的；描述论文的研究内容和思路。

第2章 中国—中亚—西亚经济走廊物流节点网络布局

梳理中国—中亚—西亚经济走廊物流发展现状，通过对经济走廊境外沿线国家中的哈萨克斯坦、吉尔吉斯斯坦、塔吉克斯坦、乌兹别克斯坦、土库曼斯坦、伊朗、土耳其及我国沿线地区的陕西省、甘肃省、青海省、宁夏回族自治区和新疆维吾尔自治区作为物流节点进行的物流效率分析；运用灰色预算模型以经济走廊的总货物周转量为指标进行物流需求进行预测，并得出相应结论；通过物流引力模型计算经济走廊物流节点之间的强弱关系值，并以此为依据运用 Chord-Diagram 应用的 Power BI 对物流节点之间的引力关系进行物流网络层级布局，得出中国—中亚—西亚经济走廊物流节点布局结论及发展趋势。

第 3 章　新亚欧大陆桥经济走廊物流节点网络布局

通过对新亚欧大陆桥经济走廊物流发展现状描述，对经济走廊境外沿线国家中的哈萨克斯坦、白俄罗斯、德国、荷兰、俄罗斯、波兰及我国沿线地区的山东省、江苏省、安徽省、河南省、陕西省、甘肃省、青海省和新疆维吾尔自治区作为物流节点进行的物流效率分析；以经济走廊沿线国家和地区货物周转总量为预测指标，运用灰色预测模型对经济走廊的物流需求进行预测；通过物流引力模型计算经济走廊物流节点之间的引力关系值，并以此为依据运用 Chord-Diagram 应用的 Power BI 对物流节点之间的引力关系进行物流网络层级分析，得出新亚欧大陆桥经济走廊物流节点布局结论及发展趋势。

第 4 章　中巴经济走廊物流节点网络布局

通过对中巴经济走廊的物流发展现状进行分析；运用数据包络分析方法对经济走廊沿线的我国新疆维吾尔自治区和巴基斯坦的物流效率进行分析；对经济走廊总体货物周转量的物流需求进行预测；通过物流引力模型得到中巴经济走廊沿线两个物流节点间的强物流引力关系。

第 5 章　中蒙俄经济走廊物流节点网络布局

通过对中蒙俄经济走廊的物流发展现状进行描述，以我国北京市、天津市、河北省、内蒙古自治区、辽宁省、吉林省、黑龙江省，蒙古国和俄罗斯作为经济走廊物流节点进行物流效率进行分析；对经济走廊的物流需求进行预测；通过物流引力模型计算经济走廊物流节点之间的引力关系值，并以此为依据运用 Chord-Diagram 应用的 Power BI 对物流节点之间的引力关系进行物流网络层级分析，得出中蒙俄经济走廊物流节点布局分为四个层级。

第6章　孟中印缅经济走廊物流节点网络布局

对孟中印缅经济走廊物流发展现状进行梳理，运用数据包络分析方法以缅甸、孟加拉国、印度和我国云南省作为经济走廊的物流节点进行物流效率分析；运用灰色预测模型对经济走廊货物周转总量进行物流需求预测；通过物流引力模型计算经济走廊物流节点之间的引力关系值，并以此为依据运用Chord-Diagram应用的Power BI对物流节点之间的引力关系进行物流网络层级分析，得出孟中印缅经济走廊物流节点布局结论及发展趋势。

第7章　中国—中南半岛经济走廊物流节点网络布局

对中国—中南半岛经济走廊的物流发展现状进行描述，对经济走廊沿线主要的物流节点我国广东省、广西壮族自治区、云南省，越南、新加坡、老挝、马来西亚进行物流效率分析；以中国—中南半岛经济走廊物流节点总货物周转量为指标进行物流需求预测；通过物流引力模型计算经济走廊物流节点之间的引力关系值，并以此为依据运用Chord-Diagram应用的Power BI对物流节点之间的引力关系进行物流网络层级分析，得出中国—中南半岛经济走廊物流节点布局分为四个层级。

第8章　物流节点对区域经济发展的影响分析

通过建立向量自回归(VAR)，对新丝绸之路经济带沿线40个物流节点进行VAR模型参数估计和检验结果，得出物流节点与区域经济发展的相互拟合程度；运用脉冲响应分析物流节点与区域经济发展在10个周期内的相互作用程度；通过方差分解分析得知每个物流节点与区域经济发展在今后10个周期内的变化及对对方产生的贡献和影响程度。

第9章　研究结论与对策建议

对研究结论进行进一步整理和总结，并从加大物流基础设施建设、健全大数据智慧平台、建立物流产业集群、提升产业链融合能力和加强供应链韧性水平五个方面提出研究的对策建议。

本书分别从经济走廊现状分析、物流节点效率分析、物流需求预测分析、物流节点引力关系和物流节点网络分析五个角度对中国—中亚—西亚经济走廊、新亚欧大陆桥经济走廊、中巴经济走廊、中蒙俄经济走廊、孟中印缅经济走廊、中国—中南半岛经济走廊进行系统分析，同时对六大经济走廊沿线的物流节点对相应区域经济发展影响程度进行了详细分析和描述，最后提出研究结论与对策建议，如图1-1所示。

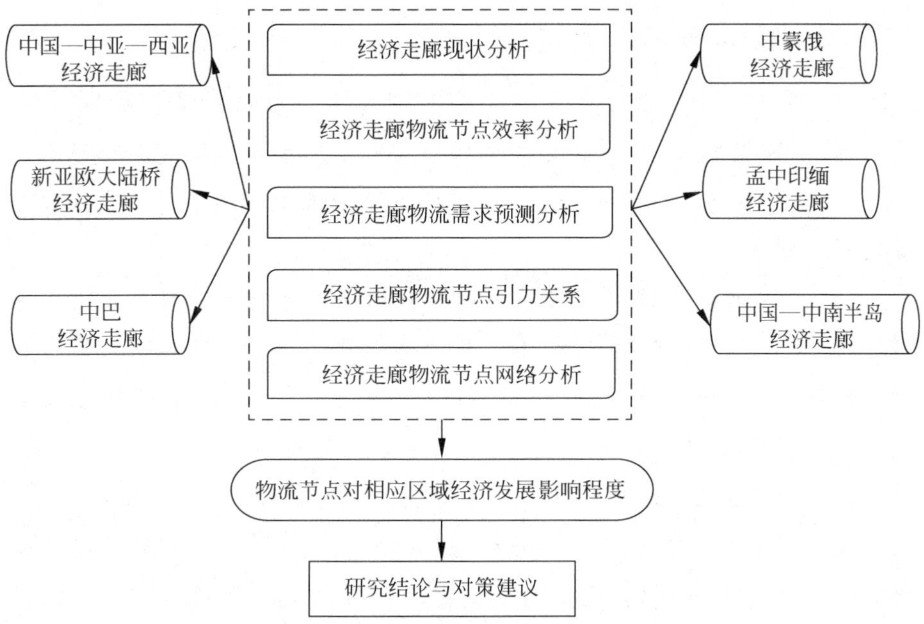

图1-1 新丝绸之路经济带物流节点网络布局研究思路

1.4 研究创新及不足

1.4.1 研究创新

(1) 以“一带一路”范围内六大经济走廊为研究对象，分类对经济走廊国内沿线地区进行物流效率对比分析，寻找经济走廊物流基础设施建设和物流产业发展潜力与发展优势。

(2) 以“一带一路”倡议下的六大经济走廊为主要研究对象，对每一条经济走廊从物流节点效率、物流网络需求预测、物流节点引力关系和层级布局四个方面进行详细研究。

(3) 通过面板数据、计算机技术和统计学方法三种技术手段收集和整理新丝绸之路经济带沿线国家和地区及六大经济走廊沿线主要国家和地区的物流指标和指标数据。

1.4.2 研究不足

(1) 对中国—中亚—西亚经济走廊、新亚欧大陆桥经济走廊、中巴经济走廊、中蒙俄经济走廊、孟中印缅经济走廊、中国—中南半岛经济走廊在“十四五”期间的物流基础建设预期、物流业发展趋势等问题，可进行后续跟进研究。

(2) 以新丝绸之路经济带沿线国家和地区作为物流节点进行效率分析，其结果具有经济带物流发展成效论述的代表性，但由于经济带沿线国家和地区对物流指标统计口径不一致，无法做到国内、国际物流节点在物流指标和数据统一的前提下进行物流节点效率对比分析。随着六大经济走廊的发展，若能统一物流指标统计口径，将可进行后续研究。

(3) 研究在选取经济走廊沿线物流节点时，主要集中选择对经济带贡献较大的物流节点，在今后的研究中可将贡献较小的物流节点融入其中进行进一步分析和研究。

(4) 由于宏观指标数据在统计过程中已加入微观指标数据的统计和计算，本研究从我国区域物流节点、经济带沿线国家和地区物流节点等宏观物流节点数据入手，未进行微观层面，例如口岸数据、物流货场数据、运输线路数据等物流数据的再计算，在今后的微观方向性研究中，可进行后续计算和分析。

(5) 从“一带一路”倡议提出至研究结束(2022 年)可提供的相关研究时段较短，针对新丝绸之路经济带物流节点网络布局的研究较为缺乏。

第 2 章

中国—中亚—西亚经济走廊物流节点网络布局

2.1 引　言

中国—中亚—西亚经济走廊在新丝绸之路经济带的建设中起着举足轻重的作用，其建设过程中物流业成效如何，经济走廊沿线物流效率怎样，物流需求是增加还是缩减，物流节点之间的影响是否存在、其影响程度如何都是值得我们研究的重要问题。只有将这些问题研究清楚，才能更好地指导中国—中亚—西亚经济走廊的后续发展，明确经济走廊的发展方向和目标。

2.2 中国—中亚—西亚经济走廊物流网络发展现状

中国—中亚—西亚经济走廊的建设是新丝绸之路经济带上重要的互联互通枢纽。在新丝绸之路经济带中，由东至西贯穿中国、中亚、阿拉伯半岛的中国—中亚—西亚经济走廊占据着举足轻重的地位。此经济走廊以新疆维吾尔自治区为我国通往境外国家的起点，串联起土耳其、中亚五国、伊朗等国家，到达波斯湾、地中海沿岸和阿拉伯半岛[1]。其中，中亚五国包括土库曼斯坦、乌兹别克斯坦、塔吉克斯坦、吉尔吉斯斯坦、哈萨克斯坦。

2.2.1　中国—中亚—西亚经济走廊基本概况

中国—中亚—西亚经济走廊沿线国家和地区较多、地理空间大、物流基础设施建设所在地自然条件复杂。中国—中亚—西亚经济走廊以第一产业为基础，并对第二、第三产业带来间接影响，给参与经济走廊的各国带来经济发展的重要动能。中亚、西亚国家主要以输出能源为主，我国在经济走廊建设中主要以铁路、隧道、管道等物流基础设施建设为主，为进一步提高经济带沿线国家的经济水平提供物流基础设施条件[1]。

2.2.2　中国—中亚—西亚经济走廊物流节点基础条件

2018年，我国在中亚国家中的塔吉克斯坦、吉尔吉斯斯坦、乌兹别克斯坦建设物流基础设施，为物资的互联互通奠定物流基础，主要进行铁路、国际公路、隧道、桥梁、管道运输的建设，加强铁路互联互通，开设航空新线路，打造立体交通网络[2]。

中国—中亚—西亚经济走廊境外沿线国家和地区在能源方面具有很强的优势，应加大管道物流运输建设，更好地联通经济带沿线国家的能源共享。自经济带建设以来，在管道物流基础设施建设方面取得突破性进展。2017年12月，我国与乌兹别克斯坦天然气管道开工建设[2]；2018年1月31日，我国与土库曼斯坦天然气管道开工建设[2]。

与此同时，陆上物流基础设施建设也在如火如荼地开展。2018年4月，我国与哈萨克斯坦、我国与越南的铁路运输线路及物流基地开始建设，实现越南通往欧洲、俄罗斯方向和中亚国家的班列开行[3]。

中亚班列开行方面，2021年5月20日，开通武汉至哈萨克斯坦阿拉木图的班列[4]；2021年7月28日，开通武汉至乌兹别克斯坦塔什干的班列[4]。这些班列的开通，对促进中国与中亚班列两地产业的优势互补起到了重要的推动作用。

2.2.3 中国—中亚—西亚经济走廊物流网络发展潜力

1. “中吉乌”公路＋多式联运畅通

“中吉乌”国际公路于2018年3月通车，同年7月，第一辆TIR车辆从中吉乌国际公路驶入我国境内，这是我国在TIR公约后正式入境的第一辆卡车，实现TIR在新丝绸之路经济带上的公路运输，将进一步强化我国与新丝绸之路沿线国家的国际合作和物流基础设施互联互通。

2020年实现“中吉乌”的公铁联运中欧班列运行方式，即以铁路转运公路再转运铁路的方式实现公铁联运，该方式在丰富中欧班列运输方式的同时也开通了我国的物流新通道[3]。

2. 铁路运输通道联通多国

2019年，哈萨克斯坦开通从越南经过中国到哈萨克斯坦再到欧洲的货运班列[2]；同年，乌兹别克斯坦加入我国至哈萨克斯坦到土库曼斯坦最终抵达伊朗的铁路运输走廊[2]。

3. 航空运输成绩斐然

2019年，新疆维吾尔自治区开通至中亚的全货运航线，从我国的新疆维吾尔自治区将通过电子商务渠道进行购买的商品运往吉尔吉斯斯坦首都比什凯克；同年，西安开通直达乌兹别克斯坦的航线[2]。2021年4月，我国在上海、北京开通我国至乌兹别克斯坦首都塔什干直飞航线的基础上，开通乌鲁木齐到乌兹别克斯坦首都塔什干的直飞航线，这对我国和乌兹别克斯坦的航空物流发展起到了促进作用[4]。

4. 跨境公路

2020年，重庆市加大与中亚国家的物流往来，开通中亚跨境班车，从重庆直达乌兹别克斯坦布哈拉；武汉开通至乌兹别克斯坦的跨境班车[4]，实现贯通中亚陆运通道。

5. 开行中亚、中欧班列

2017年，赣州港开通至土库曼斯坦的中欧班列；同年9月，开通至塔吉克斯坦、至德国汉堡的中欧班列[1]；合肥开通到哈萨克斯坦阿拉木图和乌兹别克斯坦塔什干的两趟公共班列[3]。

2020年3月，从南宁市国际铁路港出发，以公路运输方式为主的中欧班列，经过陕西省西安市，从新疆维吾尔自治区博尔塔拉蒙古自治州阿拉山口口岸出境，将广西壮族自治区制造的货物运往哈萨克斯坦努尔苏丹[4]；2020年6月，广东省开通从广州市出发，从霍尔果斯口岸出境，经过哈萨克斯坦并最终抵达乌兹别克斯坦塔什干的中亚班列；从山东省青岛市出发，到新疆克孜勒苏柯尔克孜自治州乌恰县伊尔克什坦口岸交换集装箱，采用国际公路运输系统至乌兹别克斯坦塔什干的定班专线，实现了物流运输货物的双向可视化运输[3]；同年8月，从山西省永济市出发至陕西省西安市转运“长安号”中欧班列，将我国医疗设备、纺织品、家用电器、玻璃制品、陶瓷制品运往乌兹别克斯坦塔什干和哈萨克斯坦阿拉木图[3]。

2021年3月，浙江省义乌市作为我国商贸性物流枢纽，将该地生产的商品从新疆维吾尔自治区霍尔果斯口岸出境，运往哈萨克斯坦塔阿拉木图[4]；山东省开通首班欧亚班列，从山东省滕州市出发，从新疆维吾尔自治区博尔塔拉蒙古自治州阿拉山口口岸出境，将货物运往哈萨克斯坦[4]；同年6月，从俄罗斯空载的全货运航班抵达青岛市，将机械配件、电子零件满载后飞往哈萨克斯坦阿拉木图[4]；同年7月，中欧班列“齐鲁号”从青岛市多式联运站出发，将货物运到塔吉克斯坦杜尚别。

班列的运行开创了国际物流新通道，确保国际产业链、供应链一体化的稳定发展。虽然2020年以来受疫情影响，但班列运行仍然维持稳定水平，成为疫情防控期间稳定国际供应链的重要支撑，有力促进中国—中亚—西亚经济走廊沿线国家和地区的商品流通及经济发展。

2.3　中国—中亚—西亚经济走廊物流节点效率分析

随着中国—中亚—西亚经济走廊物流节点基础设施的建设，促进沿线国家和地区的经济发展。对中国—中亚—西亚经济走廊沿线国家和地区作为物流节点进行物流效率分析，可以明确中国—中亚—西亚经济走廊物流发展成效，为更好地开展经济走廊后续建设指明投资方向。

2.3.1 选取中国—中亚—西亚经济走廊物流节点效率评价指标

对中国—中亚—西亚经济走廊进行物流节点效率评价，以国内沿线区域为物流节点，国外沿线国家为物流节点，将越小越好的指标确定为投入指标，将越大越好的指标确定为产出指标。通过对中国—中亚—西亚经济走廊沿线国家物流业发展相关指标数据的整理，最终确定3个投入指标(I)，分别是物流线路长度(I_1)、机动车使用量(I_2)、公路支出(I_3)；确定4个产出指标(O)，分别是货物周转量(O_1)、货运量(O_2)、物流业增加值(O_3)、旅客周转量(O_4)。

指标说明：本研究之所以在中国—中亚—西亚经济走廊进行物流节点效率评价中选用旅客周转量作为产出指标，是因为在阅读文献过程中了解到中国—中亚—西亚经济走廊境外沿线部分国家物流基础条件差，部分物资流通是伴随着客运产生的。

2.3.2 收集物流节点效率评价指标原始数据

中国—中亚—西亚经济走廊沿线国家较多，表2-1中部分数据源于《"一带一路"国家统计年鉴》《国际统计年鉴》《世界银行物流绩效指数报告》《"一带一路"发展报告》以及"一带一路"大数据网等。由于境外国家指标数据收集数据难度很大，部分指标数据未能通过上述资料获得，而是运用计算机语言和网络技术收集得到。数据时间节点采用"一带一路"倡议提出后的2014—2019年(2020年新冠疫情对全球经济影响较大，故仅收集疫情发生前数据)。

表 2-1　中国—中亚—西亚经济走廊物流效率指标原始数据

国家/地区	物流业增加值/亿元	物流线路长度/千米	旅客周转量/万人·千米	货运量/亿吨	货物周转量/亿吨·千米	机动车使用量/万辆	公路支出/亿元
2014 年							
中国陕西	832.60	172734.80	741.88	69680.00	3521.50	384.90	95.00
中国甘肃	293.50	142401.20	607.05	42401.20	2515.50	185.30	34.00
中国宁夏	199.60	32695.30	355.00	9300.00	816.93	127.05	31.00
中国青海	103.70	75457.00	102.90	5444.50	670.95	68.80	27.00
中国新疆	668.20	180930.80	706.73	20276.00	1880.90	272.20	30.00
哈萨克斯坦	126.00	97155.00	950.00	4554.00	492.00	406.60	88.00
吉尔吉斯斯坦	124.73	1481.00	680.00	3085.00	474.00	383.87	68.00
塔吉克斯坦	120.48	10115.00	651.00	3910.00	257.00	245.18	268.00
乌兹别克斯坦	106.50	10108.00	542.00	2817.00	479.00	577.64	186.00
土库曼斯坦	91.03	9375.00	248.00	1695.00	300.00	206.00	106.00
伊朗	168.94	4370.00	720.00	2801.30	4245.64	273.70	113.00
土耳其	157.35	2975.00	617.00	2069.00	2536.80	548.00	104.50
2015 年							
中国陕西	713.020	175764.000	758.300	69820.000	3263.520	438.120	37.400
中国甘肃	274.650	144813.000	619.650	40453.000	2225.810	239.360	34.100
中国宁夏	200.660	34659.330	369.415	8757.000	819.940	158.770	29.700
中国青海	90.550	78572.000	159.620	5602.000	445.580	78.180	33.000
中国新疆	536.060	184131.000	719.610	30930.800	1772.940	294.470	29.800
哈萨克斯坦	138.600	106870.500	1045.000	5009.400	541.200	447.260	96.800
吉尔吉斯斯坦	137.203	1629.100	748.000	3393.500	521.400	422.257	74.800
塔吉克斯坦	132.528	11126.500	716.100	43010.000	282.700	269.698	294.800
乌兹别克斯坦	117.150	11118.800	596.200	3098.700	526.900	635.404	204.600
土库曼斯坦	100.133	10312.500	272.800	1864.500	330.000	226.600	116.600
伊朗	185.834	4807.000	792.000	3081.430	4670.204	301.070	124.300
土耳其	173.085	3272.500	678.700	2275.900	2790.480	602.800	104.500
2016 年							
中国陕西	771.7700	178249.2000	698.2000	67880.0000	3444.9200	491.2300	114.9500
中国甘肃	271.2500	148051.8000	613.3900	41626.0000	2170.0500	277.2500	41.1400
中国宁夏	205.7500	81608.6400	381.8700	7345.0000	819.9400	88.6500	37.5100
中国青海	94.9900	187954.0000	168.8100	5934.0000	475.8000	327.0600	32.6700
中国新疆	567.5400	178249.2000	843.9500	35948.0000	1803.8800	491.2300	36.3000
哈萨克斯坦	152.4600	117557.6000	1149.5000	5510.3400	595.3200	491.9860	106.4800
吉尔吉斯斯坦	150.9233	1792.0100	822.8000	3732.8500	573.5400	464.4827	82.2800

续表

国家/地区	物流业增加值/亿元	物流线路长度/千米	旅客周转量/万人·千米	货运量/亿吨	货物周转量/亿吨·千米	机动车使用量/万辆	公路支出/亿元
塔吉克斯坦	145.7808	12239.1500	787.7100	4731.1000	310.9700	296.6678	324.2800
乌兹别克斯坦	128.8650	12230.6800	655.8200	3408.5700	579.5900	698.9444	225.0600
土库曼斯坦	110.1463	11343.7500	300.0800	2050.9500	363.0000	249.2600	128.2600
伊朗	204.4174	5287.7000	871.2000	3389.5730	5137.2240	331.1770	136.7300
土耳其	190.3935	3599.7500	746.5700	2503.4900	3069.5280	663.0800	114.9500
2017 年							
中国陕西	832.620	180513.000	678.800	71583.000	3760.640	549.510	115.995
中国甘肃	293.500	147827.000	619.650	42638.000	2439.660	287.450	41.514
中国宁夏	199.310	83919.000	389.160	6137.000	753.720	99.570	37.851
中国青海	103.690	191285.000	179.230	6274.000	519.460	363.150	32.967
中国新疆	668.150	180513.000	974.980	32148.000	2176.350	549.510	36.630
哈萨克斯坦	167.710	129313.310	1264.450	6061.370	654.850	541.180	117.130
吉尔吉斯斯坦	166.020	1971.210	905.080	4106.140	630.890	510.930	90.510
塔吉克斯坦	160.360	13463.070	866.480	5204.210	342.070	326.330	356.710
乌兹别克斯坦	141.750	13453.750	721.400	3749.430	637.550	768.840	247.570
土库曼斯坦	121.160	12478.130	330.090	2256.050	399.300	274.190	141.090
伊 朗	224.860	5816.470	958.320	3728.530	5650.950	364.290	150.400
土耳其	209.430	3959.730	821.230	2753.840	3376.480	729.390	126.450
2018 年							
中国陕西	1033.59	183275.00	715.83	70761.00	4024.89	616.80	118.78
中国甘肃	407.23	148810.00	634.71	42185.00	2609.93	315.07	42.51
中国宁夏	170.11	116985.50	387.86	5754.00	627.68	212.47	38.76
中国青海	123.19	85161.00	141.01	6443.00	551.36	109.87	33.76
中国新疆	730.05	195009.00	844.23	27083.00	2483.87	396.70	37.51
哈萨克斯坦	133.28	13725.94	363.10	2481.65	439.23	301.60	119.94
吉尔吉斯斯坦	247.35	6398.12	1054.15	4101.38	6216.04	400.72	92.68
塔吉克斯坦	230.38	4355.70	903.35	3029.22	3714.13	802.33	365.27
乌兹别克斯坦	202.92	156469.10	1529.98	7334.26	792.37	654.83	253.51
土库曼斯坦	200.88	2385.17	1095.15	4968.42	763.38	618.23	144.48
伊朗	194.03	16290.31	1048.44	6297.09	413.90	394.86	154.01
土耳其	171.52	16279.04	872.90	4536.81	771.43	930.29	129.48
2019 年							
中国陕西	1059.8600	186634.4000	707.6100	36798.0000	3482.1520	675.9000	117.2300

续表

国家/地区	物流业增加值/亿元	物流线路长度/千米	旅客周转量/万人·千米	货运量/亿吨	货物周转量/亿吨·千米	机动车使用量/万辆	公路支出/亿元
中国甘肃	438.3900	157183.1000	647.0700	42133.0000	2496.2800	343.2000	41.9500
中国宁夏	178.2100	171908.7500	725.4500	5647.0000	650.9900	509.6300	38.2500
中国青海	123.1800	86884.3100	189.0200	6313.0000	398.4289	119.6000	33.3000
中国新疆	953.7200	201157.2000	876.4400	21204.0000	1948.1870	436.1000	37.1000
哈萨克斯坦	161.2600	16608.3000	439.3400	3002.7900	531.4600	364.9000	187.7800
吉尔吉斯斯坦	146.6000	15098.5300	399.4100	9695.3300	483.1500	331.7700	170.7100
塔吉克斯坦	272.0800	7037.9300	1159.5700	4511.5200	6837.6500	440.8000	181.9900
乌兹别克斯坦	253.4100	4791.2700	993.6800	3332.1500	4085.5400	882.5600	153.0000
土库曼斯坦	223.2200	172116.0100	1682.9800	8067.6900	871.6100	720.3200	155.9000
伊朗	220.9700	2623.6800	1204.6600	5465.2700	839.7200	680.0500	120.4700
土耳其	213.4400	17919.3400	1153.2900	6926.8000	455.2900	434.3500	474.7800

原始数据收集难度很大，有些年份数据丢失，中亚五国中除了哈萨克斯坦，其他四个国家的指标数据由于严重缺乏，研究组采用指标数据逐年评估的方法，即通过指标的变动趋势测算增长比率的方法填补缺失的指标数据。

2.3.3　物流节点原始数据标准化

指标原始数据之间存在较大量级差别，主要是由于指标的单位和指标统计路径所导致，为了更好地进行物流效率评价，故先将原始数据标准化，标准化数据见表 2-2。

表 2-2　中国—中亚—西亚经济走廊物流效率指标原始数据标准化

国家/地区	物流线路长度	货运量	机动车使用量	公路支出	货物周转量	旅客周转量	物流业增加值
2014 年							
中国陕西	0.719114	0.685124	0.412519	0.296166	0.457932	0.549828	0.465448
中国甘肃	0.712103	0.665335	0.355619	0.185111	0.444548	0.531559	0.392276
中国宁夏	0.654608	0.598625	0.323041	0.173583	0.406579	0.464219	0.361346
中国青海	0.688215	0.572402	0.264248	0.155750	0.303718	0.451278	0.304434

续表

国家/地区	物流线路长度	货运量	机动车使用量	公路支出	货物周转量	旅客周转量	物流业增加值
中国新疆	0.720780	0.634173	0.386479	0.169416	0.454731	0.515127	0.451004
哈萨克斯坦	0.697880	0.563290	0.416502	0.288804	0.473884	0.430069	0.322296
吉尔吉斯斯坦	0.501135	0.542733	0.412323	0.263046	0.452171	0.427450	0.321385
塔吉克斯坦	0.602599	0.555358	0.378304	0.385273	0.449259	0.382005	0.318254
乌兹别克斯坦	0.602566	0.537792	0.441170	0.355933	0.436798	0.428189	0.306929
土库曼斯坦	0.599006	0.509091	0.364338	0.306491	0.379206	0.393947	0.292075
伊朗	0.561159	0.537487	0.386904	0.312406	0.455961	0.559660	0.347863
土耳其	0.540766	0.520583	0.437557	0.305161	0.445649	0.532026	0.341804
2015 年							
中国陕西	0.719740	0.685202	0.421866	0.196693	0.459369	0.545763	0.455317
中国甘肃	0.712718	0.663414	0.376404	0.185473	0.445938	0.524719	0.387173
中国宁夏	0.657039	0.595756	0.342574	0.168131	0.409513	0.464457	0.354397
中国青海	0.689776	0.573839	0.277173	0.181419	0.343032	0.423070	0.291566
中国新疆	0.721409	0.652284	0.392528	0.168561	0.455925	0.511709	0.436037
哈萨克斯坦	0.701469	0.568177	0.423338	0.297952	0.479880	0.436696	0.330771
吉尔吉斯斯坦	0.506768	0.547854	0.419225	0.272747	0.458472	0.434117	0.329878
塔吉克斯坦	0.607064	0.560333	0.385763	0.392614	0.455602	0.389401	0.326808
乌兹别克斯坦	0.607032	0.542972	0.447631	0.363782	0.443324	0.434845	0.315706
土库曼斯坦	0.603509	0.514622	0.372039	0.315277	0.386650	0.401144	0.301155
伊朗	0.566069	0.542670	0.394218	0.321074	0.462207	0.564587	0.355858
土耳其	0.545910	0.525971	0.444072	0.305161	0.452044	0.537275	0.349910
2016 年							
中国陕西	0.720244	0.684104	0.429960	0.313975	0.453927	0.548657	0.460520
中国甘肃	0.713525	0.664582	0.387901	0.207975	0.445252	0.523287	0.386208
中国宁夏	0.691235	0.587261	0.289517	0.197045	0.411942	0.458972	0.296156
中国青海	0.722144	0.576727	0.400474	0.180169	0.347798	0.427717	0.296156
中国新疆	0.720244	0.658553	0.429960	0.193099	0.466321	0.548657	0.460520
哈萨克斯坦	0.705029	0.573008	0.430067	0.306911	0.485794	0.443224	0.339085
吉尔吉斯斯坦	0.512330	0.552916	0.426018	0.282236	0.464682	0.440683	0.338209
塔吉克斯坦	0.611484	0.565253	0.393096	0.399833	0.461853	0.396673	0.335197
乌兹别克斯坦	0.611453	0.548091	0.453997	0.371492	0.449754	0.441400	0.324310
土库曼斯坦	0.607965	0.520084	0.379605	0.323889	0.393968	0.408224	0.310049

续表

国家/地区	物流线路长度	货运量	机动车使用量	公路支出	货物周转量	旅客周转量	物流业增加值
伊朗	0.570924	0.547793	0.401411	0.329574	0.468365	0.569459	0.363709
土耳其	0.550995	0.531293	0.450490	0.313975	0.458346	0.542461	0.357869
2017 年							
中国陕西	0.720697	0.686172	0.437747	0.314802	0.452054	0.553308	0.465449
中国甘肃	0.713470	0.665562	0.390681	0.209031	0.445938	0.529857	0.392276
中国宁夏	0.692306	0.578405	0.300623	0.198128	0.413321	0.446807	0.304434
中国青海	0.722772	0.579503	0.408255	0.181294	0.352840	0.433858	0.304434
中国新疆	0.720697	0.653902	0.437747	0.194191	0.475525	0.553308	0.465449
哈萨克斯坦	0.708561	0.577787	0.436694	0.315691	0.491628	0.449655	0.347244
吉尔吉斯斯坦	0.517820	0.557920	0.432707	0.291523	0.470805	0.447151	0.346384
塔吉克斯坦	0.615860	0.570117	0.400306	0.406934	0.468016	0.403826	0.343428
乌兹别克斯坦	0.615828	0.553150	0.460272	0.379069	0.456089	0.447858	0.332746
土库曼斯坦	0.612376	0.525479	0.387043	0.332337	0.401165	0.415190	0.318764
伊朗	0.575726	0.552855	0.408485	0.337908	0.474436	0.574277	0.371421
土耳其	0.556021	0.536551	0.456815	0.322616	0.464559	0.547586	0.365682
2018 年							
中国陕西	0.721242	0.685723	0.445627	0.316964	0.455577	0.556876	0.479193
中国甘肃	0.713712	0.665127	0.397663	0.211785	0.447557	0.533598	0.416614
中国宁夏	0.704848	0.575184	0.366852	0.200955	0.413078	0.449258	0.384459
中国青海	0.692868	0.580821	0.309817	0.184238	0.332287	0.437978	0.320266
中国新疆	0.723460	0.646668	0.414716	0.197045	0.466343	0.530856	0.456875
哈萨克斯坦	0.616742	0.530807	0.394352	0.317847	0.408244	0.422047	0.327311
吉尔吉斯斯坦	0.580475	0.557860	0.415448	0.293801	0.480424	0.446090	0.378999
塔吉克斯坦	0.560989	0.541745	0.463049	0.408683	0.470683	0.552651	0.373362
乌兹别克斯坦	0.715538	0.587190	0.449652	0.380934	0.503067	0.462237	0.363109
土库曼斯坦	0.528598	0.567758	0.445783	0.334415	0.482798	0.459806	0.362282
伊朗	0.579632	0.579685	0.414379	0.339958	0.480085	0.417786	0.359431
土耳其	0.624450	0.563095	0.472554	0.324736	0.468490	0.460491	0.349144
2019 年							
中国陕西	0.721892	0.659519	0.451768	0.315769	0.454813	0.549230	0.480761
中国甘肃	0.715703	0.665076	0.404072	0.210247	0.448853	0.531133	0.421910
中国宁夏	0.718941	0.574242	0.432529	0.199380	0.456458	0.449258	0.458571
中国青海	0.693634	0.579811	0.317589	0.182541	0.357269	0.415032	0.320259
中国新疆	0.724565	0.636128	0.421536	0.195726	0.468749	0.517147	0.474132

续表

国家/地区	物流线路长度	货运量	机动车使用量	公路支出	货物周转量	旅客周转量	物流业增加值
哈萨克斯坦	0.625346	0.541270	0.408609	0.356723	0.422064	0.435441	0.343906
吉尔吉斯斯坦	0.621066	0.600599	0.401545	0.348745	0.415210	0.428796	0.335685
塔吉克斯坦	0.585172	0.562807	0.422301	0.354118	0.486331	0.583755	0.386445
乌兹别克斯坦	0.565901	0.546879	0.469195	0.339390	0.476722	0.557657	0.380903
土库曼斯坦	0.718985	0.591816	0.455990	0.341008	0.508675	0.468395	0.370834
伊朗	0.582188	0.572594	0.452176	0.318247	0.488673	0.465997	0.370019
土耳其	0.628728	0.584391	0.421248	0.427566	0.485996	0.424602	0.367221

通过 TOPSIS 法进行数据标准化，即对原始数据进行无量纲化处理，所有的数据标准为 0～1。

2.3.4 中国—中亚—西亚经济走廊物流节点效率评价

通过 DEA 的超效率模型对标准化的数据进行模型分析，从技术的角度通过 DEA-Solver5.0 软件进行分析，分析结果如表 2-3 所示。

表 2-3 中国—中亚—西亚经济走廊物流效率分布

2014 年		2015 年		2016 年	
国家/地区	效率	国家/地区	效率	国家/地区	效率
中国新疆	1.2562222	中国新疆	1.1449611	中国新疆	1.2842759
吉尔吉斯斯坦	1.1264883	吉尔吉斯斯坦	1.1093386	中国宁夏	1.2292987
伊朗	1.0488161	伊朗	1.0534363	吉尔吉斯斯坦	1.1057265
中国陕西	1.0310583	中国陕西	1.0362599	伊朗	1.0531561
土耳其	1.0167882	中国青海	1.0353100	土耳其	1.0172996
中国宁夏	1.0110902	土耳其	1.0178642	哈萨克斯坦	1.0075811
哈萨克斯坦	1.0080393	中国宁夏	1.0121382	中国陕西	1.0000000
中国甘肃	1.0043337	哈萨克斯坦	1.0083826	塔吉克斯坦	0.9831336
塔吉克斯坦	0.9961938	塔吉克斯坦	1.0012234	中国甘肃	0.9696803
中国青海	0.9872496	中国甘肃	0.9949506	乌兹别克斯坦	0.9526264
乌兹别克斯坦	0.9502113	乌兹别克斯坦	0.9514444	土库曼斯坦	0.8948795
土库曼斯坦	0.8832079	土库曼斯坦	0.8910159	中国青海	0.8378280

续表

2017 年		2018 年		2019 年	
国家/地区	效率	国家/地区	效率	国家/地区	效率
中国新疆	1.2772090	中国新疆	1.1786729	中国宁夏	1.0733404
中国宁夏	1.1956188	土库曼斯坦	1.0949984	中国新疆	1.0608411
吉尔吉斯斯坦	1.1010549	吉尔吉斯斯坦	1.0511147	塔吉克斯坦	1.0490663
伊朗	1.0501384	中国陕西	1.0374596	伊朗	1.0371801
土耳其	1.0170709	塔吉克斯坦	1.0165685	乌兹别克斯坦	1.0191850
哈萨克斯坦	1.0073142	伊朗	1.0018723	中国陕西	1.0125778
中国陕西	1.0000000	中国宁夏	0.9942582	土库曼斯坦	1.0054753
塔吉克斯坦	0.9841907	中国甘肃	0.9938901	土耳其	1.0018092
中国甘肃	0.9687659	乌兹别克斯坦	0.9931422	中国青海	1.0011081
乌兹别克斯坦	0.9537553	土耳其	0.9642147	中国甘肃	0.9934419
土库曼斯坦	0.8989427	中国青海	0.9516018	哈萨克斯坦	0.9095634
中国青海	0.8279172	哈萨克斯坦	0.9040751	吉尔吉斯斯坦	0.8999354

从表 2-3 中可以看出，在物流效率排名中，中国各省(区)排在前几位，特别是我国新疆维吾尔自治区、甘肃省、宁夏回族自治区、青海省的物流效率均达到 DEA 有效性，说明这四省(区)物流业投入的资源得到了有效利用。哈萨克斯坦的物流效率排名起伏大，2014—2017 年均达到 DEA 有效性，并在 2014 年取得了较好的排名，说明 2014—2017 年哈萨克斯坦的物流业得到很大的发展。伊朗拥有丰富的石油资源，且紧邻波斯湾和阿拉伯海，地理位置优越，往来购买石油商贸频繁，物流业整体发展良好。中亚五国中，吉尔吉斯斯坦在 2014—2018 年的物流效率均达到 DEA 有效性，说明该时间段内，该国的物流资源得到有效利用，但是中亚五国其他国家的物流效率则较为低下，排名均靠后，且均未达到 DEA 有效性，但是物流效率值均达到 0.85 以上，说明整体物流资源配置良好。土耳其海峡是黑海和地中海之间的唯一通道，因此土耳其的经济较为活跃，物流业发展较快，物流效率提升较快。

通过以上分析发现，该经济走廊中，整体物流效率良好，但是中亚五国的物流效率较为低下，所以为了更好地发挥该经济走廊的作用，要适当提升中亚五国在物流业的实力。

2.4 中国—中亚—西亚经济走廊物流网络需求预测分析

中国—中亚—西亚经济走廊在“一带一路”倡议的引领下，如何更有目的地进行物流网络发展？需要对其物流网络需求进行预测，这不仅可以降低经济走廊的物流业成本，还可以提高经济走廊物流网络效率。

2.4.1 选取中国—中亚—西亚经济走廊物流网络需求预测指标

由于中国—中亚—西亚经济走廊沿线国家存在不统计物流指标数据、物流指标统计口径不一致等诸多现实问题，研究通过对指标数据的全面整理和梳理，六大经济走廊沿线国家和地区均能收集到的统一指标是货物周转量。同时，货物周转量也是国内外研究学者在统计和研究物流业发展过程中所采用的重要指标，所以选取中国—中亚—西亚经济走廊货物周转量作为物流需求预测指标，对经济走廊物流需求的预测具有合理性和科学性。

2.4.2 中国—中亚—西亚经济走廊物流网络需求预测过程

根据表 2-1 中货物周转量的数据，进行基于灰色理论的物流需求量预测。在实际的应用中，由于原始数据年份跨度大，必须不断地考虑随着时间推移相继进入系统的扰动或驱动因素。一般来说，离时间原点越远的数据，GM(1,1)的预测意义就越弱。所以在建模的过程中，选择离预测值越近的年份进行 GM(1,1)预测，其预测精度就越高，预测也就越有意义。因此，选择离预测值最近的 2014—2019 年原始数据的货物周转量(单位：亿吨·千米)进行模拟预测。

第一步，原始序列的初始化。

设原始序列 X(0)＝($x^{(0)}(1)$，$x^{(0)}(2)$，$x^{(0)}(3)$，$x^{(0)}(4)$，$x^{(0)}(5)$，$x^{(0)}(6)$)，对 X(0)，作 1-AGO 得 X(1)＝($x^{(1)}(1)$，$x^{(1)}(2)$，$x^{(1)}(3)$，$x^{(1)}(4)$，$x^{(1)}(5)$，$x^{(1)}(6)$)。

第二步，原始序列的初始化。

初始化后的序列：18190.22，18190.67，19343.76，21341.92，23408.21，25418.69。

第三步，原始序列的 1-AGO。

1-AGO 序列：18190.22，36380.89，55724.65，77066.57，100474.78，125893.47。

第四步，1-AGO 的紧邻均值生成。

紧邻均值生成序列：27285.56，46052.77，66395.61，88770.68，113184.13。

第五步，发展系数和灰色作用量的计算。

a＝－0.09，b＝15632.40，平均相对误差 0.64%。

第六步，模拟值的计算。

18190.22，17970.72，19593.54，21362.92，23292.08，25395.45。

2.4.3　中国—中亚—西亚经济走廊物流网络需求预测

运用灰色预测模型，根据预测步骤进行预测计算，得出中国—中亚—西亚经济走廊物流网络需求预测货物周转量，如表 2-4 所示。

表 2-4　中国—中亚—西亚经济走廊物流网络需求预测结果　　亿吨·千米

年　　份	2020	2021	2022	2023	2024	2025
货物周转量	27688.76	30189.17	32915.37	35887.76	39128.58	42662.04

由表 2-4 的预测结果可以看出，2020—2025 年，中国—中亚—西亚经济走廊物流需求量呈明显持续稳定增长的态势，发展速度与中国—中亚—西亚经济走廊物流节点基础设施互联互通、物流网络布局发展相吻

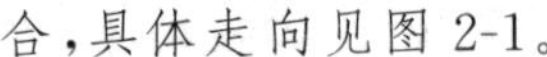

合，具体走向见图 2-1。

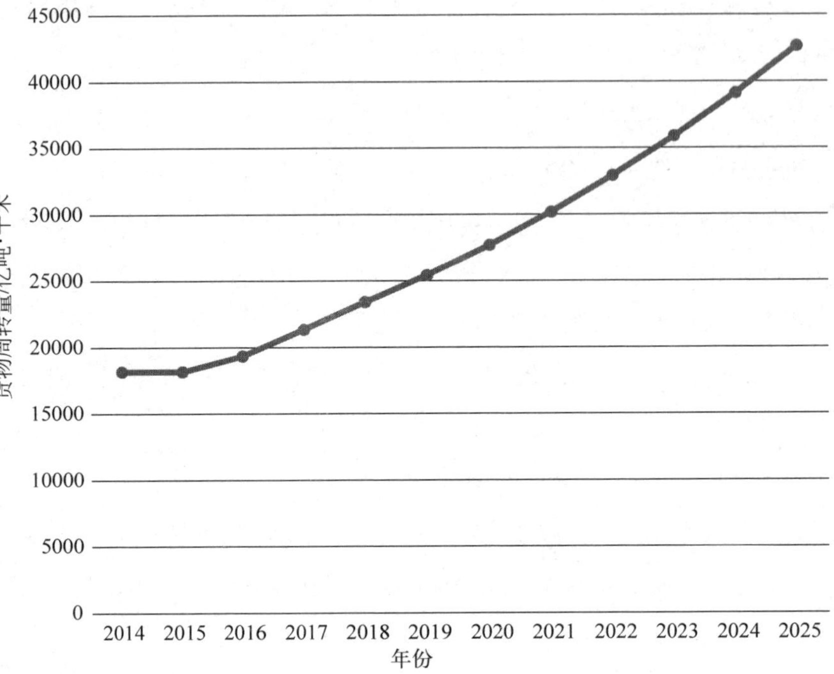

图 2-1　中国—中亚—西亚经济走廊物流需求

图 2-1 中曲线表明，中国—中亚—西亚经济走廊物流产业发展每年都呈增长趋势，增长势头明显，增长速度较快，对中国—中亚—西亚经济走廊沿线国家的经济发展起到了促进作用。

2.4.4　中国—中亚—西亚经济走廊物流网络需求预测结论

本研究运用灰色 GM(1,1)模型的预测方法，以面板数据为基础，以灰色系统理论的灰色预测模型为主要工具，通过模拟中国—中亚—西亚经济走廊 2014—2019 年的货物周转量数据，得到精度为 99.36％的预测模拟值，预测中国—中亚—西亚经济走廊 2020—2025 年货物周转量。预测得知，中国—中亚—西亚经济走廊物流需求呈稳步发展态势，同时也说明中国—中亚—西亚经济走廊的物流业在逐年稳步发展，这些发展都和中国—中亚—西亚经济走廊沿线国家和地区的物流节点设施设备互联互通，经济走廊物流基础良好、物流业发展潜力较大。验证该方法正确的同时得到中国—中亚—西亚经济走廊物流需求量逐年增大的结论，物流节点的发展以及物流网络布局对今后中国—中亚—西亚经济走廊沿线国家和地区的经济发展和基础物流发展起到了指导作用。

2.5　中国—中亚—西亚经济走廊物流节点网络布局分析

中国—中亚—西亚经济走廊沿线物流节点之间的物流联系有多有少，通过对沿线物流节点引力关系的分析，可以得知物流节点之间的关系好坏，并根据节点之间引力值大小进行网络布局分析。按照“人以群分，物以类聚”的原理可以得知哪些物流节点之间合作愉快，哪些物流节点合作较少。通过对物流节点网络布局分析，可以明确中国—中亚—西亚经济走廊发展过程中，沿线物流节点层级如何，需要加大对哪些物流网络的进一步投入建设和引导，以便更好地促进经济走廊沿线国家和地区的供应链一体化和产业经济发展。

2.5.1　中国—中亚—西亚经济走廊物流节点之间的物理距离

根据引力关系模型要求，物流节点之间的距离是引力模型计算的必需要素，研究运用百度地图测量经济走廊物流节点之间的物理距离，选择经济走廊沿线国内省份的中心城市作为测算点，经济走廊沿线国家则选择首都中心点作为测算点，以千米为单位，得到表 2-5。

表 2-5　中国—中亚—西亚经济走廊物流节点之间的物理距离

千米

国家/地区	中国陕西	中国甘肃	中国宁夏	中国青海	中国新疆	吉尔吉斯斯坦	哈萨克斯坦	塔吉克斯坦	土库曼斯坦	乌兹别克斯坦	土耳其	伊朗
中国陕西	0	642	624	860	2641	3109	3525	3597	4487	3544	6573	5167
中国甘肃	642	0	429	220	1909	2619	3052	3090	3990	3041	6073	4667
中国宁夏	624	429	0	630	2105	2708	3037	3230	4118	3153	6163	4806
中国青海	860	220	630	0	1749	2425	2880	2896	3791	2848	5883	4475
中国新疆	2641	1909	2105	1749	0	1074	1451	1675	2519	1535	4480	3203
吉尔吉斯斯坦	3109	2619	2708	2425	1074	0	948	645	1475	474	3460	2140
哈萨克斯坦	3525	3052	3037	2880	1451	948	0	1417	1805	1112	3211	2349
塔吉克斯坦	3597	3090	3230	2896	1675	645	1417	0	910	307	3080	1572
土库曼斯坦	4487	3990	4118	3791	2519	1475	1805	910	0	1005	2213	670
乌兹别克斯坦	3544	3041	3153	2848	1535	474	1112	307	1005	0	3055	1673
土耳其	6573	6073	6163	5883	4480	3460	3211	3080	2213	3055	0	1695
伊朗	5167	4667	4806	4475	3203	2140	2349	1572	670	1673	1695	0

物流节点之间的关系呈轴对称分布，对于应用引力模型测算物流节点之间的距离具有可操作性。

2.5.2 计算物流节点网络物流引力关系

根据经济走廊物流节点之间的物流距离和物流质量计算物流节点引力关系值。其中,物流质量是物流节点的能力体现,本研究采用每个物流节点的物流效率和货物周转量的折算值作为物流质量,根据物流指标性质说明其值可以代表物流节点质量(能力)。通过物流引力模型(2-1),计算得到表2-6。

经济走廊物流节点之间呈相互的引力关系,根据节点之间物理距离和物流质量,得出节点之间两两引力关系值,根据引力关系值可分析得到物流节点之间的网络层级布局。

2.5.3 物流节点网络层级布局

根据经济走廊物流节点之间的引力值,可以将物流节点之间的物流引力分为强物流引力关系、较强物流引力关系、中物流引力关系和弱物流引力关系。由表2-6所示物流节点之间的引力关系值,可以根据R语言的Chord-Diagram应用的Power BI得到中国—中亚—西亚经济走廊物流节点网络布局弦图,如图2-2所示。

根据图2-2所示,中国—中亚—西亚经济走廊沿线国家和我国个别省份的连接面积和连线粗细程度与物流节点引力成正比,可将物流节点网络布局如下。

物流节点网络第一层级:中国青海和中国甘肃;乌兹别克斯坦和塔吉克斯坦;中国宁夏和中国甘肃;中国陕西和中国甘肃;中国陕西和中国宁夏;吉尔吉斯斯坦和乌兹别克斯坦。

物流节点网络第二层级:中国青海和中国宁夏;伊朗和土库曼斯坦;中国青海和中国陕西;吉尔吉斯斯坦和塔吉克斯坦;伊朗和土耳其;土库曼斯坦和乌兹别克斯坦;土库曼斯坦和塔吉克斯坦;吉尔吉斯斯坦和哈萨克斯坦;中国新疆和吉尔吉斯斯坦;哈萨克斯坦和乌兹别克斯坦。

表 2-6　中国—中亚—西亚经济走廊物流节点网络物流引力关系

千米

国家/地区	中国陕西	中国甘肃	中国宁夏	中国青海	中国新疆	吉尔吉斯斯坦	哈萨克斯坦	塔吉克斯坦	土库曼斯坦	乌兹别克斯坦	土耳其	伊朗
中国陕西	0.00	72.10	71.60	30.56	4.43	3.17	2.47	2.39	1.41	2.44	0.71	1.18
中国甘肃	72.10	0.00	115.53	356.42	6.48	3.39	2.51	2.48	1.36	2.53	0.64	1.10
中国宁夏	71.60	115.53	0.00	43.09	5.28	3.14	2.51	2.25	1.26	2.34	0.61	1.03
中国青海	30.56	356.42	43.09	0.00	5.39	2.74	1.96	1.96	1.04	2.01	0.47	0.83
中国新疆	4.43	6.48	5.28	5.39	0.00	11.60	6.42	4.87	1.97	5.74	0.68	1.35
吉尔吉斯斯坦	3.17	3.39	3.14	2.74	11.60	0.00	11.97	26.15	4.57	47.96	0.90	2.40
哈萨克斯坦	2.47	2.51	2.51	1.96	6.42	11.97	0.00	6.88	3.88	11.08	1.33	2.54
塔吉克斯坦	2.39	2.48	2.25	1.96	4.87	26.15	6.88	0.00	14.20	135.21	1.35	5.28
土库曼斯坦	1.41	1.36	1.26	1.04	1.97	4.57	3.88	14.20	0.00	16.76	3.47	38.59
乌兹别克斯坦	2.44	2.53	2.34	2.01	5.74	47.96	11.08	135.21	16.76	0.00	1.30	4.42
土耳其	0.71	0.64	0.61	0.47	0.68	0.90	1.33	1.35	3.47	1.30	0.00	16.82
伊朗	1.18	1.10	1.03	0.83	1.35	2.40	2.54	5.28	38.59	4.42	16.82	0.00

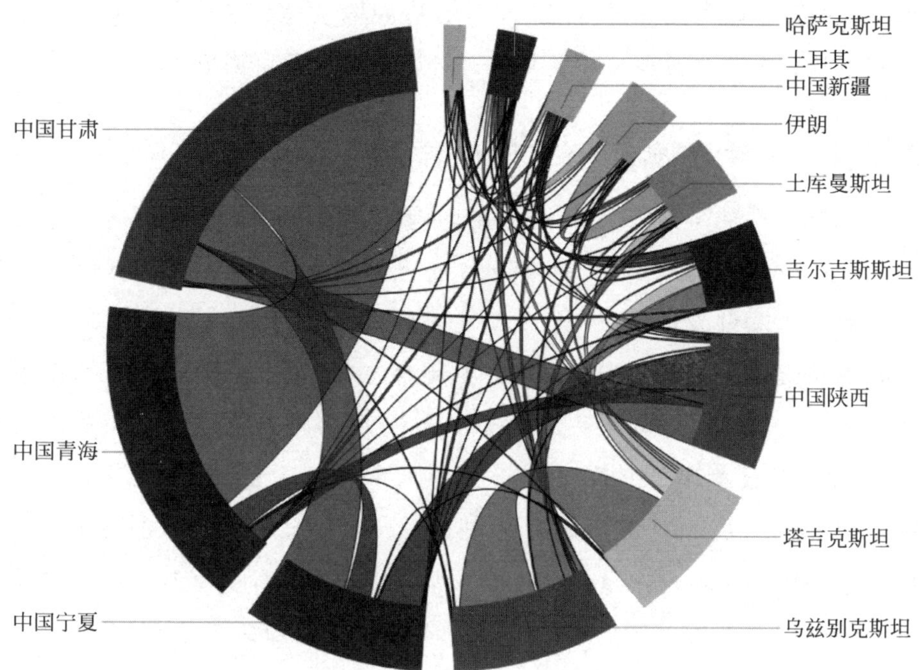

图 2-2　中国—中亚—西亚经济走廊物流节点网络布局弦图

物流节点网络第三层级：哈萨克斯坦和塔吉克斯坦；中国新疆和中国甘肃；中国新疆和哈萨克斯坦；中国新疆和乌兹别克斯坦；中国青海和中国新疆；伊朗和塔吉克斯坦；中国宁夏和中国新疆；中国新疆和塔吉克斯坦；吉尔吉斯斯坦和土库曼斯坦；中国陕西和中国新疆；伊朗和乌兹别克斯坦；哈萨克斯坦和土库曼斯坦；土耳其和土库曼斯坦；吉尔吉斯斯坦和中国甘肃；中国陕西和吉尔吉斯斯坦；中国宁夏和吉尔吉斯斯坦。

物流节点网络第四层级：中国青海和吉尔吉斯斯坦；伊朗和哈萨克斯坦；乌兹别克斯坦和中国甘肃；中国宁夏和哈萨克斯坦；哈萨克斯坦和中国甘肃；塔吉克斯坦和中国甘肃；中国陕西和哈萨克斯坦；中国陕西和乌兹别克斯坦；伊朗和吉尔吉斯斯坦；中国陕西和塔吉克斯坦；中国宁夏和乌兹别克斯坦；中国宁夏和塔吉克斯坦；中国青海和乌兹别克

斯坦；中国新疆和土库曼斯坦；中国青海和哈萨克斯坦；中国青海和塔吉克斯坦；中国陕西和土库曼斯坦；土库曼斯坦和中国甘肃。

2.5.4 物流节点网络布局结论

通过对经济走廊物流节点之间物理距离的测算，运用物流引力模型，将物流节点之间的物流距离与物流质量数值进行计算，得到物流节点之间的物流引力，通过物流节点之间物流引力关系值运用R语言的Chord-Diagram应用的Power BI得到物流节点网络的层级。根据中国—中亚—西亚经济走廊物流节点布局，可将沿线物流节点分为四个层级，分别是：强物流引力层级（第一层级），在这一层级分布的物流节点相互之间合作潜力大，可在后续发展中达到战略联盟的关系；在较强层级（第二层级）分布的物流节点之间有较好的合作潜力，在物流设施设备投入中可继续加大对于该层级网络节点的物流建设；在中级层级（第三层级）分布的物流节点之间，现阶段有一定的联系，但在今后的发展过程中，可依据节点特色寻找物流节点之间的更多相互合作契机，通过加大物流设施设备建设的投入，使两者之间的物流引力由弱变强；最后一层（第四层级）是物流节点之间呈现的弱引力层级，呈现弱引力关系的物流节点之间没有什么物流业务的往来，需要通过投入建设和长期合作才能改善弱引力关系，逐渐形成互利互惠的关系，是经济走廊在今后的发展中需要重点关注的工作。

2.6 本章小结

通过对中国—中亚—西亚经济走廊的现状分析，建立经济走廊的物流指标体系，收集物流指标原始数据，通过TOPSIS法对原始数据进行无量纲化处理，运用DEA模型计算得到经济走廊物流节点网络的物流效率。由于经济走廊物流节点之间数据匮乏，适合使用灰色预测模型，通过模拟 2014—2019 年的货物周转量数据，得到精度为 99.36％的预测模拟值，预测经济走廊 2020—2025 年货物周转量，预测得知中国—中亚—西亚经济走廊物流需求呈稳步发展态势。通过寻找经济走廊物流节点之间的两两物理距离，运用物流引力模型，将物流节点之间的物理距离与物流质量进行计算，得到经济走廊物流节点之间的引力关系，分析物流节点之间引力关系值进行物流节点网络层级分布，最终得到经济走廊物流节点四层网络布局。从物流效率分析、物流需求预测、计算物流节点引力强弱关系和物流节点网络层级分布四个角度对中国—中亚—西亚经济走廊沿线国家和地区的物流节点网络布局进行研究并得出结论。

第3章 新亚欧大陆桥经济走廊物流节点网络布局

3.1 引　　言

新亚欧大陆桥经济走廊在新丝绸之路经济带的建设中起着重要的龙头作用，是国际供应链一体化发展中的重要物流基础设施保障。新亚欧大陆桥经济走廊建设过程中物流业成效如何，经济走廊沿线物流效率怎样，物流需求是增加还是缩减，物流节点之间的影响是否存在、其影响程度如何都是值得我们研究的重要问题。只有将这些问题研究清楚，才能更好地指导新亚欧大陆桥经济走廊的后续发展，明确发展方向和目标。

3.2 新亚欧大陆桥经济走廊物流网络发展现状

3.2.1 新亚欧大陆桥经济走廊基本概况

新亚欧大陆桥经济走廊是我国“一带一路”倡议中建设时间最长的经济走廊，它一边连接着大西洋沿岸的欧洲经济发达国家，一边连接着亚洲的发展中国家，全长 10900 千米。这条经济走廊从我国江苏省连云港市出发，沿途经过的主要国家和地区有哈萨克斯坦、白俄罗斯、俄罗斯、波兰，最终到达荷兰鹿特丹港，是连接亚洲和欧洲的重要经济走廊。

新亚欧大陆桥经济走廊的建设使沿线许多国家走上了经济发展快车道，同时也给我国西部地区打开了对外合作的新大门[5]。新亚欧大陆桥又被称为第二亚欧大陆桥，是连接我国和欧洲国家的国际物流货运铁路线。新亚欧大陆桥经济走廊在新丝绸之路经济带倡议的大力助推中，以交通物流发展作为核心，开展物流运输服务。

我国与新亚欧大陆桥经济走廊形成“17＋1”的合作机制[6]，与经济走廊沿线多个国家和地区开展多方面、多角度的合作。根据经济走廊沿线每个国家和地区的特点和优势，有目的地寻找其重点发展领域和发展空间，并结合当今全球经济一体化发展趋势，开展我国与经济带沿线国家和地区的多边合作，涉及与物流产业发展相关的领域主要有服务外包、数字经济、电子商务、平台经济、制造产业、高技术产业等多个方面。随着经济走廊的不断建设，我国与经济走廊沿线国家和地区的合作与交流取得了长足的进步，推动我国与中欧国家和东欧国家的进一步合作发展，同时也为我国与经济走廊沿线国家和地区的物流业合作发展提供了更广阔的空间。

3.2.2 新亚欧大陆桥经济走廊物流节点基础条件

我国与新亚欧大陆桥经济走廊沿线国家和地区在公路运输、铁路运输、港口建设、管道物流、航空运输等物流领域开展广泛合作，有效提升经济走廊沿线国家和地区的物流基础设施建设水平。随着持续推进经济走廊沿线物流节点物流基础设施建设的互联互通，我国将以中欧班列开行和运营为推手，进一步提升公路运输和铁路运输物流节点的货运能力，推动经济走廊沿线国家和地区物流产业提质增效，带动沿线国家和地区的经济增长。

经济走廊物流基础设施建设成效的显现和中欧班列开行数量的持续增长，打开了新亚欧大陆桥经济走廊物流产业发展新局面，在经济带沿线国家和地区布局建设物流产业园区和物流集散中心的同时，拉动我国中西部地区物流产业的快速发展，补齐中西部地区物流效率较低短板，进一步拓展我国物流业发展空间。

我国西部经过哈萨克斯坦到俄罗斯再到西欧国家的国际公路已经基本建成；江苏连云港到新疆维吾尔自治区霍尔果斯口岸的陆海联运新通道是新亚欧大陆桥经济走廊的重要物流基础设施；我国与俄罗斯的原油物流管道、我国与中亚国家的天然气物流管道都在良好的运营中[5]。

新亚欧大陆桥经济走廊在我国境内主要经过江苏省、山东省、安徽省、河南省、陕西省、甘肃省、青海省、新疆维吾尔自治区等主要物流节点，这些地区的物流基础设施建设随着经济带的建设正在逐步完善，我国对经济带境内沿线地区布局国家级物流枢纽，从东向西由多条铁路和公路共同构成物流网络，对我国中西部地区的经济发展和经济带物流基础设施、物流业发展起到了重要的推动和协调作用。

新亚欧大陆桥经济走廊境外沿线国家和地区也在加紧建设物流基础设施，从道路建设到中欧班列运营，从工业产业园区建设到物流产业园区布局，从以铁路物流运输为主扩展到公路运输与铁路运输的综合运输体系再到公路运输、铁路运输加海上运输的多式联运方式，从提升物流效率角度将哈萨克斯坦、白俄罗斯、俄罗斯、德国、波兰和荷兰与我国紧密相连，共同促进经济走廊沿线国家和地区的经济发展水平。

3.2.3　新亚欧大陆桥经济走廊物流网络发展潜力

在全球供应链一体化背景下，只有经济走廊沿线国家和地区的互惠合作才是提升经济发展的必由之路。新亚欧大陆桥经济走廊物流基础设施的不断完善，将经济走廊沿线国家和地区的第一产业和第二产业发展与物流产业发展相融合，挖掘其更大的发展潜力和发展空间，才能使其更好地成为亚洲和欧洲区域经济发展的助推器。

1. 境外物流中心作用凸显

捷克站物流园依托电子商务发展，将我国制造的电子产品集中在物流园，通过电子商务订单进行商品的再分拣和包装，从物流园出发分散运送到订单所在地，将跨境物流与跨境电子商务高效结合，实现了物流与信息流、境内商品与境外商品的共享[6]。

欧洲重要物流中心德国杜伊斯堡所在地地理条件优越[8]、交通便捷，是欧洲最大的消费市场。杜伊斯堡通过其优越的物流条件，吸引着我国及欧洲地区先进制造业企业与物流企业融合发展，将机械制造、物流运输、家具生产、家电制造企业布局其中。在物流基础设施完备的条件下，该物流节点发挥着重要的物流中心功能，最大限度地发挥着物流中心的作用。

2. 境内地区与新亚欧大陆桥连接紧密

山东省参与新亚欧大陆桥经济走廊建设，着力打造海上物流、公路运输、铁路运输与航空运输相结合的多式联运物流枢纽，逐步形成集装箱集散中心、多式联运集结中心，构建与新亚欧大陆桥经济走廊的物流合作平台。山东省通过即墨国际中心港和胶州国际物流园等物流节点，利用周边便利的交通设施网络，深化其在新亚欧大陆桥经济走廊中的建设优势[8]。

江苏省连云港市以“物流中心＋物流通道＋中欧班列”的突出优势在新亚欧大陆桥经济走廊中发挥着重要作用。连云港将深水大港口和远洋运输有机衔接、将港口优势与中欧班列有机融合、将综合保税区与中欧班列协调发展[7]，形成高效的物流节点网络格局。连云港市通过物流信息化平台，将进出港的货物根据物流订单完成货物的混装、拼装，实现物流业务订单快速响应化。2021 年 2 月，从连云港中哈物流基地将我国生产的电子产品和汽车配件等制造业产品，经过新疆维吾尔自治区乌鲁木齐市到达霍尔果斯口岸出境，运送货物到波兰马拉舍维奇[9]。在我国境内经过高速铁路进行中欧班列境内铁路运输，加快了货物运送速度，进一步彰显我国的高铁优势与新亚欧大陆桥经济走廊物流基础设施互联互通的能力。

河南省郑州市利用其区位优势，积极融入新亚欧大陆桥经济走廊的物流基础设施建设中，借助其铁路物流、公路物流和航空物流的优势，逐步开通郑州至经济走廊沿线国家和地区的航空直航货运专线，同时运用多式联运方式，将铁路运输、公路运输和航空运输相结合，加强与国内其他地区口岸的合作，进一步为经济走廊沿线国家和地区提供货物运输保障[7]。河南省以省内外联通、安全高效的物流网络建设为关键，构建以河南省自贸试验区为主要物流节点的多式联运物流功能为通道的物流服务网络，为进一步推进河南省经济发展和融入新亚欧大陆桥经济走廊建设提供物流服务。

新疆维吾尔自治区阿拉山口口岸和霍尔果斯口岸是新亚欧大陆桥经济走廊中我国向外开放的门户，是“一带一路”重要的物流节点和物流通道，是新丝绸之路经济带物流基础设施发展的核心区，是连接我国与欧亚各国联通的桥梁。新疆维吾尔自治区作为新亚欧大陆桥经济走廊的重要物流枢纽，为当地物流基础设施建设和经济发展提供新契机。随着新亚欧大陆桥经济走廊的进一步建设，新疆维吾尔自治区物流基础设施布局将进一步完善，并利用其区位优势进一步提升我国与新亚欧大陆桥经济走廊沿线国家和地区货物运输的便利化和提高货物流通效率[7]。

陕西省西安市借助“长安号”中欧班列的运行优势和西北经济发展中心优势，成为我国西北地区最大的物流枢纽和物流节点。作为新丝绸之路经济带沿线重要的物流节点，为更好地融入“一带一路”沿线国家和地区的物流基础设施建设，西安市正在以打造航空运输、铁路运输与公路运输相结合的多式联运方式，进一步提高物流集散效率[9]。

3.3　新亚欧大陆桥经济走廊物流节点效率分析

新亚欧大陆桥经济走廊物流节点基础设施的建设，促进了沿线国家和地区的经济发展。以新亚欧大陆桥经济走廊沿线国家和地区作为物流节点进行物流效率分析，可以掌握新亚欧大陆桥经济走廊物流发展成效，为更好地开展经济走廊后续建设指明投资方向。

3.3.1 选取新亚欧大陆桥经济走廊物流节点效率评价指标

对新亚欧大陆桥经济走廊进行物流节点效率评价，以国内区域为物流节点，国外国家为物流节点，将越小越好的指标确定为投入指标，将越大越好的指标确定为产出指标。通过对新亚欧大陆桥经济走廊沿线国家物流业发展相关指标数据的整理，最终确定两个投入指标(I)分别是机动车使用量(I_1)、物流线路长度(I_2)；确定四个产出指标(O)分别是货物周转量(O_1)、旅客周转量(O_2)、物流业增加值(O_3)、货运量(O_4)。

指标说明：本研究之所以在新亚欧大陆桥经济走廊进行的物流节点效率评价中选用旅客周转量作为产出指标，是因为在阅读文献过程中了解到新亚欧大陆桥经济走廊境外沿线部分国家物流基础条件差，部分物资流通是伴随着客运产生的。

3.3.2 收集物流节点效率评价指标原始数据

新亚欧大陆桥经济走廊沿线国家较多，表 3-1 中部分数据源于《“一带一路”国家统计年鉴》《国际统计年鉴》《世界银行物流绩效指数报告》《“一带一路”发展报告》以及“一带一路”大数据网等。由于境外指标数据收集难度很大，部分指标数据未能通过上述资料获得，而是运用计算机语言和网络技术收集得到。数据时间节点采用“一带一路”倡议提出后的 2014—2019 年(2020 年新冠疫情对全球经济影响较大，故仅收集疫情发生前数据)。

表 3-1　新亚欧大陆桥经济走廊物流效率评价原始数据

国家/地区	物流业增加值/亿元	物流线路长度/千米	货运量/亿吨	旅客周转量/万人·千米	货物周转量/亿吨·千米	机动车使用量/万辆
2014 年						
中国江苏	3097.67	184558.60	155207.00	1455.21	10417.86	1095.50
中国安徽	875.38	183563.20	139553.00	1417.34	13500.60	422.50
中国山东	3268.01	265661.20	74378.00	1143.60	8253.03	1350.30
中国河南	2162.80	256323.50	140180.00	1746.00	7401.10	969.30
中国陕西	832.62	172734.80	74188.00	804.42	3521.46	384.90
中国甘肃	293.50	142401.20	38986.00	607.05	2515.47	185.30
中国青海	103.69	75457.04	5444.00	102.89	506.94	68.80
中国新疆	668.15	180930.80	37176.00	500.00	1880.92	272.20
哈萨克斯坦	126.00	97155.00	950.00	290.20	492.00	406.60
白俄罗斯	385.92	12819.40	1131.00	2131.40	1193.90	170.50
德国	2013.00	143517.00	12174.00	4899.40	10759.00	4786.80
荷兰	1247.00	139295.00	5868.00	1890.80	3393.00	889.60
俄罗斯	755.12	128340.00	1847.00	2688.50	7135.60	7219.00
波兰	214.00	2120.35	2181.00	1925.00	519.00	2202.20
2015 年						
中国江苏	2705.4400	185918.0000	198998.0000	1453.6900	8270.2300	1240.9000
中国安徽	791.7200	196750.0000	345756.0000	1218.2200	10402.2500	498.7000
中国山东	2503.6500	269999.0000	261849.0000	1147.3200	8418.0400	1510.8000
中国河南	1809.3900	257283.0000	192859.0000	1630.5900	6948.0500	952.0000
中国陕西	713.0200	175764.0000	140900.0000	758.3000	3263.5200	438.1000
中国甘肃	274.6500	144813.0000	58251.0000	619.6500	2225.8100	239.4000
中国青海	90.5500	78572.0000	15962.0000	119.1800	445.5800	78.2000
中国新疆	536.0600	184131.0000	70673.0000	477.2900	1772.9400	294.5000
哈萨克斯坦	107.0000	889.3000	3767.0000	295.2000	508.0000	413.0000
白俄罗斯	313.3050	13135.1000	1331.8000	9828.2000	1109.3000	186.3000
德国	2940.0000	12273.5000	18501.0000	5026.3000	11554.0000	666414.0000
荷兰	2131.0000	4836.9000	5928.0000	1934.2000	3487.0000	886.7000
波兰	329.0000	2161.3000	12002.0000	2753.2000	484.0000	2093.0000
俄罗斯	815.5296	144000.0000	1761.0500	2800.0000	7685.0000	3167.0000

续表

国家/地区	物流业增加值/亿元	物流线路长度/千米	货运量/亿吨	旅客周转量/万人·千米	货物周转量/亿吨·千米	机动车使用量/万辆
2016 年						
中国江苏	2837.160	184454.400	133580.000	1468.000	7653.780	1427.900
中国安徽	826.890	207471.700	81106.000	1187.000	10896.370	600.800
中国山东	2725.410	272289.600	63463.000	1188.920	8884.340	1723.300
中国河南	1938.060	274414.500	120528.000	1684.000	7383.540	1104.500
中国陕西	771.770	178249.200	69820.000	756.000	3444.920	491.200
中国甘肃	271.250	148051.800	41626.000	613.000	2170.050	277.300
中国青海	94.990	81608.640	5934.000	125.000	475.800	88.700
中国新疆	567.540	187954.000	32148.000	458.000	1803.880	327.100
哈萨克斯坦	108.000	97155.000	6790.000	474.300	501.000	893.800
白俄罗斯	331.265	13478.100	1904.100	15320.300	1139.800	207.900
德国	3106.000	10549.000	13396.000	10584.600	12474.000	2345.100
荷兰	1692.000	5034.000	5697.000	5156.800	3765.000	862.800
波兰	337.000	1973.000	2025.000	1978.800	501.000	893.800
俄罗斯	880.770	128340.000	1914.000	2819.600	7746.000	3200.000
2017 年						
中国江苏	3097.67	185675.00	126783.00	1515.00	9057.60	1612.80
中国安徽	875.38	213201.00	69105.00	1154.00	11429.77	708.90
中国山东	3268.01	277434.00	65299.00	1247.26	9719.46	1929.60
中国河南	2162.85	274623.00	114351.00	1762.00	8228.70	1274.50
中国陕西	832.62	180513.00	67880.00	761.00	3760.64	549.50
中国甘肃	293.50	147827.00	42638.00	620.00	2439.66	287.50
中国青海	103.69	83919.00	6274.00	137.00	519.46	99.60
中国新疆	668.15	191285.00	27083.00	429.00	2176.35	363.20
哈萨克斯坦	100.00	95410.00	5499.00	5609.00	565.00	438.30
白俄罗斯	385.92	13760.20	1667.90	17012.20	1347.90	231.40
德国	3293.00	142903.00	11629.00	11861.60	11685.00	5179.00
荷兰	2061.00	185364.00	5746.00	5860.90	4277.00	940.60
波兰	381.00	2710.30	2338.00	2384.80	738.00	2625.90
俄罗斯	887.81	150884.00	2381.00	2428.60	8937.00	5421.60

续表

国家/地区	物流业增加值/亿元	物流线路长度/千米	货运量/亿吨	旅客周转量/万人·千米	货物周转量/亿吨·千米	机动车使用量/万辆
2018 年						
中国江苏	2964.41	186171.00	120612.00	1539.34	8969.29	1776.60
中国安徽	1865.40	218792.00	63347.00	1163.66	11803.68	814.20
中国河南	2834.06	275402.00	110421.00	1775.09	8982.12	1449.70
中国陕西	1033.59	183275.00	71583.00	797.97	4024.89	616.80
中国甘肃	407.23	148810.00	42185.00	634.71	2609.93	315.10
中国青海	123.19	85161.00	6443.00	141.01	551.36	109.90
中国新疆	730.05	195009.00	21204.00	405.76	2483.87	396.70
中国山东	3384.94	283094.00	67443.00	1289.61	10052.20	2128.30
哈萨克斯坦	100.00	97318.20	5609.00	5721.20	576.30	447.10
白俄罗斯	426.62	14008.50	1382.30	312.50	1517.60	253.30
德国	3106.00	10549.00	13396.00	11012.20	13362.00	2345.10
荷兰	1692.00	5034.00	5697.00	5365.20	12474.00	1062.80
波兰	337.00	2103.00	2025.00	2058.70	3765.00	893.80
俄罗斯	895.80	181061.00	2491.00	2933.50	7508.84	542.20
2019 年						
中国江苏	3157.2100	187896.1000	120298.1000	1565.7600	9947.6830	1912.7000
中国安徽	1973.8700	228789.4000	59274.8300	1164.8100	10245.7900	907.8000
中国河南	2970.4000	277701.8000	109297.2000	1798.7000	8658.5000	1612.1000
中国陕西	1059.8600	186634.4000	70760.7200	803.8292	3482.1520	676.0000
中国甘肃	438.3900	157183.1000	42133.2800	647.0669	2496.2820	343.3000
中国青海	123.1800	86884.3100	6312.7900	128.2349	398.4289	119.6000
中国新疆	953.7200	201157.2000	20276.4400	414.5326	1948.1870	436.1000
中国山东	3636.0600	68920.0000	1337.9800	2095.0000	10166.4200	2333.7000
哈萨克斯坦	101.1200	99264.6000	5721.2000	5835.6000	587.8000	456.0000
白俄罗斯	443.7000	14568.8000	1437.6000	325.0000	1578.3000	263.4000
德国	3230.2000	10971.0000	13931.8000	11452.7000	13896.5000	2438.9000
荷兰	1759.7000	5235.4000	5924.9000	5579.8000	12973.0000	5265.3000
波兰	350.5000	2051.9000	2106.0000	2141.0000	3915.6000	929.6000
俄罗斯	931.6000	188303.4000	2590.6000	3050.8000	7809.2000	563.8000

新亚欧大陆桥经济走廊沿线国家指标原始数据收集难度较大，部分年份指标数据丢失。研究组采用指标数据逐年评估的方法，即通过指标的变动趋势测算增长比率的方法填补缺失的指标数据。

3.3.3 物流节点原始数据标准化

指标原始数据之间存在较大量级差别，主要是由于指标的单位和指标统计路径所导致。为了更好地进行物流效率评价，故先将原始数据标准化，标准化数据见表 3-2。

表 3-2 新亚欧大陆桥经济走廊物流效率原始数据标准化

国家/地区	物流业增加值	物流线路长度	旅客周转量	机动车使用量	货物周转量	货运量
2014 年						
中国山东	0.545837	0.734346	0.687658	0.495602	0.592911	0.485476
中国江苏	0.542954	0.721492	0.715244	0.482815	0.603986	0.500089
中国安徽	0.468672	0.721298	0.711363	0.419259	0.615987	0.498514
中国河南	0.523098	0.733100	0.711528	0.475155	0.587632	0.510820
中国陕西	0.465449	0.719114	0.687559	0.412515	0.549827	0.463219
中国甘肃	0.392276	0.712103	0.661898	0.355622	0.531558	0.444548
中国青海	0.304434	0.688215	0.572402	0.264302	0.432160	0.303708
中国新疆	0.450999	0.720780	0.659941	0.386483	0.515128	0.431198
哈萨克斯坦	0.322296	0.697880	0.473884	0.416502	0.430069	0.563290
白俄罗斯	0.412712	0.708240	0.636346	0.348653	0.488124	0.394313
德国	0.519020	0.764068	0.611238	0.565853	0.605496	0.767622
荷兰	0.490782	0.711296	0.576167	0.469703	0.547847	0.760265
俄罗斯	0.459093	0.708282	0.514078	0.586416	0.585848	0.554507
波兰	0.367433	0.749345	0.523572	0.524118	0.433797	0.601705
2015 年						
中国山东	0.5312967	0.7349087	0.4856765	0.5023193	0.7338431	0.5938630
中国江苏	0.5355774	0.7217546	0.5000266	0.4904838	0.7241815	0.5930109

续表

国家/地区	物流业增加值	物流线路长度	旅客周转量	机动车使用量	货物周转量	货运量
中国安徽	0.4621840	0.7237769	0.4893571	0.4310165	0.7434133	0.6039156
中国河南	0.5128887	0.7332302	0.5068222	0.4740184	0.7230647	0.5845419
中国陕西	0.4553173	0.7197396	0.4593684	0.4218661	0.7117154	0.5457630
中国甘肃	0.3871726	0.7127177	0.4459387	0.3764042	0.6780906	0.5247190
中国青海	0.2915661	0.6897764	0.3172683	0.2771724	0.6235684	0.4230693
中国新疆	0.4360375	0.7214088	0.4279380	0.3925289	0.6856749	0.5117088
哈萨克斯坦	0.3073642	0.4696819	0.4270024	0.7495962	0.5533970	0.4323059
白俄罗斯	0.3972389	0.7091371	0.3934979	0.3560782	0.6662056	0.4835920
德国	0.5401226	0.5259119	0.6044036	0.7652023	0.7667226	0.6088182
荷兰	0.5222594	0.5663865	0.5692984	0.7473789	0.7576758	0.5493040
波兰	0.4009170	0.2522364	0.5176395	0.5212387	0.6105807	0.4289193
俄罗斯	0.4641078	0.7125119	0.5374612	0.5441485	0.6009181	0.5894630
2016 年						
中国山东	0.5359813	0.7352020	0.6814690	0.5100582	0.4878666	0.5964459
中国江苏	0.5381820	0.7214717	0.7097567	0.4989584	0.5006299	0.5892654
中国安徽	0.4650031	0.7256633	0.6909975	0.4438476	0.4877863	0.6060891
中国河南	0.5168482	0.7354717	0.7059568	0.4833239	0.5087197	0.5875162
中国陕西	0.4605202	0.7202443	0.6852023	0.4299602	0.4591408	0.5486571
中国甘肃	0.3862081	0.7135253	0.6645825	0.3879008	0.4452514	0.5232871
中国青海	0.2961556	0.6912350	0.5767226	0.2895215	0.3216558	0.4277172
中国新疆	0.4399634	0.7221444	0.6539024	0.4004728	0.4250320	0.5127119
哈萨克斯坦	0.3082279	0.6978799	0.5834107	0.4700046	0.4274943	0.4313377
白俄罗斯	0.4014308	0.7100860	0.6314118	0.3650686	0.3940293	0.4852731
德国	0.5430993	0.6045728	0.6156319	0.5276507	0.6047307	0.6123606
荷兰	0.5089874	0.5684262	0.5746847	0.5687168	0.5696529	0.5533690
波兰	0.4027135	0.5178722	0.5193587	0.4700046	0.5180389	0.4313377
俄罗斯	0.4690652	0.7082817	0.5161309	0.5447066	0.5378427	0.5898466
2017 年						
中国山东	0.5458368	0.7358510	0.6825881	0.5165956	0.4907949	0.6007162

续表

国家/地区	物流业增加值	物流线路长度	旅客周转量	机动车使用量	货物周转量	货运量
中国江苏	0.5429542	0.7217078	0.7078307	0.5061782	0.5024937	0.5973675
中国安徽	0.4686717	0.7266285	0.6848015	0.4549372	0.4860176	0.6083161
中国河南	0.5230993	0.7354980	0.7039994	0.4921067	0.5113408	0.5927685
中国陕西	0.4654493	0.7206973	0.6841040	0.4377472	0.4595893	0.5533078
中国甘肃	0.3922762	0.7134697	0.6655615	0.3906820	0.4459380	0.5298575
中国青海	0.3044338	0.6923057	0.5795017	0.3006256	0.3296202	0.4338585
中国新疆	0.4509991	0.7227721	0.6466687	0.4082545	0.4202845	0.5234510
哈萨克斯坦	0.3010300	0.6971939	0.5729045	0.4218952	0.5739020	0.4396561
白俄罗斯	0.4127120	0.7108469	0.6255347	0.3737008	0.6264185	0.4954971
德国	0.5462454	0.7640375	0.6091185	0.5698707	0.6100362	0.6093413
荷兰	0.5203627	0.7216479	0.5751146	0.4732541	0.5761070	0.5600429
波兰	0.4117754	0.7501707	0.5274810	0.5339344	0.5285882	0.4575877
俄罗斯	0.4695752	0.7142160	0.5285001	0.5721891	0.5296048	0.5967281
2018年						
中国山东	0.5477195	0.7365504	0.6838518	0.5221872	0.4928243	0.6023054
中国江苏	0.5405720	0.7218033	0.7059826	0.5118276	0.5034275	0.5969002
中国安徽	0.5146503	0.7275437	0.6813971	0.4640022	0.4865476	0.6098096
中国河南	0.5381222	0.7355962	0.7026934	0.4998620	0.5117790	0.5969684
中国陕西	0.4791934	0.7212419	0.6861722	0.4456271	0.4626950	0.5568757
中国甘肃	0.4166138	0.7137116	0.6651271	0.3976630	0.4475574	0.5335979
中国青海	0.3202658	0.6928679	0.5808190	0.3098134	0.3322859	0.4379779
中国新疆	0.4568748	0.7234602	0.6361289	0.4147160	0.4163532	0.5308562
哈萨克斯坦	0.3010300	0.6971939	0.5729045	0.4218952	0.4302768	0.4396561
白俄罗斯	0.4199626	0.7115028	0.6170651	0.3808629	0.3970339	0.5025856
德国	0.5430993	0.6045728	0.6156319	0.5276507	0.6065828	0.4313377
荷兰	0.5089874	0.5684262	0.5746847	0.5687168	0.5716605	0.6123606
波兰	0.4027135	0.5178722	0.5193587	0.4700046	0.5202991	0.5533690
俄罗斯	0.4701480	0.7208061	0.5310155	0.4368188	0.5400024	0.5883359

续表

国家/地区	物流业增加值	物流线路长度	旅客周转量	机动车使用量	货物周转量	货运量
2019 年						
中国山东	0.5515270	0.6846970	0.4950516	0.5273787	0.5213018	0.6028375
中国江苏	0.5439816	0.7221333	0.7058858	0.5160908	0.5044335	0.6018126
中国安徽	0.5178974	0.7291191	0.6787796	0.4709988	0.4866083	0.6032035
中国河南	0.5406818	0.7358845	0.7023107	0.5061516	0.5125450	0.5952144
中国陕西	0.4807611	0.7218923	0.6857231	0.4517742	0.4631706	0.5492299
中国甘肃	0.4219099	0.7157031	0.6650765	0.4040925	0.4488530	0.5311331
中国青海	0.3202585	0.6936339	0.5798089	0.3175956	0.3238719	0.4150319
中国新疆	0.4741319	0.7245655	0.6341740	0.4215412	0.4178964	0.5171472
哈萨克斯坦	0.3020857	0.6971939	0.5729045	0.4218952	0.4316614	0.4396561
白俄罗斯	0.4199626	0.7115028	0.6170651	0.3808629	0.3985285	0.5025856
德国	0.5430993	0.6045728	0.6156319	0.5276507	0.6075059	0.4313377
荷兰	0.5089874	0.5684262	0.5746847	0.5687168	0.5726608	0.6123606
波兰	0.4027135	0.5178722	0.5193587	0.4700046	0.5214248	0.5533690
俄罗斯	0.4702246	0.7230410	0.5310155	0.4368111	0.5410783	0.5842599

通过 TOPSIS 法进行数据标准化，即对原始数据进行无量纲化处理，所有的数据标准为 0～1。

3.3.4　新亚欧大陆桥经济走廊物流节点效率评价

通过 DEA 的超效率模型对标准化的数据进行模型分析，从技术的角度通过 DEA-Solver5.0 软件进行分析，分析结果如表 3-3 所示。

表 3-3　新亚欧大陆桥经济走廊物流效率分布

2014 年		2015 年		2016 年	
国家/地区	效率	国家/地区	效率	国家/地区	效率
荷兰	1.193157768	哈萨克斯坦	1.7041959	哈萨克斯坦	1.3065446
中国青海	1.093911225	波兰	1.6603898	荷兰	1.1124169
中国安徽	1.080768337	中国青海	1.1878553	波兰	1.1102153

续表

2014 年		2015 年		2016 年	
国家/地区	效率	国家/地区	效率	国家/地区	效率
中国江苏	1.030130776	中国甘肃	0.9523161	德国	1.0404421
白俄罗斯	1.016340177	德国	0.9402036	中国青海	1.0320276
中国甘肃	1.008368694	中国安徽	0.9276878	中国安徽	1.0246175
德国	1.007955561	俄罗斯	0.9027817	俄罗斯	1.0221744
中国新疆	1.002682402	白俄罗斯	0.8764594	中国甘肃	1.0059894
俄罗斯	0.991057978	荷兰	0.8683711	中国陕西	0.9208949
中国陕西	0.988359159	中国陕西	0.8566467	中国河南	0.9156090
中国山东	0.987712888	中国新疆	0.8458406	中国山东	0.9129583
中国河南	0.980851725	中国河南	0.8321376	中国江苏	0.9055097
哈萨克斯坦	0.856402238	中国江苏	0.8269704	白俄罗斯	0.9023629
波兰	0.751498385	中国山东	0.8265968	中国新疆	0.8872107
2017 年		2018 年		2019 年	
国家/地区	效率	国家/地区	效率	国家/地区	效率
哈萨克斯坦	1.3328221	哈萨克斯坦	1.200850341	哈萨克斯坦	1.1966537
俄罗斯	1.1085664	波兰	1.108674604	波兰	1.1091025
白俄罗斯	1.0740919	荷兰	1.102408264	荷兰	1.1024083
德国	1.0251597	德国	0.997648123	德国	0.9974210
中国安徽	1.0150769	中国青海	0.944630021	中国青海	0.8973953
波兰	1.0069165	中国甘肃	0.908410222	中国甘肃	0.8948852
中国甘肃	0.9968897	俄罗斯	0.897155328	俄罗斯	0.8912497
中国江苏	0.9896425	中国安徽	0.855639316	白俄罗斯	0.8508158
荷兰	0.9877682	白俄罗斯	0.849747915	中国安徽	0.8416812
中国青海	0.9817671	中国陕西	0.834558981	中国山东	0.8286028
中国山东	0.9761689	中国新疆	0.830507442	中国陕西	0.8211430
中国河南	0.9640786	中国山东	0.807627345	中国江苏	0.8064518
中国陕西	0.9206833	中国江苏	0.803543214	中国河南	0.7976815
中国新疆	0.8876960	中国河南	0.803358384	中国新疆	0.7827950

如表 3-2 所示，2015—2019 年，哈萨克斯坦、波兰，物流效率均达到 DEA 有效性，可见这些国家/地区的物流业发展良好，投入的物流资源得到了充分利用。相较于这些国家/地区，国内的其余省份则稍微逊色，在该期间达到 DEA 有效性的年份不多，但其物流效率基本都可以达到 0.9 及

以上，说明整体物流效率还有上升的空间。但与此同时，也说明在该经济走廊中，国内这几个省份的物流业的资源没有得到有效配置，未得到有效利用。但整体看该经济走廊的物流效率较好，其物流效率分布呈现东低西高。所以为了更好地发挥该经济走廊的作用，要适度提高物流效率较低的基础设施完善程度以及物流资源的利用效率，并通过提高各个国家/地区的经济活跃度来提升物流业发展实力，并最终提升新亚欧大陆桥经济走廊的物流效率。

3.4　新亚欧大陆桥经济走廊物流需求预测分析

新亚欧大陆桥经济走廊在"一带一路"倡议的引领下，如何更有目的地进行经济走廊物流基础设施建设？需要对其物流网络需求进行预测，通过预测结果可以了解经济走廊物流需求未来的发展趋势，为新亚欧大陆桥经济走廊的后续物流基础建设提供科学依据。

3.4.1　选取新亚欧大陆桥经济走廊物流网络需求预测指标

由于新亚欧大陆桥经济走廊沿线国家存在不统计物流指标数据、物流指标统计口径不一致等诸多现实问题，研究通过对指标数据的全面整理和梳理发现，六大经济走廊沿线国家和地区均能收集到的统一指标是货物周转量指标数据，同时，货物周转量也是国内外研究学者在统计和研究物流业发展过程中所采用的重要指标，所以选取其作为物流需求预测指标，对经济走廊物流需求的预测具有合理性和科学性。

3.4.2　新亚欧大陆桥经济走廊物流网络需求预测过程

根据表 3-1 中货物周转量的数据，进行基于灰色理论的物流需求量预测。在实际的应用中，由于原始数据年份跨度大，必须不断地考虑随着时间推移相继进入系统的扰动或驱动因素。一般来说，离时间原点越远的数据，GM(1,1)的预测意义就越弱。所以在建模的过程中，选择离预测值越近的年份进行GM(1,1)预测，其预测精度就越高，预测也就越有意义。所以，选择离预测值最近的2014—2019年原始数据的货物周转量(单位：亿吨·千米)进行模拟预测。

第一步，原始序列的初始化。

设原始序列 $X(0)=(x^{(0)}(1),x^{(0)}(2),x^{(0)}(3),x^{(0)}(4),x^{(0)}(5),x^{(0)}(6))$，对 $X(0)$，作1-AGO得 $X(1)=(x^{(1)}(1),x^{(1)}(2),x^{(1)}(3),x^{(1)}(4),x^{(1)}(5),x^{(1)}(6))$。

第二步，原始序列的初始化。

初始化后的序列：71489.88，66573.72，68839.48，74881.54，88681.08，88103.84。

第三步，原始序列的1-AGO。

1-AGO序列：71489.88，138063.60，206903.08，281784.62，370465.70，458569.54。

第四步，1-AGO的紧邻均值生成。

紧邻均值生成序列：104776.74，172483.34，244343.85，326125.16，414517.62。

第五步，发展系数和灰色作用量的计算。

$a=-0.08$，$b=56914.04$，平均相对误差3.25%。

第六步，模拟值的计算。

71489.88，65337.04，70864.60，76859.79，83362.18，90414.68。

3.4.3 新亚欧大陆桥经济走廊物流网络需求预测结果

依据灰色预测模型特征，根据预测步骤进行预测计算，得出物流网络需求预测精度为96.75%的货物周转量(单位：亿吨·千米)，如表3-4所示。

表 3-4　新亚欧大陆桥经济走廊物流网络需求预测结果　亿吨·千米

年　　份	2020	2021	2022	2023	2024	2025
货物周转量	98063.83	106360.10	115358.20	125117.60	135702.70	147183.20

由表 3-4 的预测结果可以看出，在 2020—2025 年新亚欧大陆桥经济走廊物流需求量呈明显持续稳定增长的态势，发展速度与新亚欧大陆桥经济走廊物流节点基础设施互联互通、物流网络布局发展相吻合，具体走向见图 3-1。

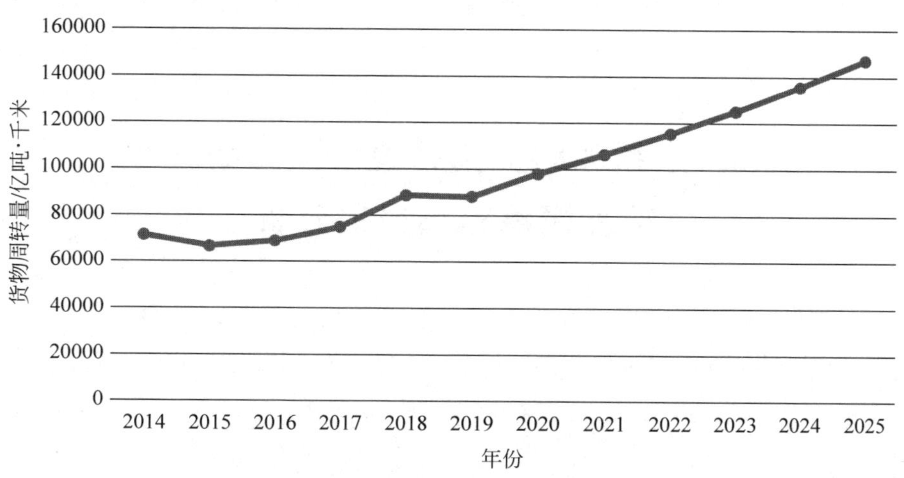

图 3-1　新亚欧大陆桥经济走廊物流需求

图 3-1 中曲线表明，新亚欧大陆桥经济走廊物流业发展除 2019 年略有回落外，其余年份都呈增长趋势，且增长势头明显，增长速度较快，可见新亚欧大陆桥经济走廊的物流需求对沿线国家的经济发展将起到促进作用。

3.4.4　新亚欧大陆桥经济走廊物流网络需求预测结论

本研究运用灰色 GM(1,1)模型的预测方法，以面板数据为基础，以灰色系统理论的灰色预测模型为主要工具，通过模拟新亚欧大陆桥经济走廊 2014—2019 年的货物周转量数据，得到精度为 96.75%的物流需求预测模拟值，预测新亚欧大陆桥经济走廊2020—2025年货物周转量，得知新亚欧大陆桥经济走廊物流需求在预测期呈稳步发展态势，同时也说明新亚欧大陆桥经济走廊的物流产业在逐年稳步发展。这些发展都和新亚欧大陆桥经济走廊沿线国家的物流节点设施设备互联互通，经济走廊物流基础良好、物流潜力较大，我国作为经济走廊的排头兵引领经济走廊的物流产业发展相吻合。验证该方法正确的同时得到新亚欧大陆桥经济走廊物流需求量逐年增大的结论，物流节点的发展以及物流网络布局对今后新亚欧大陆桥经济走廊沿线国家和地区的经济发展和基础物流发展起到了指导作用。

3.5 新亚欧大陆桥经济走廊物流节点网络布局层级分析

新亚欧大陆桥经济走廊沿线物流节点之间的物流联系有多有少，通过对沿线物流节点引力关系的分析，可以得知物流节点之间的关系好坏，并根据节点之间引力值大小进行网络布局分析。按照“人以群分，物以类聚”的原理可以得知哪些物流节点之间合作紧密，哪些物流节点合作较少。通过对物流节点网络布局分析，可以明确新亚欧大陆桥经济走廊发展过程中，沿线物流节点层级如何，需要加大对哪些物流网络的进一步投入建设和引导，以便更好地促进经济走廊沿线国家和地区的供应链一体化和产业经济发展。

3.5.1 经济走廊物流节点之间物理距离

根据引力关系模型要求，物流节点之间的距离是引力模型计算的必需要素，研究运用百度地图测量经济走廊物流节点之间的物理距离，选择经济走廊沿线国内省市的省会城市或市中心作为测算点，经济走廊沿线国家则选择首都中心点作为测算点，以千米为单位，得到表3-5。

表 3-5　新亚欧大陆桥经济走廊物流节点物理距离

千米

国家/地区	中国山东	中国江苏	中国安徽	中国河南	中国陕西	中国甘肃	中国青海	中国新疆	哈萨克斯坦	白俄罗斯	俄罗斯	德国	波兰	荷兰
中国山东	0	623	648	446	905	1412	1611	3114	3928	6790	6110	7697	7261	8172
中国江苏	623	0	170	664	1082	1718	1935	3624	4371	7261	6592	8173	7737	8658
中国安徽	648	170	0	572	927	1563	1780	3465	4282	7179	6517	8103	7660	8596
中国河南	446	664	572	0	481	1116	1333	3018	3815	6718	6051	7640	7194	8135
中国陕西	905	1082	927	481	0	643	860	2545	3530	7460	5795	7393	6933	7905
中国甘肃	1412	1718	1563	1116	643	0	220	1909	3060	5998	5337	6939	6471	7462
中国青海	1611	1935	1780	1333	860	220	0	1749	3529	5823	5164	6767	6295	7293
中国新疆	3114	3624	3465	3018	2545	1909	1749	0	1454	4393	3737	5340	4862	5877
哈萨克斯坦	3928	4371	4282	3815	3530	3060	3529	1454	0	2943	2274	3887	3413	4425
白俄罗斯	6790	7261	7179	6718	7460	5998	5823	4393	2943	0	680	955	475	1516
俄罗斯	6110	6592	6517	6051	5795	5337	5164	3737	2274	680	0	1619	1152	2160
德国	7697	8173	8103	7640	7393	6939	6767	5340	3887	955	1619	0	515	580
波兰	7261	7737	7660	7194	6933	6471	6295	4862	3413	475	1152	515	0	1097
荷兰	8172	8658	8596	8135	7905	7462	7293	5877	4425	1516	2160	580	1097	0

物流节点之间的关系呈轴对称分布，对于应用引力模型测算物流节点之间的距离具有可操作性。

3.5.2 计算物流节点网络物流引力关系

根据经济走廊物流节点之间的物流距离和物流质量计算物流节点引力关系值。其中，物流质量是物流节点的能力体现，本研究采用每个物流节点的物流效率和货物周转量的折算值作为物流质量，根据物流指标性质说明其值可以代表物流节点质量（能力）。通过物流引力模型（2-1），计算得到表 3-6。

经济走廊物流节点之间呈相互的引力关系，根据节点之间物流物理距离和质量，得出节点之间两两引力关系值，根据引力关系值可分析得到物流节点之间的网络层级布局。

3.5.3 物流节点网络层级布局

根据经济走廊物流节点之间的引力值，可以将物流节点之间的物流引力分为强物流引力关系、较强物流引力关系、中物流引力关系和弱物流引力关系。由表 3-6 所示物流节点之间的引力关系值，可以根据 R 语言的 Chord-Diagram 应用的 Power BI 得到新亚欧大陆桥经济走廊物流节点网络布局弦图，如图 3-2 所示。

根据图 3-2 所示，新亚欧大陆桥经济走廊沿线国家和地区的连接面积和连线粗细程度与物流节点引力成正比，可将物流节点网络布局如下。

物流节点网络第一层级：中国安徽和中国江苏；中国青海和中国甘肃；波兰和德国；荷兰和德国；中国山东和中国河南；波兰和白俄罗斯；中国陕西和中国河南；中国安徽和中国河南；中国河南和中国江苏；中国山东和中国江苏；中国山东和中国安徽；俄罗斯和哈萨克斯坦；中国甘肃和中国陕西；德国和白俄罗斯；中国安徽和中国陕西；中国山东和中国陕西；荷兰和波兰；中国陕西和中国江苏；中国青海和中国陕西。

表 3-6　新亚欧大陆桥经济走廊物流节点网络物流引力关系

国家/地区	中国山东	中国江苏	中国安徽	中国河南	中国陕西	中国甘肃	中国青海	中国新疆	哈萨克斯坦	白俄罗斯	俄罗斯	德国	波兰	荷兰
中国山东	0.000	245.690	226.200	479.590	108.150	42.860	26.240	8.530	5.130	1.850	2.510	1.697	1.660	1.510
中国江苏	245.690	0.000	3830.460	252.150	88.170	33.740	21.197	7.330	4.830	1.880	2.510	1.750	1.710	1.560
中国安徽	226.200	3830.460	0.000	329.500	116.490	39.530	24.290	7.782	4.880	1.870	2.490	1.730	1.690	1.540
中国河南	479.590	252.150	329.500	0.000	376.720	67.510	37.710	8.930	5.350	1.850	2.510	1.690	1.670	1.490
中国陕西	108.150	88.170	116.490	376.720	0.000	183.350	81.680	11.320	5.630	1.350	2.470	1.630	1.620	1.430
中国甘肃	42.860	33.740	39.530	67.510	183.350	0.000	1007.580	16.240	6.057	1.690	2.350	1.490	1.500	1.290
中国青海	26.240	21.197	24.290	37.710	81.680	1007.580	0.000	15.050	3.540	1.400	1.950	1.220	1.230	1.056
中国新疆	8.530	7.330	7.780	8.930	11.320	16.240	15.050	0.000	20.020	2.360	3.580	1.880	1.980	1.560
哈萨克斯坦	5.130	4.830	4.880	5.350	5.630	6.057	3.540	20.020	0.000	4.610	8.490	3.110	3.530	2.410
白俄罗斯	1.850	1.880	1.870	1.850	1.350	1.690	1.400	2.360	4.610	0.000	220.190	119.770	422.690	47.660
俄罗斯	2.510	2.510	2.490	2.510	2.470	2.350	1.950	3.580	8.490	220.190	0.000	35.920	61.940	20.240
德国	1.697	1.750	1.730	1.690	1.630	1.490	1.220	1.880	3.110	119.770	35.920	0.000	536.370	485.750
波兰	1.660	1.710	1.690	1.670	1.620	1.500	1.230	1.980	3.530	422.690	61.940	536.370	0.000	103.800
荷兰	1.510	1.560	1.540	1.490	1.430	1.290	1.056	1.560	2.410	47.660	20.240	485.750	103.800	0.000

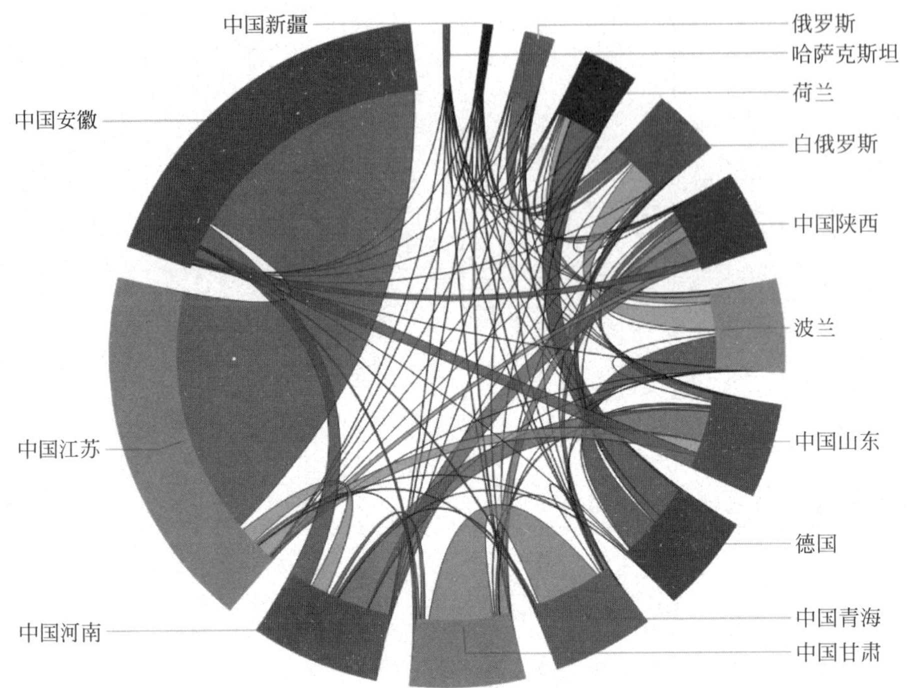

图 3-2　新亚欧大陆桥经济走廊物流节点网络布局弦图

物流节点网络第二层级：中国甘肃和中国河南；波兰和俄罗斯；荷兰和白俄罗斯；中国山东和中国甘肃；中国安徽和中国甘肃；中国青海和中国河南；德国和俄罗斯；中国甘肃和中国江苏；中国山东和中国青海；中国安徽和中国青海；中国青海和中国江苏；荷兰和俄罗斯；哈萨克斯坦和中国新疆；中国新疆和中国甘肃；中国新疆和中国青海。

物流节点网络第三层级：中国新疆和中国陕西；中国新疆和中国河南；中国山东和中国新疆；俄罗斯和哈萨克斯坦；中国安徽和中国新疆；中国新疆和中国江苏；哈萨克斯坦和中国甘肃；哈萨克斯坦和中国陕西；哈萨克斯坦和中国河南；中国山东和哈萨克斯坦；中国安徽和哈萨克斯坦；哈萨克斯坦和中国江苏；白俄罗斯和哈萨克斯坦；俄罗斯和中国新疆；哈萨克斯坦和中国青海；波兰和哈萨克斯坦；德国和哈萨克斯坦；俄罗斯和中国河南；俄罗斯和中国江苏；中国山东和俄罗斯；中

国安徽和俄罗斯；俄罗斯和中国陕西；荷兰和哈萨克斯坦；白俄罗斯和中国新疆；俄罗斯和中国甘肃。

物流节点网络第四层级：波兰和中国新疆；俄罗斯和中国青海；德国和中国新疆；白俄罗斯和中国江苏；中国安徽和白俄罗斯；中国山东和白俄罗斯；白俄罗斯和中国河南；德国和中国江苏；中国安徽和德国；波兰和中国江苏；中国山东和德国；中国安徽和波兰；德国和中国河南；白俄罗斯和中国甘肃；波兰和中国河南；中国山东和波兰；德国和中国陕西；波兰和中国陕西；荷兰和中国江苏；荷兰和中国新疆；中国安徽和荷兰；中国山东和荷兰；波兰和中国甘肃；荷兰和中国河南；德国和中国甘肃；荷兰和中国陕西；白俄罗斯和中国青海；白俄罗斯和中国陕西；荷兰和中国甘肃；波兰和中国青海；德国和中国青海；荷兰和中国青海。

3.5.4　物流节点网络布局结论

通过对经济走廊物流节点之间物理距离的测算，运用物流引力模型，将物流节点之间的物流距离与物流质量数值进行计算，得到物流节点之间的物流引力关系值，通过物流节点之间物流引力关系值运用 R 语言的 Chord-Diagram 应用的 Power BI 得到物流节点网络的层级。根据新亚欧大陆桥经济走廊物流节点布局，可将沿线物流节点分为四个层级，分别是：强物流引力（第一）层级，在这一层级分布的物流节点相互之间合作潜力大，可在后续发展中达到战略联盟的关系；在较强（第二）层级分布的物流节点之间有较好的合作潜力，在物流设施设备投入中可继续加大对于该层级网络节点的物流建设；在中级（第三）层级分布的物流节点之间，现阶段有一定的联系，但在今后的发展过程中，可依据节点特色寻找物流节点之间的更多相互合作契机，通过加大物流设施设备建设的投入，使两者之间的物流引力由弱变强；最后一层（第四）是物流节点之间呈现的弱引力层级，这类物流节点之间现阶段物流业之间的关系较弱，两者之间需要通过投入建设和长期合作才能逐渐改善节点之间互惠互利的关系，更是经济走廊在今后值得重点关注的物流节点。

3.6 本章小结

通过对新亚欧大陆桥经济走廊的现状分析，建立经济走廊的物流指标体系，收集新亚欧大陆桥经济走廊沿线国家和地区物流指标原始数据，通过 TOPSIS 法对原始数据进行无量纲化处理，运用 DEA 模型计算得到经济走廊物流节点网络的物流效率；由于经济走廊物流节点之间数据匮乏，适合运用灰色预测模型进行经济走廊物流需求预测，通过模拟新亚欧大陆桥经济走廊 2014—2019 年的货物周转量数据，得到精度为 96.75％的物流需求预测模拟值，预测新亚欧大陆桥经济走廊 2020—2025 年货物周转量，得知新亚欧大陆桥经济走廊物流需求在预测期呈稳步发展态势；通过寻找经济走廊物流节点之间的两两物理距离，运用物流引力模型，将物流节点之间的物理距离与物流质量进行计算，得到经济走廊物流节点之间的引力关系，分析物流节点之间引力关系值进行物流节点网络层级分布，最终得到经济走廊物流节点网络布局。通过对经济走廊从物流效率、物流需求到物流引力和物流层级分布的研究，为新亚欧大陆桥经济走廊接下来的互联互通发展提供科学依据。

第 4 章 中巴经济走廊物流节点网络布局

4.1 引　　言

中巴经济走廊在新丝绸之路经济带的建设中起着重要的作用，其建设过程中物流基础设施建设效果如何，经济走廊沿线国家和地区物流效率怎样，经济走廊物流需求是增加还是缩减，物流节点之间的影响是否存在、其影响程度如何都是值得我们研究的重要问题。

4.2 中巴经济走廊物流网络发展现状

4.2.1 中巴经济走廊基本概况

中巴经济走廊的物流基础设施设备建设是“一带一路”倡议中重要的建设项目，中国与巴基斯坦是战略联盟合作伙伴。在中国和巴基斯坦共同发布的《中巴经济走廊远景规划(2017—2030)》[10]中明确的中巴经济走廊的概念是：中巴经济走廊是以中巴两国的综合运输通道及产业合作为主轴，以两国经贸务实合作、人文领域往来为引擎，以重大基础设施建设、产业及民生领域合作项目等为依托，以促进两国经济社会发展、繁荣、安宁为目标，优势互补、互利共赢、共同发展的增长轴和发展带。中巴经济走廊在“一带一路”倡议中起着引领作用，对巴基斯坦的经济建设有着不可估量的贡献。

中巴经济走廊将我国最西部城市新疆维吾尔自治区喀什市的喀什噶尔河和巴基斯坦瓜达尔深水港联通，全长3000千米。中巴经济走廊南面与“海上丝绸之路”相连，北面与“新丝绸之路经济带”相接，是连接我国与巴基斯坦的重要物流通道。

4.2.2 中巴经济走廊物流节点基础条件

作为中巴经济走廊建设的第一个产业园区拉沙卡伊特别经济区，2020年建成阿拉马·伊克巴尔工业城(M3)，该工业城是巴基斯坦最大的工业城，工业城中有两条高速公路，一条从巴基斯坦第一大城市卡拉奇经过苏库尔到巴基斯坦东部城市木尔坦，最终抵达贾尔万瓦拉(工业城)；另一条从巴基斯坦第二大城市拉合尔到巴基斯坦首都伊斯兰堡。工业园区和高速公路的有机结合，使工业园区内建工建材、医药制造、汽车制造、钢铁加工、食品加工、纺织品加工等制造产业与仓储基地、港口设施等物流产业融合发展并布局合理化，为巴基斯坦产业联动和发展提供了重要的基础设施，为制造业供应链一体化发展提供必要保障。

2020年，中巴经济走廊建设的最大物流基础设施设备高速公路项目建成通车，从巴基斯坦白沙瓦到卡拉奇，经过巴基斯坦的主要城市(海得拉巴、苏库尔、木尔坦、拉合尔、伊斯兰堡)，实现了物流通道高速化[10]，同时也将我国研发的高速公路信息平台运用于其中，可实现对高速公路路面的实时监控、车辆信号传输等功能。这是一条智慧化的高速公路，为巴基斯坦经济发展提供高速物流通道和便捷的信息服务[11]。此外，喀喇昆仑公路二期的建成通车，拉合尔轨道交通“橙线”项目的开通运营[12]，逐步完善巴基斯坦物流基础设施，为中巴经济走廊建设奠定物流基础设施布局基础。

4.2.3 中巴经济走廊物流网络发展潜力

在中巴经济走廊的建设中，瓜达尔深水港发挥着重要的物流节点作用，推动着巴基斯坦产业集群和物流枢纽的建设和发展[13]。加快瓜达尔东湾快速公路建设、自贸区建设、港口新机场建设，为构建瓜达尔深水港物流节点网络合理布局；瓜达尔深水港着力发展海洋运输和航空运输，开通了海洋运输专线和航空货运专线，每周定点定班与我国进行货物物流往来，极大地促进了巴基斯坦经济发展。

中巴经济走廊高质量发展要重视中巴产业园区的作用，鼓励中国企业向巴基斯坦产业园区和特殊经济区进行产业技术转移，帮助巴基斯坦提升工业化水平，促进巴基斯坦生产可以出口的产品，促进中国西部地区的产业发展与巴基斯坦产业技术协调发展。

中巴经济走廊将产生更显著的产业集群效应，起到区域产业核心作用，促进当地经济高质量发展。中巴经济走廊在技术层面上将继续以双向开放的理念，以国际合作为纽带，与巴基斯坦围绕各类产品开展深度贸易合作。

4.3 中巴经济走廊物流网络效率分析

随着中巴经济走廊物流节点基础设施的建设，促进沿线国家和地区的经济发展。对中巴经济走廊沿线国家和地区的物流效率进行分析，可以掌握中巴经济走廊物流发展效果，为更好地开展经济走廊后续建设指明物流基础设施建设方向。

4.3.1 选取中巴经济走廊物流节点效率评价指标

对中巴经济走廊物流节点进行物流效率评价，以国内区域为物流节点，境外国家和地区为物流节点，将越小越好的指标确定为投入指标，将越大越好的指标确定为产出指标。由于原始数据收集难度大，通过对中巴经济走廊沿线国家和地区物流业发展相关指标数据的整理，最终确定为投入指标(I)为物流线路长度(千米)；产出指标(O)为货物周转量(亿吨·千米)[①]。

指标选取说明：由于中巴经济走廊沿线涉及主要物流节点仅有巴基斯坦和中国新疆，根据 DEA 模型对指标数量和评价单元数量关系的要求，此次中巴经济走廊物流绩效评价选用两个评价指标。

4.3.2　收集物流节点效率评价指标原始数据

表 4-1 中部分数据源于《“一带一路”国家统计年鉴》《国际统计年鉴》《世界银行物流绩效指数报告》《“一带一路”发展报告》以及“一带一路”大数据网等。由于中巴经济走廊中巴基斯坦伊斯兰共和国的指标数据收集数据难度很大，部分指标数据未能通过上述资料获得，而是运用计算机语言和网络技术收集得到。数据时间节点采用“一带一路”倡议提出后的 2014—2019 年(2020 年新冠疫情对全球经济影响较大，故仅收集疫情发生前数据)。

表 4-1　中巴经济走廊物流节点效率评价原始数据

年　　份	国家/地区	物流线路长度/千米	货物周转量/亿吨·千米
2014	中国新疆	20276.00	1880.90
	巴基斯坦	26256.70	2267.50
2015	中国新疆	30930.80	1772.94
	巴基斯坦	26341.50	1831.80
2016	中国新疆	35948.00	1803.88
	巴基斯坦	26256.70	1754.70
2017	中国新疆	32148.00	2176.35
	巴基斯坦	26700.20	2498.70
2018	中国新疆	27083.00	2483.87
	巴基斯坦	26700.20	2175.30
2019	中国新疆	21204.00	1948.19
	巴基斯坦	26893.50	1929.80

4.3.3　物流节点原始数据标准化

指标原始数据之间存在较大量级差别，主要是由于指标的单位和指

① 货物周转量大的国家或地区的单位为亿吨·千米，周转量小的国家或地区的单位为万吨·千米。

标统计路径所导致。为了更好地进行物流效率评价，故先将原始数据标准化，标准化数据见表 4-2。

表 4-2　中巴经济走廊物流效率评价指标原始数据标准化

年　份	国家/地区	物流线路长度	货物周转量
2014	中国新疆	0.317086543	0.257563592
	巴基斯坦	0.322673801	0.262881682
2015	中国新疆	0.326142087	0.255854406
	巴基斯坦	0.322742599	0.256800421
2016	中国新疆	0.329276354	0.274328528
	巴基斯坦	0.322673801	0.255554002
2017	中国新疆	0.326951197	0.276653922
	巴基斯坦	0.323030946	0.265593417
2018	中国新疆	0.323334012	0.265428131
	巴基斯坦	0.323030946	0.261711884
2019	中国新疆	0.318064228	0.258573569
	巴基斯坦	0.323184575	0.258301549

通过 TOPSIS 法进行数据标准化，即对原始数据进行无量纲化处理，所有的数据标准为 0～1。

4.3.4　中巴经济走廊物流节点效率评价

通过 DEA 的超效率模型对标准化的数据进行模型分析，从技术的角度通过 DEA-Solver5.0 软件进行分析，分析结果如表 4-3 所示。

表 4-3　中巴经济走廊物流网络效率分布

2014 年		2015 年		2016 年	
国家/地区	效率	国家/地区	效率	国家/地区	效率
巴基斯坦	1.0029747	巴基斯坦	1.0142695	中国新疆	1.0519412
中国新疆	0.9970342	中国新疆	0.9859312	巴基斯坦	0.9506235
2017 年		**2018 年**		**2019 年**	
国家/地区	效率	国家/地区	效率	国家/地区	效率
中国新疆	1.0291548	中国新疆	1.0132491	中国新疆	1.0171685
巴基斯坦	0.9716711	巴基斯坦	0.9869241	巴基斯坦	0.9831212

如表 4-3 所示，中巴经济走廊中，2014—2019 年，新疆的物流效率在 2016—2019 年达到 DEA 有效性，说明在该期间新疆的物流资源得到有效配置并得到有效利用，但在此之前新疆的物流效率低于 1，说明之后新疆物流业投入的资源未得到合理配置。而新疆在 2014—2015 年的物流效率均低于 1，说明该时间段内新疆的物流效率并没有达到 DEA 有效性，直到 2016 年新疆的物流效率达到 DEA 有效性，其物流效率开始高于巴基斯坦，其效率不断波动式攀升，并在 2016 年达到该期间物流效率最高值，在这期间新疆物流效率始终高于巴基斯坦。这说明中巴经济走廊的物流业在该期间得到有效发展，而物流业与经济发展息息相关，说明在该期间中国与巴基斯坦的经济往来更加密切，基础设施也得到发展，物流业在此基础上实现了质的突破。与此同时，为更好地发挥中巴经济走廊作用，要适当提升巴基斯坦的物流业的合理资源配置。

4.4　中巴经济走廊物流网络需求预测分析

中巴经济走廊在“一带一路”倡议的引领下，如何更有目的地开展经济走廊物流基础设施建设？需要通过对其物流网络需求进行预测，明确中巴经济走廊沿线后续建设的方向和目标。

4.4.1　选取中巴经济走廊物流网络需求预测指标

由于经济走廊沿线国家存在不统计物流指标数据、物流指标统计口径不一致等诸多现实问题，研究通过对指标数据的全面整理和梳理，六大经济走廊沿线国家和地区均能收集到的统一指标是货物周转量指标数据。同时，货物周转量也是国内外研究学者在统计和研究物流业发展过程中所采用的重要指标，所以选取中巴经济走廊货物周转量作为物流需求预测指标，对经济走廊物流需求的预测具有合理性和科学性。

4.4.2 中巴经济走廊物流网络需求预测过程

根据表 4-1 中货物周转量的数据，进行基于灰色理论的物流需求量预测。在实际的应用中，由于原始数据年份跨度大，必须不断地考虑随着时间推移相继进入系统的扰动或驱动因素。一般来说，离时间原点越远的数据，GM(1,1)的预测意义就越弱。所以在建模的过程中，选择离预测值越近的年份进行 GM(1,1)预测，其预测精度就越高，预测也就越有意义。所以，选择离预测值最近的 2014—2019 年原始数据的货物周转量(单位：亿吨·千米)进行模拟预测。

第一步，原始序列的初始化。

设原始序列 $X(0)=(x^{(0)}(1),x^{(0)}(2),x^{(0)}(3),x^{(0)}(4),x^{(0)}(5),x^{(0)}(6))$，对 X(0)，作 1-AGO 得 $X(1)=(x^{(1)}(1),x^{(1)}(2),x^{(1)}(3),x^{(1)}(4),x^{(1)}(5),x^{(1)}(6))$。

初始化后的序列：4148.42，3604.74，3558.58，4675.05，4659.17，3877.99。

第二步，原始序列的 1-AGO。

1-AGO 序列：4148.42，7753.16，11311.74，15986.79，20645.96，24523.95。

第三步，1-AGO 的紧邻均值生成。

紧邻均值生成序列：5950.79，9532.45，13649.27，18316.38，22584.96。

第四步，发展系数和灰色作用量的计算。

a=－0.04，b=3544.56，平均相对误差 10.08%。

第五步，模拟值的计算 。

4148.42，3772.69，3918.34，4069.60，4226.70，4389.87。

4.4.3 中巴经济走廊物流网络需求预测结果

依据灰色预测模型特征，根据预测步骤进行预测计算，得出物流网络需求预测货物周转量(单位：亿吨·千米)，如表 4-4 所示。

表 4-4　中巴经济走廊物流网络需求预测结果　　亿吨·千米

年　　份	2020	2021	2022	2023	2024	2025
货物周转量	4559.34	4735.35	4918.15	5108.01	5305.20	5510.00

由表 4-4 的预测结果可以看出，2020—2025 年中巴经济走廊物流需求量在预测期呈明显持续稳定增长的态势，发展速度与中巴经济走廊物流节点基础设施互联互通、物流网络布局发展相吻合，具体走向见图 4-1。

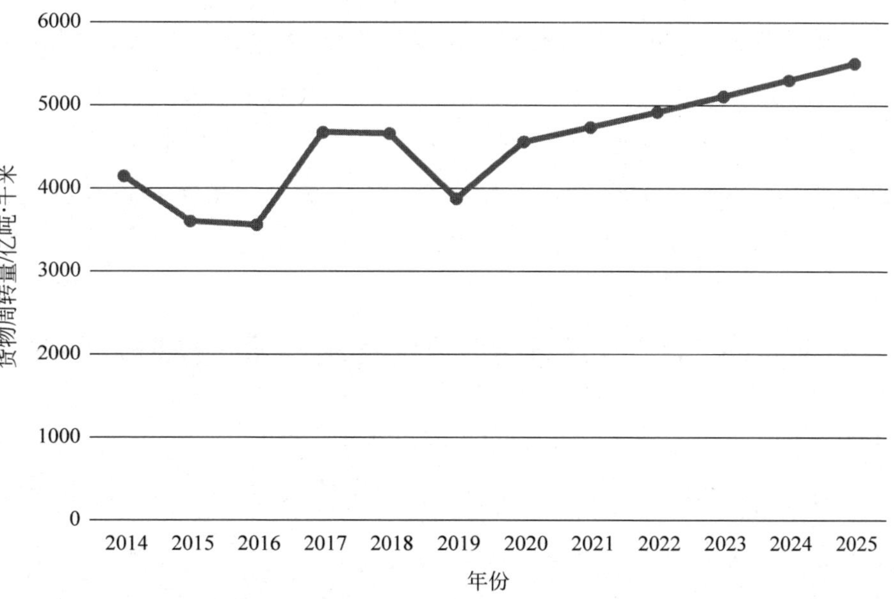

图 4-1　中巴经济走廊物流网络需求

图 4-1 中曲线表明，中巴经济走廊在 2015 年、2016 年、2019 年的货物周转量略有下降，在模型预测期物流业发展每年都呈增长趋势，且增长势头明显，增长速度较快。物流需求的预测结果将对中巴经济走廊沿线国家的物流基础设施建设和经济发展起到促进作用。

4.4.4 中巴经济走廊物流网络需求预测结论

本研究运用灰色GM(1,1)模型的预测方法，以面板数据为基础，以灰色系统理论的灰色预测模型为主要工具，通过模拟中巴经济走廊2014—2019年的货物周转量数据，预测中巴经济走廊2020—2025年货物周转量，在模型预测期中巴经济走廊物流业发展每年都呈增长趋势，且增长势头明显，增长速度较快，同时也说明中巴经济走廊的物流业在逐年稳步发展。这些发展都和中巴经济走廊沿线国家和地区的物流节点设施设备互联互通，经济走廊物流基础良好、物流潜力较大，与我国作为经济走廊的排头兵引领经济走廊的物流产业发展相吻合。验证该方法正确的同时得到中巴经济走廊物流需求量逐年增大的结论，物流节点的发展以及物流网络布局对今后中巴经济走廊沿线国家和地区的经济发展和基础物流发展起到了指导作用。

4.5 中巴经济走廊物流节点网络布局层级分析

中巴经济走廊沿线物流节点之间的物流联系有多有少，通过对沿线物流节点引力关系的分析，可以得知物流节点之间的关系好坏，并根据节点之间引力关系值大小进行网络布局分析。按照“人以群分，物以类聚”的原理可以得知哪些物流节点之间合作愉快，哪些物流节点合作较少。通过对物流节点网络布局分析，可以明确中巴经济走廊发展过程中，沿线物流节点层级如何，需要加大对哪些物流网络的进一步投入建设和引导，以便更好地促进经济走廊沿线国家和地区的供应链一体化和产业经济发展。

4.5.1 经济走廊物流节点之间物理距离

根据引力关系模型要求，物流节点之间的距离是引力模型计算的必需要素，研究运用百度地图测量经济走廊物流节点之间的物理距离，选择经济走廊沿线国内省市的省会城市或市中心作为测算点，经济走廊沿线国家则选择首都中心点作为测算点，以千米为单位，得到表 4-5。

表 4-5　中巴经济走廊物流节点网络物理距离　　千米

国家/地区	中国新疆	巴基斯坦
中国新疆	0	1693
巴基斯坦	1693	0

物流节点之间的关系呈轴对称分布，对于应用引力模型测算物流节点之间的距离具有可操作性。

4.5.2　计算物流节点网络物流引力关系

根据经济走廊物流节点之间的物流距离和物流质量计算物流节点引力关系值。其中，物流质量是物流节点的能力体现，本研究采用每个物流节点的物流效率和货物周转量的折算值作为物流质量，根据物流指标性质说明其值可以代表物流节点质量（能力）。通过物流引力模型(2-1)，计算得到表 4-6。

表 4-6　中巴经济走廊物流节点网络物流引力关系

国家/地区	中国新疆	巴基斯坦
中国新疆	0	268
巴基斯坦	268	0

经济走廊物流节点之间呈相互的引力关系，根据节点之间物理距离和物流质量，得出节点之间的两两引力关系值，根据引力关系值可分析得到物流节点之间的网络层级布局。

4.5.3　物流节点网络层级布局

根据经济走廊物流节点之间的引力值，根据表 4-6 所示物流节点之间的引力关系值可以得到中巴经济走廊物流节点网络布局。

由于中巴经济走廊沿线物流节点选择相对较少，仅有中国新疆和巴基斯坦，通过引力模型计算得知，两个区域之间的物流引力很强，这也符合中巴经济走廊的发展现状。

4.5.4 物流节点网络布局结论

通过对经济走廊物流节点之间物理距离的测算，通过物流引力模型，将物流节点之间的物流距离与物流质量数值进行计算，得到中巴经济走廊中我国新疆和巴基斯坦物流节点之间存在强物流引力关系结论，又由于仅有两个物流节点，故不进行网络节点分层布局。

4.6 本章小结

通过对中巴经济走廊的现状分析，建立经济走廊的物流指标体系，收集物流指标原始数据，通过TOPSIS法对原始数据进行无量纲化处理，运用DEA模型计算得到经济走廊物流节点网络的物流效率；由于经济走廊物流节点之间数据贫乏，仅能运用灰色预测模型进行经济走廊物流需求预测，预测中巴经济走廊2020—2025年货物周转量，在模型预测期中巴经济走廊物流业发展每年都呈增长趋势，且增长势头明显，增长速度较快；通过寻找经济走廊物流节点之间的两两物理距离，运用物流引力模型，将物流节点之间的物理距离与物流质量数值进行计算，得到中巴经济走廊中我国新疆和巴基斯坦物流节点之间存在强物流引力关系结论。通过对中巴经济走廊从沿线国家和地区的物流效率进行分析，预测物流需求、计算得到物流节点之间存在强物流引力关系结论，研究结论将对中巴经济走廊后续物流基础建设和物流业发展方向提供理论依据。

第 5 章 中蒙俄经济走廊物流节点网络布局

5.1 引　　言

中蒙俄经济走廊在“一带一路”建设中起着重要的引领作用，其沿线国家和地区物流基础设施建设效率如何，经济走廊在发展过程中物流需求趋势如何，沿线物流节点之间的影响程度如何及节点之间谁亲谁疏，都是值得我们研究的主题。将这些问题研究清楚，可以为中蒙俄经济走廊沿线国家和地区的物流节点建设和经济发展献言献策。

5.2 中蒙俄经济走廊物流节点发展现状

5.2.1 中蒙俄经济走廊基本概况

2014 年 9 月，中蒙俄三国总理会晤时正式提出中蒙俄经济走廊建设方案，中蒙俄经济走廊成为“一带一路”范围六大走廊中具有代表性的物流通道[14]。

中蒙俄经济走廊依托我国首都经济圈、内蒙古自治区和东北地区与相邻的俄罗斯、蒙古国共同构成。通过我国区位物流优势推进中蒙俄经济圈建设，打开我国内陆连接丝绸之路的通道，对接蒙古国“草原之路”、俄罗斯“跨欧亚发展带”发展战略，从而实现互利共赢。

蒙古国矿业资源丰富，矿业为蒙古国最重要的支柱性产业；煤炭、铜等大型矿藏储量居世界领先地位，是经济增长的主要驱动力。但由于蒙古国地理环境存在劣势，经济实力比较薄弱，虽然其资源富足，但是在外向经济条件下的贸易依存度高，同时受制于经济实力，国内航路设施建设落后，经济发展成效不够显著。为深挖中蒙俄经济走廊沿线国家和地区合作潜力、拓宽投资领域，蒙古国着力发展重点领域、围绕重点行业，紧密结合互联互通、产业合作、科技创新等内容，持续延伸完善以物流产业为基础的互惠产业链。针对蒙古国拥有矿业能源的优势，我国与蒙古国合作，蒙古国现已成为我国最大的煤炭供应国[14]。同时，我国的矿山设备和开采技术为蒙古国在矿业开采和加工领域提供了可靠有力的技术支持，为双方进一步合作赢得了潜在发展动力。

俄罗斯整体国力强大，重工业实力发达，自身能源储量丰富，在经济全球化的趋势下，中蒙俄经济走廊的发展潜力巨大。构建经济走廊沿线国家和地区的物流节点和物流网络，将为中蒙俄经济走廊的后续发展提供物流服务保障，同时为蒙古国和俄罗斯经济发展提供物流技术支持。

5.2.2　中蒙俄经济走廊物流节点基础条件

中蒙俄经济走廊现有公路物流、航空物流、海运物流、铁路物流等多种运输方式，为中蒙俄经济发展奠定了物流基础。运输方式的结合和多式联运的开展，将会提高中蒙俄经济走廊沿线国家和地区物流节点的物流效率。

1. 中国与蒙古国的互联互通

我国与蒙古国边界线长达4710千米，内蒙古自治区的二连浩特口岸是我国对蒙古国的最大的陆路边境口岸，公路物流促进双方货物流动的频率，在多年的建设和合作中，公路货物运量和站运量在逐年增加[14]。二连浩特口岸是我国与蒙古国经济往来的重要陆路通道，口岸往来的物资逐年增多，主要集中于农畜产品、农产品、铁矿石、纺织品、煤炭、机电产品的货物流通。

在强化通道运输建设合作方面，蒙古国以拉动本国经济可持续增长为目的，始终致力于提升物流基础设施能力以及建设物流节点和物流通道。2018 年，在我国的帮助下，蒙古国雅尔玛格立交桥建成通车，这是一座互通式立交桥，为蒙古国的公路联通起到节点作用；2019 年，在中蒙俄经济走廊建设的亚洲公路网 3 号线和 4 号线，为中蒙俄经济走廊开通国际物流通道奠定基础。

2. 中国与俄罗斯的互联互通

我国与俄罗斯的边境线长达 4314 千米，从内蒙古自治区到新疆维吾尔自治区，有多个边境口岸常年为两国服务，从生产生活物资到建工建材物资、从石油天然气等能源物资到木材煤炭等原材料、从矿产品到汽车零配件、从家电产品到服装鞋帽、从蔬菜水果到乳制品，应有尽有，为我国和俄罗斯的消费者提供了品种丰富的产品。

3. 物流基础条件尚好

随着物流信息化的不断完善，中蒙俄经济走廊紧跟时代发展脚步，打造智慧物流服务平台，通过数字化物流服务技术，随时掌握物流信息，实现货物运输智能化和全程可视化，通过对货物全程定位，及时了解货物运输状态，进一步推动智能物流应用示范，构建智能高效的物流货运监管体系，引领物流行业智慧升级，促使货运企业流通效率提升。

中蒙俄经济走廊沿线国家和地区逐步完善铁路物流布局，在我国高铁技术的加持下，构筑我国东北区域的国际物流大通道；辽宁省大连市在国家物流枢纽的布局下，发挥其物流优势打造东北亚国际航运中心；中蒙俄经济走廊境内沿线多个区域共同构成国际航运网络东北、华北区域物流节点；中蒙俄经济走廊多条航空物流、海运物流、公路物流、铁路物流等运输通道建设趋于成熟，作为沿线国家和地区对外开放、经贸的纽带和桥梁，内蒙古自治区持续推进优化口岸建设，提高通关效率，为今后工业信息化、基础建设、电力运输、能源合作及新技术、新业态对接交流奠定基础。

5.2.3 中蒙俄经济走廊物流网络发展潜力

1. 中蒙俄经济走廊网络构成

随着“一带一路”建设的逐步完善，中蒙俄经贸合作持续深化，从国家战略层面出发，为更好地促进三国间的友好交流往来，中蒙俄经济走廊由原来的两条通道增添至三条：第一条线路涵盖我国华北地区的京津冀，连接内蒙古自治区呼和浩特、蒙古国的乌兰巴托和俄罗斯的乌兰乌德，实现了我国首都经济圈与蒙俄的联通；第二条线路连接我国东北地区的辽宁省大连市，经过辽宁省沈阳市、吉林省长春市，从黑龙江省哈尔滨市、绥芬河，到满洲里和俄罗斯的赤塔、符拉迪沃斯托克，确保了我国东北运输口岸的出海口畅通；第三条线路连接我国内蒙古自治区阿尔山，经过吉林省长春市，到俄罗斯扎鲁比诺港，联通蒙古国乌兰巴托、乔巴山、霍特，主要为了进一步拓展图们江大区域的合作[14]。

三条通道对我国华北、东北地区的传统产业转型起到了促进作用，同时为我国以及经济带沿线国家和地区的新兴产业布局提供物流基础条件，对进一步提升产业高端化发展、产业链一体化发展和供应链一体化发展具有重要的物流通道服务意义。

2. 跨境电子商务推动跨境物流发展

中蒙俄经济走廊互联互通建设日臻完善，成为推动数字化发展、形成开放新格局的重要抓手。支付手段和安全认证体系趋于完备，海铁联运、航空物流等业务加速发展，使我国东北地区跨境电商行业迎来春天。

2020年5月，中国(绥芬河)跨境电子商务综合试验区成立，从此开启了我国跨境电子商务和跨境物流的新发展模式，中国绥芬河、哈尔滨、吉林珲春市均与俄罗斯有较多订单的跨境电子商务往来，同时通过航空物流和铁路物流的方式完成了订单的跨境物流配送服务[14]。

5.3 中蒙俄经济走廊物流节点效率分析

随着中蒙俄经济走廊沿线国家和地区物流节点的物流基础设施建设，分析中蒙俄经济走廊沿线国家和地区物流节点的物流效率，可以掌握中蒙俄经济走廊物流业发展成效，为中蒙俄经济走廊后续物流业发展和建设指明方向。

5.3.1 选取中蒙俄经济走廊物流节点效率评价指标

对中蒙俄经济走廊进行物流节点效率评价，以国内沿线区域为物流节点，国外沿线国家为物流节点，将越小越好的指标确定为投入指标，将越大越好的指标确定为产出指标。由于原始数据收集难度大，通过对中蒙俄经济走廊沿线国家物流业发展相关指标数据的整理，最终确定投入指标(I)为物流线路长度(I_1)、机动车使用量(I_2)；产出指标(O)为货物周转量(O_1)、旅客周转量(O_2)、货运量(O_3)。

指标说明：研究团队之所以在中蒙俄经济走廊进行物流节点效率评价中选用旅客周转量作为产出指标，是因为在阅读文献过程中了解到中蒙俄经济走廊境外沿线部分国家物流基础条件差，部分物资流通是伴随着客运产生的。

5.3.2 收集物流节点效率评价指标原始数据

表 5-1 中部分数据源于《“一带一路”国家统计年鉴》《国际统计年鉴》《世界银行物流绩效指数报告》《“一带一路”发展报告》以及“一带一路”大数据网等。由于境外国家指标数据收集数据难度很大，部分指标数据未能通过上述资料获得，而是运用计算机语言和网络技术收集得到。数

据时间节点采用“一带一路”倡议提出后的 2014—2019 年(2020 年新冠疫情对全球经济影响较大,故仅收集疫情发生前数据)。

表 5-1　中蒙俄经济走廊物流效率评价指标原始数据

国家/地区	货运量/万吨	物流线路长度/千米	旅客周转量/亿人・千米	货物周转量/万吨・千米	机动车使用量/万辆
2014 年					
中国北京	26551.00	63133.75	273.93	1036.71	530.83
中国天津	49753.00	17169.41	246.74	3602.38	274.14
中国河北	209946.00	185452.80	1276.66	12684.47	930.08
中国内蒙古	191869.00	184795.80	363.13	4471.08	342.14
中国辽宁	222138.00	120972.60	991.22	12235.71	520.04
中国吉林	102017.80	48311.00	424.47	1703.81	284.57
中国黑龙江	173580.80	60213.00	493.09	1811.09	322.78
蒙古国	260.00	900.00	34.50	68.00	842.00
俄罗斯	128340.00	128340.00	3847.20	7135.60	721.90
2015 年					
中国北京	23170.00	62849.00	279.43	901.41	533.81
中国天津	17682.00	18345.00	252.30	2519.22	273.62
中国河北	191511.00	53274.00	1213.21	12007.28	1075.03
中国内蒙古	189871.00	16125.00	371.14	4190.30	373.61
中国辽宁	126551.00	73692.00	923.76	11711.92	582.50
中国吉林	103835.00	36359.00	430.31	1425.35	313.74
中国黑龙江	174564.00	42869.00	487.54	1545.35	351.75
蒙古国	263.60	713.00	68.00	54.00	808.82
俄罗斯	144000.00	2800.00	4761.05	7685.00	316.70
2016 年					
中国北京	23290.30	61519.00	207.34	825.43	547.44
中国天津	17913.38	18377.00	262.05	2302.32	273.69
中国河北	195387.00	50701.00	2105.86	12332.68	1245.89
中国内蒙古	210802.60	15735.00	386.73	4341.74	418.53
中国辽宁	126584.90	73632.00	907.06	12113.49	659.41
中国吉林	108993.00	34910.00	450.60	1478.52	352.93
中国黑龙江	175833.30	39386.00	535.69	1532.54	394.19
蒙古国	234.00	701.00	80.70	54.00	302.10
俄罗斯	128340.00	1914.00	5863.20	7746.00	320.00

续表

国家/地区	货运量/万吨	物流线路长度/千米	旅客周转量/亿人·千米	货物周转量/万吨·千米	机动车使用量/万辆
2017年					
中国北京	23490.00	58871.00	253.16	958.42	563.10
中国天津	17769.00	17440.00	266.91	2169.54	287.69
中国河北	198855.00	50023.00	1282.78	13381.59	1387.21
中国内蒙古	214500.00	14867.00	362.66	5146.76	480.22
中国辽宁	129033.00	72483.00	939.83	12757.20	727.08
中国吉林	110396.00	32989.00	425.36	1634.65	387.15
中国黑龙江	177319.00	34670.00	452.05	1657.69	435.32
蒙古国	243.00	652.00	83.70	60.00	52.80
俄罗斯	150884.00	2381.00	6845.23	8937.00	542.16
2018年					
中国北京	23520.00	58935.00	254.43	1034.22	574.04
中国天津	17499.00	17450.00	276.51	2240.53	298.65
中国河北	200614.00	47346.00	1289.20	13873.03	1529.98
中国内蒙古	217810.00	13268.00	337.14	5595.98	531.91
中国辽宁	129911.00	71343.00	938.79	10654.45	796.37
中国吉林	111898.00	31956.00	427.28	1704.71	421.92
中国黑龙江	179108.00	31568.00	433.75	1601.31	477.41
蒙古国	180.00	590.00	67.00	78.20	52.80
俄罗斯	181061.00	2491.00	9933.00	7508.84	543.24
2019年					
中国北京	24132.00	62977.00	228.08	1089.40	590.32
中国天津	17405.63	17679.00	287.40	2662.45	308.88
中国河北	204774.50	44733.00	2424.45	13563.38	1647.85
中国内蒙古	221508.50	12158.00	388.45	4689.49	576.74
中国辽宁	131692.40	70266.00	982.53	8921.43	861.09
中国吉林	113159.20	31599.00	431.93	1802.73	451.11
中国黑龙江	180588.50	29751.00	504.75	1615.08	516.11
蒙古国	190.48	610.36	69.68	81.33	54.91
俄罗斯	192731.00	2491.00	10012.00	6908.27	542.10

中蒙俄经济走廊沿线国家指标原始数据收集难度较大，部分年份指标数据丢失，研究组采用指标数据逐年评估的方法，即通过指标的变动趋势测算增长比率的方法填补缺失的指标数据。

5.3.3　物流节点原始数据标准化

指标原始数据之间存在较大量级差别，主要是由于指标的单位和指标统计路径所导致。为了更好地进行物流效率评价，故先将原始数据标准化。标准化数据见表 5-2。

表 5-2　中蒙俄经济走廊物流效率评价指标原始数据标准化

地区/国家	货运量	物流线路	旅客周转量	货物周转量	机动车使用量
2014 年					
中国北京	0.645823	0.639909	0.386969	0.479382	0.435360
中国天津	0.671804	0.626828	0.378803	0.551034	0.387029
中国河北	0.726084	0.721665	0.492212	0.613130	0.472540
中国内蒙古	0.722881	0.721538	0.408250	0.562342	0.403842
中国辽宁	0.728080	0.706093	0.476567	0.611471	0.433935
中国吉林	0.670621	0.699723	0.419601	0.509394	0.389909
中国黑龙江	0.679400	0.719290	0.430224	0.512943	0.399484
蒙古国	0.382912	0.470446	0.186905	0.263046	0.466172
俄罗斯	0.514078	0.708282	0.554507	0.585848	0.586416
2015 年					
中国北京	0.639976	0.681087	0.388505	0.470546	0.435746
中国天津	0.628137	0.629767	0.380559	0.531641	0.386881
中国河北	0.722814	0.674541	0.489105	0.610601	0.481646
中国内蒙古	0.722507	0.624025	0.409856	0.558978	0.410341
中国辽宁	0.707763	0.687299	0.472107	0.609448	0.441742
中国吉林	0.700387	0.659023	0.420579	0.498851	0.397343
中国黑龙江	0.719493	0.665782	0.429431	0.503658	0.405898
蒙古国	0.383985	0.455315	0.263046	0.238647	0.463572
俄罗斯	0.712512	0.537461	0.565577	0.589463	0.544148
2016 年					
中国北京	0.640201	0.680246	0.635150	0.464889	0.437487
中国天津	0.628714	0.629846	0.672406	0.526619	0.386902
中国河北	0.723529	0.672561	0.726191	0.611836	0.490728
中国内蒙古	0.726228	0.622926	0.721910	0.560823	0.418587
中国辽宁	0.707773	0.687267	0.725594	0.611008	0.450119
中国吉林	0.702206	0.657337	0.667806	0.501035	0.406147

续表

地区/国家	货运量	物流线路	旅客周转量	货物周转量	机动车使用量
中国黑龙江	0.719754	0.662318	0.674761	0.503165	0.414256
蒙古国	0.185111	0.454192	0.280322	0.238647	0.394478
俄罗斯	0.708282	0.516131	0.576126	0.589847	0.544707
2017 年					
中国北京	0.640570	0.678509	0.643787	0.474443	0.439425
中国天津	0.628356	0.627525	0.646047	0.523274	0.390745
中国河北	0.724156	0.672021	0.708264	0.615583	0.497226
中国内蒙古	0.726844	0.620367	0.658917	0.569553	0.428367
中国辽宁	0.708480	0.686657	0.696623	0.613393	0.456607
中国吉林	0.702685	0.654982	0.665465	0.506968	0.412945
中国黑龙江	0.720056	0.657051	0.667937	0.507789	0.421408
蒙古国	0.213111	0.449362	0.465788	0.249969	0.236193
俄罗斯	0.714216	0.528500	0.583809	0.596728	0.572189
2018 年					
中国北京	0.640624	0.678552	0.381219	0.479232	0.440743
中国天津	0.627673	0.627551	0.387694	0.525090	0.393605
中国河北	0.724469	0.669808	0.492805	0.617228	0.503066
中国内蒙古	0.727385	0.615194	0.402745	0.573785	0.435500
中国辽宁	0.708731	0.686042	0.473132	0.605039	0.462565
中国吉林	0.703190	0.653652	0.420073	0.509425	0.419168
中国黑龙江	0.720417	0.653140	0.421150	0.505757	0.427955
蒙古国	0.279459	0.248182	0.261519	0.277198	0.236193
俄罗斯	0.720806	0.531015	0.601743	0.588336	0.436819
2019 年					
中国北京	0.641731	0.681167	0.639297	0.482472	0.442650
中国天津	0.627437	0.628129	0.672077	0.534696	0.396163
中国河北	0.725199	0.667512	0.731154	0.616199	0.507440
中国内蒙古	0.727979	0.611177	0.722239	0.564799	0.441064
中国辽宁	0.709233	0.685450	0.720245	0.596645	0.467616
中国吉林	0.703609	0.653181	0.666088	0.512675	0.423946
中国黑龙江	0.720712	0.650648	0.672382	0.506261	0.433409
蒙古国	0.287694	0.248182	0.261519	0.461379	0.236193
俄罗斯	0.723041	0.531015	0.602117	0.584260	0.436811

通过 TOPSIS 法进行数据标准化，即对原始数据进行无量纲化处

理，所有的数据标准为 0～1。

5.3.4　中蒙俄经济走廊物流节点效率评价

通过 DEA 的超效率模型对标准化的数据进行模型分析，从技术的角度通过 DEA-Solver5.0 软件进行分析，分析结果如表 5-3 所示。

表 5-3　中蒙俄经济走廊物流节点效率

2014 年		2015 年		2016 年	
国家/地区	效率	国家/地区	效率	国家/地区	效率
中国天津	1.0393863	蒙古国	1.5808042	蒙古国	2.7709827
中国内蒙古	1.0312317	俄罗斯	1.3141614	俄罗斯	1.3873448
中国辽宁	0.9897290	中国辽宁	1.0182698	中国辽宁	0.9625127
中国河北	0.9664667	中国河北	0.9939573	中国河北	0.9545067
中国吉林	0.9608566	中国天津	0.9834981	中国天津	0.9254903
中国黑龙江	0.9501033	中国内蒙古	0.9162829	中国内蒙古	0.8907742
中国北京	0.9416751	中国北京	0.8895811	中国吉林	0.8038131
俄罗斯	0.9409114	中国吉林	0.8393627	中国黑龙江	0.7913006
蒙古国	0.7594427	中国黑龙江	0.8265181	中国北京	0.7883434
2017 年		2018 年		2019 年	
国家/地区	效率	国家/地区	效率	国家/地区	效率
俄罗斯	1.4632668	蒙古国	1.2479855	蒙古国	1.9165732
蒙古国	1.4006883	俄罗斯	0.9919706	俄罗斯	0.8643508
中国辽宁	0.9705922	中国辽宁	0.8606567	中国河北	0.8522976
中国河北	0.9639472	中国河北	0.8589222	中国北京	0.8401779
中国天津	0.9260286	中国天津	0.8433897	中国辽宁	0.8030900
中国内蒙古	0.9074721	中国内蒙古	0.8350592	中国天津	0.7690730
中国吉林	0.8171845	中国北京	0.8140167	中国内蒙古	0.7582944
中国北京	0.8101544	中国吉林	0.7303576	中国吉林	0.7339102
中国黑龙江	0.8031612	中国黑龙江	0.7077599	中国黑龙江	0.7324871

如表 5-3 所示，2014—2019 年，中国天津的物流效率仅在 2014 年达到 DEA 有效性，俄罗斯在 2015 年、2016 年、2017 年 DEA 有效，中国辽

宁仅在2015年DEA有效；而蒙古国仅在2014年未达到DEA有效性外，其他时间均达到DEA有效性，中国内蒙古在2014年达到DEA有效性。达到DEA有效性的国家或地区，即物流业投入的资源没有得到有效利用，并未发挥资源的最好价值。其中，排名在较后的是中国黑龙江和中国吉林，这两省位于我国东北部，四面并未环海，没有大型港口，加之由资源型城市转型升级并不顺利，导致两省大量的资源流失，经济不活跃，物流业也并未得到良好的发展。

5.4 中蒙俄经济走廊物流网络需求预测分析

中蒙俄经济走廊在“一带一路”倡议的引领下，如何更有目的地进行经济走廊物流网络发展？需要对其物流网络需求进行预测，为中蒙俄经济走廊的后续建设提供理论参考依据。

5.4.1 选取中蒙俄经济走廊物流网络需求预测指标

由于中蒙俄经济走廊沿线国家存在未统计物流指标数据、物流指标统计口径不一致等诸多现实问题，研究通过对指标数据的全面整理和梳理发现，六大经济走廊沿线国家均能收集到的统一指标是货物周转量指标数据，同时，货物周转量也是国内外研究学者在统计和研究物流业发展过程中所采用的重要指标，所以选取中蒙俄经济走廊货物周转量作为物流需求预测指标，对经济走廊物流需求的预测具有合理性和科学性。

5.4.2 中蒙俄经济走廊物流网络需求预测过程

根据表5-1中货物周转量的数据，进行基于灰色理论的物流需求量预测。在实际的应用中，由于原始数据年份跨度大，必须不断地考虑随着时间推移相继进入系统的扰动或驱动因素。一般来说，离时间原点越远的数据，GM(1,1)的预测意义就越弱。所以在建模的过程中，选择离预测值越近的年份进行GM(1,1)预测，其预测精度就越高，预测也就越有意义。所以，选择离预测值最近的2014—2019年原始数据的货物周转量(单位：万吨·千米)进行模拟预测。

第一步，原始序列的初始化。

设原始序列 $X(0)=(x^{(0)}(1),x^{(0)}(2),x^{(0)}(3),x^{(0)}(4),x^{(0)}(5),x^{(0)}(6))$，对 $X(0)$，作1-AGO得 $X(1)=(x^{(1)}(1),x^{(1)}(2),x^{(1)}(3),x^{(1)}(4),x^{(1)}(5),x^{(1)}(6))$。

初始化后的序列：44748.85,42039.83,42726.72,46702.85,44291.27,42034.23。

第二步，原始序列的1-AGO。

1-AGO序列：44748.85,86788.68,129515.40,176218.25,220509.52,262543.75。

第三步，1-AGO的紧邻均值生成。

紧邻均值生成序列：65768.77,108152.04,152866.83,198363.89,241526.64。

第四步，发展系数和灰色作用量的计算。

a=0.00，b=43027.33，平均相对误差3.42%。

第五步，模拟值的计算。

44748.85,43257.43,43407.68,43558.44,43709.73,43861.54。

5.4.3 中蒙俄经济走廊物流网络需求预测结果

依据灰色预测模型特征，根据预测步骤进行经济走廊物流需求预测计算，得出物流网络需求预测精度为96.58%的货物周转量值，如表5-4所示。

表 5-4 中蒙俄经济走廊物流网络需求预测结果 万吨·千米

年　份	2020	2021	2022	2023	2024	2025
货物周转量	44013.89	44166.76	44320.16	44474.09	44628.56	44783.56

由表 5-4 的预测结果可以看出，2020—2025 年中蒙俄经济走廊物流需求量呈明显持续稳步增长的态势，发展速度与中蒙俄经济走廊物流节点基础设施互联互通、物流网络布局发展相吻合，具体走向见图 5-1。

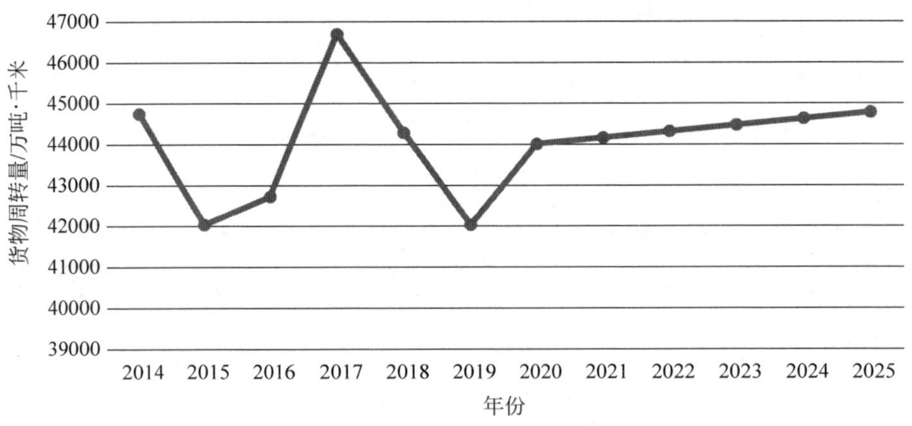

图 5-1 中蒙俄经济走廊物流网络需求

图 5-1 中曲线表明，中蒙俄经济走廊物流业发展 2015 年较 2014 年明显下降，2016 年有所回升，在 2017 年发展最快，2018 年和 2019 年又开始呈下降趋势，但在预测精度高达 96.58%的前提下，预测年度的物流需求呈稳步增长态势，预测结果对中蒙俄经济走廊沿线国家和地区后续物流发展起到了借鉴作用。

5.4.4 中蒙俄经济走廊物流网络需求预测结论

本研究运用灰色 GM(1,1)模型的预测方法，以面板数据为基础，以灰色系统理论的灰色预测模型为主要工具，通过模拟中蒙俄经济走廊 2014—2019 年的货物周转量数据，得到预测精度高达 96.58%预测模拟值，预测得到中蒙俄经济走廊 2020—2025 年货物周转量，得知中蒙俄经济走廊物流需求呈稳步发展态势，同时也说明中蒙俄经济走廊的物流产业在逐年稳步发展，这些发展都和中蒙俄经济走廊沿线国家的物流节点设施设备互联互通，经济走廊物流基础良好、物流潜力较大相吻合。验证该方法正确的同时得到中蒙俄经济走廊物流需求量逐年增大的结论，对今后中蒙俄经济走廊沿线国家和地区的经济发展和基础物流发展起到指导作用。

5.5　中蒙俄经济走廊物流节点网络布局层级分析

中蒙俄经济走廊沿线物流节点之间的物流联系有多有少，通过对沿线物流节点引力关系的分析，可以得知物流节点之间的关系好坏，并根据节点之间引力关系值大小进行网络布局分析。按照“人以群分，物以类聚”的原理可以得知哪些物流节点之间合作愉快，哪些物流节点合作较少。通过对物流节点网络布局分析，可以明确中蒙俄经济走廊发展过程中，沿线物流节点层级如何，需要加大对哪些物流网络的进一步投入建设和引导，以便更好地促进经济走廊沿线国家和地区的供应链一体化和产业经济发展。

5.5.1　经济走廊物流节点之间物理距离

根据引力关系模型要求，物流节点之间的距离是引力模型计算的必需要素，研究运用百度地图测量经济走廊物流节点之间的物理距离，选择经济走廊沿线国内省市的省会城市或市中心作为测算点，经济走廊沿线国家则选择首都中心点作为测算点，以千米为单位，得到表 5-5。

表 5-5　中蒙俄经济走廊物流节点网络物理距离　千米

国家/地区	中国北京	中国天津	中国河北	中国内蒙古	中国辽宁	中国吉林	中国黑龙江	蒙古国	俄罗斯
中国北京	0	134	291	484	696	973	1243	1164	5796
中国天津	134	0	321	613	683	960	1238	1287	5916
中国河北	291	321	0	593	960	1237	1506	1251	5830
中国内蒙古	484	613	593	0	1176	1409	1691	867	5442
中国辽宁	696	683	960	1176	0	308	577	1471	6068
中国吉林	973	960	1237	1409	308	0	272	1490	6001
中国黑龙江	1243	1238	1506	1691	577	272	0	1506	5910
蒙古国	1164	1287	1251	867	1471	1490	1506	0	4612
俄罗斯	5796	5916	5830	5442	6068	6001	5910	4612	0

物流节点之间的关系呈轴对称分布，对于应用引力模型测算物流节点之间的距离具有可操作性。

5.5.2　计算物流节点网络物流引力关系

根据经济走廊物流节点之间的物流距离和物流质量计算物流节点引力关系值。其中，物流质量是物流节点的能力体现，本研究采用每个物流节点的物流效率和货物周转量的折算值作为物流质量指标，根据物流指标性质说明其值可以代表物流节点质量（能力）。通过物流引力模型(2-1)，计算得到表 5-6。

表 5-6　中蒙俄经济走廊物流节点网络物流引力关系　千米

国家/地区	中国北京	中国天津	中国河北	中国内蒙古	中国辽宁	中国吉林	中国黑龙江	蒙古国	俄罗斯
中国北京	0.000	538.720	131.840	43.850	22.810	9.720	5.960	3.860	0.318
中国天津	538.720	0.000	127.070	32.060	27.780	11.710	7.047	3.709	0.350
中国河北	131.840	127.070	0.000	40.270	16.530	8.290	5.590	4.610	0.430
中国内蒙古	43.850	32.060	40.270	0.000	9.330	5.410	3.760	8.130	0.422
中国辽宁	22.810	27.780	16.530	9.330	0.000	138.440	39.460	3.450	0.410
中国吉林	9.720	11.710	8.290	5.410	138.440	0.000	151.820	2.880	0.360
中国黑龙江	5.960	7.047	5.590	3.760	39.460	151.820	0.000	2.950	0.390
蒙古国	3.860	3.709	4.610	8.130	3.450	2.880	2.950	0.000	0.270
俄罗斯	0.318	0.350	0.430	0.422	0.410	0.360	0.390	0.270	0.000

经济走廊物流节点之间呈相互的引力关系，根据节点之间物理距离和物流质量，得出节点之间的两两引力关系值，由引力关系值可分析得到物流节点之间的网络层级布局。

5.5.3　物流节点网络层级布局

根据经济走廊物流节点之间的引力关系值，可以将物流节点之间的物流引力分为强物流引力关系、较强物流引力关系、中物流引力关系和弱物流引力关系。由表5-6所示物流节点之间的引力关系值，可以根据R语言的Chord-Diagram应用的Power BI得到中蒙俄经济走廊物流节点网络布局弦图，如图5-2所示。

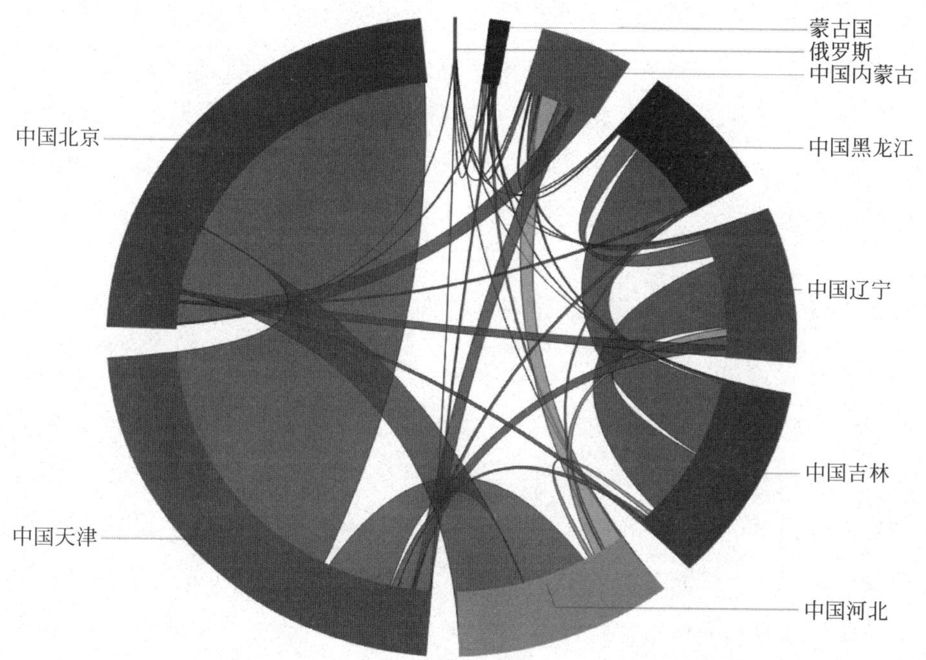

图5-2　中蒙俄经济走廊物流节点网络布局弦图

根据图5-2所示，中蒙俄经济走廊沿线国家和地区的连接面积和连线粗细程度与物流节点引力成正比，将物流节点网络布局如下。

物流节点网络第一层级：中国北京和中国天津；中国吉林和中国黑龙江；中国辽宁和中国吉林；中国北京和中国河北；中国河北和中国天津。

物流节点网络第二层级：中国北京和中国内蒙古；中国河北和中国内蒙古；中国辽宁和中国黑龙江；中国内蒙古和中国天津；中国辽宁和中国天津；中国北京和中国辽宁；中国河北和中国辽宁。

物流节点网络第三层级：中国吉林和中国天津；中国北京和中国吉林；中国内蒙古和中国辽宁；中国河北和中国吉林；蒙古国和中国内蒙古、中国天津；中国黑龙江和中国天津；中国北京和中国黑龙江；中国河北和中国黑龙江；中国内蒙古和中国吉林；中国河北和蒙古国；中国北京和蒙古国；中国内蒙古和中国黑龙江；蒙古国和中国天津；蒙古国和中国辽宁；蒙古国和中国黑龙江；蒙古国和中国吉林。

物流节点网络第四层级：中国河北和俄罗斯；俄罗斯和中国内蒙古；俄罗斯和中国辽宁；俄罗斯和中国黑龙江；俄罗斯和中国吉林；俄罗斯和中国天津；中国北京和俄罗斯；俄罗斯和蒙古国。

5.5.4 物流节点网络布局结论

通过对经济走廊物流节点之间物理距离的测算，运用物流引力模型，将物流节点之间的物流距离与物流质量数值进行计算，得到物流节点之间的物流引力关系，通过物流节点之间物流引力关系值，运用R语言的Chord-Diagram应用的Power BI得到物流节点网络的层级。根据中蒙俄经济走廊物流节点布局可将沿线物流节点分为四个层级，分别是：强物流引力（第一）层级，在这一层级分布的物流节点相互之间合作潜力大，可在后续发展中达到战略联盟的关系；在较强（第二）层级分布的物流节点之间有较好的合作潜力，在物流设施设备投入中可继续加大对于该层级网络节点的物流建设；在中级（第三）层级分布的物流节点之间，现阶段有一定的联系，但在今后的发展过程中，可依据节点特色寻找物流节点之间的更多相互合作契机，通过加大物流设施设备建设的投入，使两者之间的物流引力由弱变强；最后（第四）一层物流节点之间呈现弱引力层级，这类物流节点之间现阶段物流业之间的关系较弱，两者之间需要通过投入建设和长期合作才能逐渐改善节点之间互惠互利的关系，更是经济走廊在今后值得重点关注的物流节点。

5.6　本章小结

通过对中蒙俄经济走廊的现状分析，建立经济走廊的物流指标体系，收集物流指标原始数据，通过 TOPSIS 法对原始数据进行无量纲化处理，运用 DEA 模型计算得到经济走廊物流节点网络的物流效率；由于经济走廊物流节点之间数据贫乏，适合运用灰色预测模型进行经济走廊物流需求预测，通过模拟中蒙俄经济走廊 2014—2019 年的货物周转量数据，得到预测精度高达 96.58%预测模拟值，预测得到中蒙俄经济走廊 2020—2025 年货物周转量，得知中蒙俄经济走廊物流需求呈稳步发展态势；通过寻找经济走廊物流节点之间的两两物理距离，运用物流引力模型，将物流节点之间的物理距离与物流质量进行计算，得到经济走廊物流节点之间的引力关系，分析物流节点之间引力关系值，进行物流节点网络层级分布，最终得到经济走廊物流节点网络布局。通过对经济走廊从物流效率、物流需求到物流引力和物流层级分布的研究，为中蒙俄经济走廊后续的物流基础设施互联互通发展提供科学依据。

第 6 章

孟中印缅经济走廊物流节点网络布局

6.1 引　　言

自 2013 年“一带一路”倡议提出以来,孟中印缅经济走廊沿线国家和地区物流基础设施建设水平显著提升,物资流通速度明显加快,其物流效率如何,经济走廊在发展过程中物流需求趋势如何,沿线物流节点之间的影响程度如何,了解这些可以有利于经济走廊以互联互通为基础推动资源流动的速度、资源配置的合理度。

6.2 孟中印缅经济走廊物流节点发展现状

6.2.1 孟中印缅经济走廊基本概况

孟加拉国、印度、缅甸同属于发展中国家,是世界重要的新兴市场,有着重要的战略地位,且人口基数庞大,经济和工业基础相对薄弱。孟中印缅经济走廊沿线各国物流基础环境较差,交通运输干线和通道作为该区域间互联互通的重要载体,各城市和港口作为此区域内的重要节点,形成了覆盖孟中印缅的国际区域经济带。在经济走廊内产业聚集的规模效应带动下,形成了经济走廊内各国相互推动经济产业发展,联动南亚、东南亚、东亚经济圈共同发展的辐射效应,促进并协调了区域间的发展速度及水平。

自2013年孟中印缅经济走廊建设至今，经济走廊沿线国家和地区的公路通道、铁路基础、港口建设和航空机场等基础设施发展不平衡，物流设施设备基础相对薄弱。随着经济走廊沿线国家和地区的贸易合作，物流基础设施的完善和经济走廊的不断建设，孟加拉国、印度、缅甸等国之间的贸易合作日趋深化；我国和印度之间的物流合作有序开展；我国和缅甸的合作频率较高。

孟中印缅沿线国家和地区受自然条件和地理条件限制，铁路运输和公路运输基础条件薄弱，部分国家由于受到地质条件的制约，国内道路年久失修，国外道路运输困难。

6.2.2 孟中印缅经济走廊物流节点基础条件

为奠定区域互联互通基础，开拓区域内经济社会共同发展的道路和渠道，近年来，孟中印缅经济走廊内合作建设的铁路项目不断增多。各国政府间采取共同协商、先易后难的方式，优先考虑见效快的基建项目，促进该区域的互联互通。

2020年11月，缅甸仰光港与我国广西壮族自治区钦州港建立了“姐妹港口”关系，为孟中印缅经济走廊和国际陆海新通道注入了新的活力[15]。2020年年底，孟中印缅经济走廊中重要的高速公路物流通道建成通车，该物流通道从云南省保山市腾冲中和镇至腾冲猴桥镇，通过中和立交与腾冲至陇川高速公路衔接，将腾冲与缅甸那支公路连为一体，是我国连接东南亚、南亚的重要跨境公路[15]。

6.2.3 孟中印缅经济走廊物流网络发展潜力

孟中印缅经济走廊沿线国家和地区经济发展滞后，我国力求帮助缅甸、印度和孟加拉国推进物流基础建设，但由于沿线国家和地区物流环境薄弱，物流基础设施建设推进较为缓慢。我国稳步推进缅甸建设，曼德勒至木姐铁路和曼德勒至皎漂铁路是孟中印缅经济走廊建设中的重要物流基础设施项目；我国与印度共同商议建设铁路提速方案，并投入建设高速轨道地下路段部分；我国为孟加拉国建设的第一条卡纳普里河河底隧道，促进了孟加拉国融入亚洲公路网；孟加拉国第一条公铁两用大桥，即帕德玛大桥在 2021 年建成，对孟加拉国与周边国家交通协同具有重要意义。

6.2.4 跨境电商与跨境物流互动推进

缅甸和孟加拉国依托我国云南自贸试验区的跨境电子商务平台，使用移动技术服务，开展跨境电子商务交易服务，订单量持续攀升。我国主要快递企业均在边境贸易区设立快递网点，通过便捷的跨境物流服务，推动跨境电子商务业务的发展。

我国正在加快与孟中印缅沿线国家和地区的沟通，通过主动融入为经济带沿线国家建设物流基础设施，但由于受到沿线国家和地区地质等自然条件的限制，孟中印缅经济走廊物流节点和物流通道的建设较为困难，是一条需要长时间建设物流基础设施的经济走廊。

6.3 孟中印缅经济走廊物流节点效率分析

随着孟中印缅经济走廊物流节点基础设施促进沿线国家和地区的经济发展，对孟中印缅经济走廊沿线国家和地区作为物流节点进行物流效率分析，可以明确孟中印缅经济走廊物流发展成效，为更好地开展经济走廊后续建设指明投资方向。

6.3.1 选取孟中印缅经济走廊物流节点效率评价指标

对孟中印缅经济走廊物流节点进行物流效率评价，以国内区域为物流节点，国外国家为物流节点，将越小越好的指标确定为投入指标，将越大越好的指标确定为产出指标。由于原始数据收集难度大，通过对孟中印缅经济走廊沿线国家物流业发展相关指标数据的整理，最终确定投入指标(I)分别是机动车使用量(I_1)、物流线路长度(I_2)；产出指标(O)为货物周转量。

6.3.2 收集物流节点效率评价指标原始数据

表 6-1 中部分数据源于《"一带一路"国家统计年鉴》《国际统计年鉴》《世界银行物流绩效指数报告》《"一带一路"发展报告》以及"一带一路"大数据网等。由于境外国家指标数据收集数据难度很大，部分指标数据未能通过上述资料获得，而是运用计算机语言和网络技术收集得到。数据时间节点采用"一带一路"倡议提出后的 2014—2019 年(2020 年新冠疫情对全球经济影响较大，故仅收集疫情发生前数据)。

表 6-1 孟中印缅经济走廊物流节点效率原始数据

国家/地区	机动车使用量/万辆	物流线路长度/千米	货运周转量/万吨·千米
2014 年			
中国云南	622.6600	2502.0700	14455.8000
孟加拉国	56.4700	510.0000	1602.9000
印度	317.2000	3908.2000	122401.0000
缅甸	30.7840	48.6539	173.8980
2015 年			
中国云南	671.4000	2322.0000	14882.0200
孟加拉国	56.1000	421.0000	1826.9000
印度	307.8400	5231.9220	183385.0000
缅甸	49.2000	43.6040	337.0000
2016 年			
中国云南	552.0500	2456.8260	16000.7100
孟加拉国	57.0000	71.1000	1398.0000
印度	486.5394	35203.0000	189388.0000
缅甸	39.0820	64.4000	507.0000
2017 年			
中国云南	622.6600	2502.0000	18249.6000
孟加拉国	69.0000	98.8000	1175.0000
印度	582.7671	4322.5000	240732.0000
缅甸	42.4210	100.1000	549.0000

续表

国家/地区	机动车使用量/万辆	物流线路长度/千米	货运周转量/万吨·千米
2018 年			
中国云南	677.5000	1711.2000	19719.1200
孟加拉国	90.0000	98.8000	1598.0000
印度	582.1671	4251.5000	186404.0000
缅甸	42.4210	100.1000	341.0000
2019 年			
中国云南	742.0900	2706.4810	15520.4800
孟加拉国	101.0000	106.2000	1863.8000
印度	589.7671	4780.8000	193823.0000
缅甸	42.3480	97.4000	831.0000

孟中印缅经济走廊沿线国家和地区指标原始数据收集难度较大，部分年份指标数据丢失，研究组采用指标数据逐年评估的方法，即通过指标的变动趋势测算增长比率的方法填补缺失的指标数据。

6.3.3 物流节点原始数据标准化

指标原始数据之间存在较大量级差别，主要是由于指标的单位和指标统计路径所导致。为了更好地进行物流效率评价，故先将原始数据标准化，标准化数据见表 6-2。

表 6-2　孟中印缅经济走廊物流节点效率原始数据标准化

国家/地区	机动车使用量	物流线路长度	货运周转量
2014 年			
中国云南	0.446265	0.531262	0.619098
孟加拉国	0.243489	0.432580	0.444083
印度	0.398172	0.662000	0.706529
缅甸	0.172698	0.227145	0.350305
2015 年			
中国云南	0.451323	0.527099	0.619098
孟加拉国	0.242781	0.419011	0.444083
印度	0.395907	0.673819	0.706529
缅甸	0.228391	0.214718	0.350305

续表

国家/地区	机动车使用量	物流线路长度	货运周转量
	2016 年		
中国云南	0.438065	0.530248	0.623677
孟加拉国	0.244494	0.267610	0.497691
印度	0.429287	0.657685	0.722416
缅甸	0.201937	0.257411	0.432169
	2017 年		
中国云南	0.446266	0.531262	0.629537
孟加拉国	0.264546	0.299890	0.487144
印度	0.441773	0.559732	0.730906
缅甸	0.211543	0.301124	0.437683
	2018 年		
中国云南	0.451926	0.509646	0.632952
孟加拉国	0.290978	0.299890	0.443529
印度	0.441703	0.559732	0.721848
缅甸	0.211543	0.301124	0.403593
	2019 年		
中国云南	0.457951	0.535599	0.632952
孟加拉国	0.301967	0.306666	0.443529
印度	0.442586	0.565789	0.721848
缅甸	0.211343	0.298538	0.403593

通过 TOPSIS 法进行数据标准化，即对原始数据进行无量纲化处理，所有的数据标准为 0～1。

6.3.4 孟中印缅经济走廊物流节点效率评价

通过 DEA 的超效率模型对标准化的数据进行模型分析，从技术的角度通过 DEA-Solver5.0 软件进行分析，分析结果如表 6-3 所示。

表 6-3 孟中印缅经济走廊国家/地区物流效率

2014 年		2015 年		2016 年	
国家/地区	效率	国家/地区	效率	国家/地区	效率
缅甸	1.3616968	缅甸	1.5305837	孟加拉国	1.1077219
孟加拉国	0.8991359	孟加拉国	1.1608610	缅甸	1.0513462
印度	0.8747821	印度	0.8658114	印度	0.7863250
中国云南	0.7556282	中国云南	0.7370103	中国云南	0.6770458

续表

2017年		2018年		2019年	
国家/地区	效率	国家/地区	效率	国家/地区	效率
缅甸	1.1235848	缅甸	1.1674278	缅甸	1.3473529
孟加拉国	1.1175872	孟加拉国	1.1034743	孟加拉国	0.9787137
印度	0.8501216	印度	0.9310402	印度	0.8201153
中国云南	0.7479452	中国云南	0.8650405	中国云南	0.7454375

如表6-3所示，在该期间孟中印缅经济走廊各个地区/国家中，缅甸的物流效率全部达到DEA有效性，说明在该经济走廊中缅甸物流业的投入资源得到充分利用，实现了资源的合理配置。孟加拉国在该期间有4年达到DEA有效性，其物流效率虽然逊色于缅甸，但是在该经济走廊中整体表现不错。印度和中国云南的物流效率普遍较低，在该期间虽然印度的物流效率处于波动上升状态，但也只有在2018年物流效率达到0.9，仍未达到DEA有效性，而中国云南在2014—2019年均未达到DEA有效性，这就说明在孟中印缅经济走廊中，中国云南和印度的物流运作效率拉低了整体的物流效率，由于物流效率与铁路、公路以及港口等基础设施密切相关，为更好地发挥该经济走廊物流作用，应加强各地物流效率较低的区域基础设施建设以及各地方之间的联系。

6.4　孟中印缅经济走廊物流网络需求预测分析

孟中印缅经济走廊在“一带一路”倡议的引领下，如何更有目的地进行经济走廊物流网络发展？需要对其物流网络需求进行预测，为孟中印缅经济走廊的后续建设提供理论参考依据。

6.4.1　选取孟中印缅经济走廊物流网络需求预测指标

由于孟中印缅经济走廊沿线国家存在不统计物流指标数据、物流指标统计口径不一致等诸多现实问题，研究通过对指标数据的全面整理和梳理发现，六大经济走廊沿线国家均能收集到的统一指标是货物周转量指标数据，同时，货物周转量也是国内外研究学者在统计和研究物流业发展过程中所采用的重要指标，所以，选取经济走廊货物周转量作为物流需求预测指标，对孟中印缅经济走廊物流需求的预测具有合理性和科学性。

6.4.2 孟中印缅经济走廊物流网络需求预测过程

根据表6-1中货物周转量的数据，进行基于灰色理论的物流需求量预测。在实际的应用中，由于原始数据年份跨度大，必须不断地考虑随着时间推移相继进入系统的扰动或驱动因素。一般来说，离时间原点越远的数据，GM(1,1)的预测意义就越弱。所以在建模的过程中，选择离预测值越近的年份进行GM(1,1)预测，其预测精度就越高，预测也就越有意义。所以，选择离预测值最近的2014—2019年原始数据的货物周转量(单位：万吨·千米)进行模拟预测。

第一步，原始序列的初始化。

设原始序列 $X(0)=(x^{(0)}(1),x^{(0)}(2),x^{(0)}(3),x^{(0)}(4),x^{(0)}(5),x^{(0)}(6))$，对X(0)作1-AGO得 $X(1)=(x^{(1)}(1),x^{(1)}(2),x^{(1)}(3),x^{(1)}(4),x^{(1)}(5),x^{(1)}(6))$。

第二步，原始序列的初始化。

初始化后的序列：138633.60，200430.92，207293.71，260705.60，208062.12，212038.28。

第三步，原始序列的1-AGO。

1-AGO序列：138633.60，339064.52，546358.23，807063.83，1015125.95，1227164.23。

第四步，1-AGO的紧邻均值生成。

紧邻均值生成序列：238849.06，442711.38，676711.03，911094.89，1121145.09。

第五步，进行发展系数和灰色作用量的计算。

a＝－0.01，b＝210609.78，平均相对误差 7.91％。

第六步，进行模拟值的计算。

138633.60，213174.07，215416.65，217682.83，219972.84，222286.95。

6.4.3　孟中印缅经济走廊物流网络需求预测结果

依据灰色预测模型特征，根据预测步骤进行预测计算，得出孟中印缅经济走廊物流网络需求预测精度为 92.09％的货物周转量（单位：万吨·千米），如表 6-4 所示。

表 6-4　孟中印缅经济走廊物流网络需求预测　　万吨·千米

年　份	2020	2021	2022	2023	2024	2025
货物周转量	224625.40	226988.45	229376.36	231789.39	234227.81	236691.87

由表 6-4 的预测结果可以看出，2020—2025 年孟中印缅经济走廊物流需求量呈平稳且持续增长的态势，发展速度与孟中印缅经济走廊物流节点基础设施互联互通、物流网络布局发展相吻合，具体走向见图 6-1。

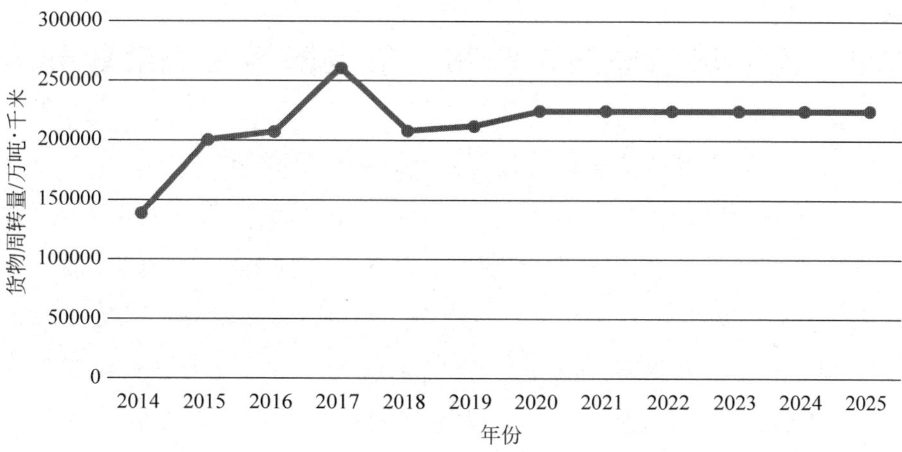

图 6-1　孟中印缅经济走廊物流网络需求

图6-1中曲线表明，孟中印缅经济走廊物流业发展每年都呈增长趋势，尤其是在2017年增长较快，孟中印缅经济走廊在预测精度为92.09%的前提下，其物流需求增长平稳，增长速度与孟中印缅经济走廊沿线国家的经济发展相吻合。

6.4.4 孟中印缅经济走廊物流网络需求预测结论

本研究运用灰色GM(1,1)模型的预测方法，以面板数据为基础，以灰色系统理论的灰色预测模型为主要工具，通过模拟孟中印缅经济走廊2014—2019年的货物周转量数据，得到预测精度92.09%的模拟值，预测孟中印缅经济走廊2020—2025年货物周转量，预测得知孟中印缅经济走廊物流需求呈稳步且缓慢增长态势，同时也说明孟中印缅经济走廊的物流产业在逐年稳步发展，这些发展都和孟中印缅经济走廊沿线国家的物流节点设施设备互联互通，经济走廊物流基础良好、物流潜力较大相吻合。验证该方法正确的同时得到孟中印缅经济走廊物流需求量逐年增大的结论，物流节点的发展以及物流网络布局对今后中孟中印缅经济走廊沿线国家和地区的经济发展和基础物流发展起到了指导作用。

6.5 孟中印缅经济走廊物流节点网络布局层级分析

孟中印缅经济走廊沿线物流节点之间的物流联系有多有少，通过对沿线物流节点引力关系的分析，可以得知物流节点之间的关系好坏，并根据节点之间引力值大小进行网络布局分析。按照“人以群分，物以类聚”的原理可以得知哪些物流节点之间合作愉快，哪些物流节点合作较少。通过对物流节点网络布局分析，可以明确孟中印缅经济走廊发展过程中，沿线物流节点层级如何，需要加大对哪些物流网络的进一步投入建设和引导，以便更好地促进经济走廊沿线国家和地区的供应链一体化和产业经济发展。

6.5.1　经济走廊物流节点之间物理距离

根据引力关系模型要求，物流节点之间的距离是引力模型计算的必需要素，研究运用百度地图测量经济走廊物流节点之间的物理距离，选择经济走廊沿线国内省市的省会城市或市中心作为测算点，经济走廊沿线国家则选择首都中心点作为测算点，以千米为单位，得到表 6-5。

表 6-5　孟中印缅经济走廊物流节点网络物理距离　千米

国家/地区	国家/地区			
	中国云南	印度	孟加拉国	缅甸
中国云南	0	2582	1265	906
印度	2582	0	1435	2162
孟加拉国	1265	1435	0	737
缅甸	906	2162	737	0

物流节点之间的关系呈轴对称分布，对于应用引力模型测算物流节点之间的距离具有可操作性。

6.5.2　计算物流节点网络物流引力关系

根据经济走廊物流节点之间的物流距离和物流质量计算物流节点引力关系值。其中，物流质量是物流节点的能力体现，本研究采用每个物流节点的物流效率和货物周转量的折算值作为物流质量，根据物流指标性质说明其值可以代表物流节点质量(能力)。通过物流引力模型(2-1)，计算得到表 6-6。

表 6-6　孟中印缅经济走廊物流节点网络物流引力关系

国家/地区	国家/地区			
	中国云南	印度	孟加拉国	缅甸
中国云南	0.0000000	0.6132043	1.6359523	2.7474118
印度	0.6132043	0.0000000	2.1503478	0.8160746
孟加拉国	1.6359523	2.1503478	0.0000000	1.4104200
缅甸	2.7474118	0.8160746	1.4104200	0.0000000

经济走廊物流节点之间呈相互的引力关系，根据节点之间物理距离和物流质量，得出节点之间两两引力关系值，根据引力关系值可分析得到物流节点之间的网络层级布局。

6.5.3 物流节点网络层级布局

根据孟中印缅经济走廊物流节点之间的引力关系值，可以将物流节点之间的物流引力分为强物流引力关系、较强物流引力关系、中物流引力关系和弱物流引力关系。根据表 6-6 所示物流节点之间的引力关系值，可以根据 R 语言的 Chord-Diagram 应用的 Power BI 得到孟中印缅走廊物流节点网络布局弦图，如图 6-2 所示。

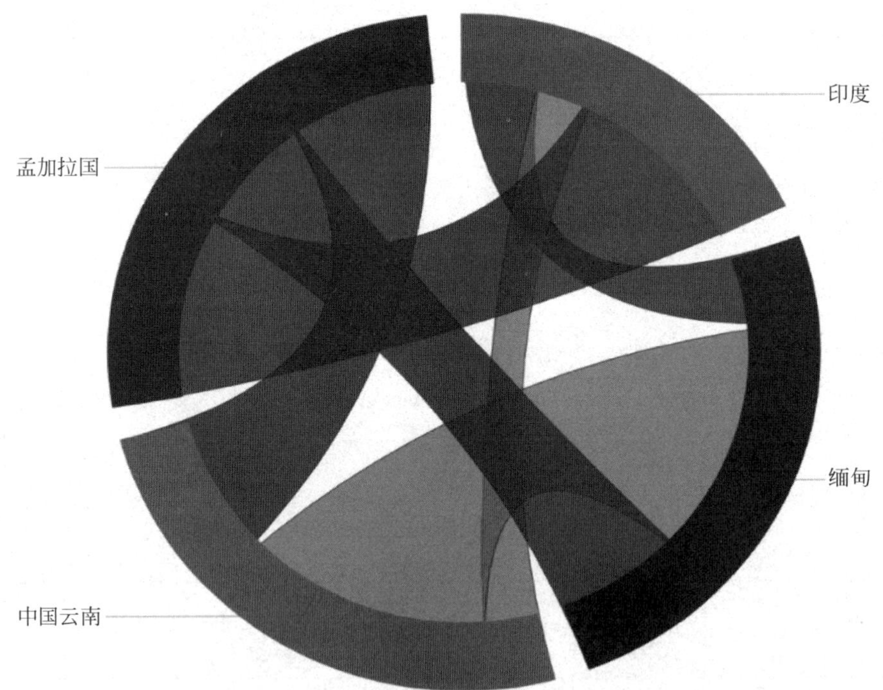

图 6-2 孟中印缅经济走廊物流节点网络布局弦图

根据图 6-2 所示孟中印缅经济走廊沿线国家和地区的连接面积和连

线粗细程度与物流节点引力成正比，可将物流节点网络布局如下。

物流节点网络层级第一级：中国云南与缅甸。

物流节点网络层级第二级：印度与孟加拉国。

物流节点网络层级第三级：孟加拉国与中国云南、孟加拉国与缅甸。

物流节点网络层级第四级：印度和缅甸、中国云南和印度。

6.5.4　物流节点网络布局结论

通过对经济走廊物流节点之间物理距离的测算，运用物流引力模型，将物流节点之间的物流距离与物流质量数值进行计算，得到物流节点之间的物流引力，通过物流节点之间物流引力关系值，运用R语言的Chord-Diagram应用的Power BI得到物流节点网络的层级，根据孟中印缅经济走廊物流节点布局可将沿线物流节点分为四个层级，分别是：强物流引力（第一）层级，在这一层级分布的物流节点相互之间合作潜力大，可在后续发展中达到战略联盟的关系；在较强（第二）层级分布的物流节点之间有较好的合作潜力，在物流设施设备投入中可继续加大对于该层级网络节点的物流建设；在中级（第三）层级分布的物流节点之间，现阶段有一定的联系，但在今后的发展过程中，可依据节点特色寻找物流节点之间的更多相互合作契机，通过加大物流设施设备建设的投入，使两者之间的物流引力由弱变强；最后（第四）一层物流节点之间呈现弱引力层级，在这类物流节点之间，现阶段物流业之间的关系较弱，两者之间需要通过投入建设和长期合作才能逐渐改善节点之间的互惠互利的关系，更是经济走廊在今后值得重点关注的物流节点。

6.6　本章小结

通过对孟中印缅经济走廊的现状分析，建立经济走廊的物流指标体系，收集物流指标原始数据，通过TOPSIS法对原始数据进行无量纲化处理，运用DEA模型计算得到经济走廊物流节点网络的物流效率；由于经济走廊物流节点之间数据贫乏，仅能运用灰色预测模型进行经济走廊物流需求预测，通过模拟孟中印缅经济走廊2014—2019年的货物周转量数据，得到预测精度92.09%的模拟值，预测孟中印缅经济走廊2020—2025年货物周转量，预测得知孟中印缅经济走廊物流需求呈稳步且缓慢增长态势；通过寻找经济走廊物流节点之间的两两物理距离，运用物流引力模型，将物流节点之间的物理距离与物流质量进行计算，得到经济走廊物流节点之间的引力关系，分析物流节点之间引力关系值进行物流节点网络层级分布，最终得到经济走廊物流节点网络布局。通过对经济走廊从物流效率，物流需求到物流引力和物流层级分布的研究，为孟中印缅经济走廊后续的物流基础设施互联互通发展提供科学依据。

第 7 章

中国—中南半岛经济走廊物流节点网络布局

7.1 引　　言

中国—中南半岛经济走廊在新丝绸之路经济带的建设中起着重要作用，其在建设过程中物流业成效如何，经济走廊沿线物流效率怎样，经济走廊物流需求是增加还是缩减，物流节点之间的影响是否存在、其影响程度如何都是值得我们研究的重要问题。只有将这些问题研究清楚，才能更好地指导中国—中南半岛经济走廊的后续发展，明确发展方向和目标。

7.2 中国—中南半岛经济走廊物流节点发展现状

7.2.1 中国—中南半岛经济走廊基本概况

中国—中南半岛经济走廊北起我国广西壮族自治区南宁市，经过云南省昆明市，途经老挝、越南、柬埔寨、缅甸、泰国、马来西亚等中南半岛国家，最终到达新加坡[16]。中国—中南半岛经济走廊不仅连接中国与中南半岛沿线国家和地区，还可拓展连接我国与东盟各国，同时也是澜沧江—湄公河合作领域的重要载体，在跨境物流和跨境电商发展方面具有很大的发展潜力。

在“一带一路”倡议提出后，中国—中南半岛经济走廊沿线国家和地区纷纷参与经济走廊的发展，从物流基础设施搭建到物流通道建设、从物流枢纽构成到物流网络形成、从物资流到信息流，为推动各国经济增长，沿线国家和地区都在积极努力地融入中国—中南半岛经济走廊的物流发展中。

7.2.2　中国—中南半岛经济走廊物流节点基础条件

中国—中南半岛经济走廊在六大经济走廊中与中国地理位置较近，基础设施建设已经在积极推进中。历史上，中国与东南亚国家经济往来频繁，为中国—中南半岛经济走廊建设奠定了稳固的基层基础，同时中国与中南半岛国家的产业资源可以优势互补，合作潜力巨大。

中国—中南半岛经济走廊从与我国地理相对位置而言，在六大经济走廊中占有绝对优势，沿线国家与我国地理位置非常接近，并且我国与东南亚国家的物资往来一直比较频繁。中国—中南半岛经济走廊在物流节点网络布局发展的过程中、在基础设施互联互通中，具有较好的物流基础条件。中国—中南半岛经济走廊沿线大部分国家在经济发展过程中，对我国的依赖程度相对较大。

7.2.3　中国—中南半岛经济走廊物流网络发展潜力

我国推动中泰铁路、雅万高铁、中老铁路、昆曼公路等陆上交通基础设施建设，稳步推进跨湄公河大型桥梁、航运、地铁等合作项目。中国—中南半岛经济走廊在基础设施建设上稳步推进，铁路、航线全面动工，交通网络提升中国和中南半岛国家的互联互通水平，降低了物流成本，为当地经济发展、民生水平改善提供了坚实基础。

1. 中老铁路建成通车

位于中国—中南半岛经济走廊的中老铁路，是我国投资建设的第一条铁路。中老铁路是泛亚铁路中线的重要组成部分，2020年11月，其路段的安定隧道顺利贯通[17]。2021年12月，中老铁路全线开通，其中国内段叫玉磨（玉溪—磨憨）铁路，属于国铁Ⅰ级电气化铁路；老挝段北起中老挝边境口岸磨丁，经过老挝北部的南塔省、万象省、琅勃拉邦省、乌多姆塞省，最后进入老挝首都万象市[18]。中老铁路的开通为中国—中南半岛经济走廊互联互通奠定了物流设施设备基础，同时也为中国—中南半岛经济走廊物流设施互联互通建设过程树立起了里程碑。

2. 中老智慧化高速公路

2020年12月，中老高速公路第一期万象至万荣段正式开通[18]。这是老挝境内建设开通的第一条数字化智慧高速公路，高速公路沿线部署的华为数据通信及传输设备，内嵌信息与通信技术（information and communications technology，ICT）承载平台，将智能监测、智能计费、应急响应等智慧化物流融入其中。

3. 跨境物流蓬勃发展

随着数字经济的快速发展，中国—中南半岛经济走廊的跨境电子商务也得到了快速发展，伴随着的是与之相适应的跨境物流的蓬勃发展。以我国云南省为主要物流枢纽，建成以云南省为轴点，辐射越南、老挝、泰国等国家的公路物流、铁路物流、航空物流和海运物流的综合交通运输体系[18]。结合跨境电子商务的发展，昆明跨境电子商务综合试验区已形成面向南亚、东南亚国家的跨境电子商务辐射圈，进一步推动了跨境物流的发展。

4. 开通海运快线

我国与马来西亚开通了海运直达物流快运服务，这为提高两国贸易往来奠定了物流基础，同时也将降低物流交易成本，提高两国水路货物运输的物流效率。

中国—中南半岛经济走廊背景下，无论是陆上物流还是海上物流，大大提高了经济走廊的物流效率，为沿线各国经济发展、人民生活高质量发展奠定了物流基础。通过了解各国区域物流节点物流效率和物流需求，并且得到物流网络节点间的物流吸引力，对实现中国—中南半岛经济走廊物流业发展和互联互通有着非常重要的意义，对推动新丝绸之路经济带发展有着重要作用。

7.3　中国—中南半岛经济走廊物流节点效率分析

随着中国—中南半岛经济走廊物流节点基础设施的建设，促进了沿线国家和地区的经济发展，对中国—中南半岛经济走廊沿线国家和地区作为物流节点进行物流效率分析，可以明确中国—中南半岛经济走廊物流发展成效，为更好地开展经济走廊后续建设指明投资方向。

7.3.1　选取中国—中南半岛经济走廊物流节点效率评价指标

对中国—中南半岛经济走廊物流节点进行物流效率评价，以国内区域为物流节点，国外国家为物流节点，将越小越好的指标确定为投入指标，将越大越好的指标确定为产出指标。由于原始数据收集难度大，通过对中国—中南半岛经济走廊沿线国家和地区物流业发展相关指标数据的整理，最终确定投入指标(I)分别是机动车使用量(I_1)、物流线路长度(I_2)；产出指标(O)为货物周转量。

7.3.2　收集物流节点效率评价指标原始数据

表 7-1 中部分数据源于《“一带一路”国家统计年鉴》《国际统计年鉴》《世界银行物流绩效指数报告》《“一带一路”发展报告》以及“一带一路”大数据网等。由于境外国家指标数据收集数据难度很大，部分指标数据未能通过上述资料获得，而是运用计算机语言和网络技术收集得到。数

据时间节点采用“一带一路”倡议提出后的2014—2019年(2020年新冠疫情对全球经济影响较大,故仅收集疫情发生前数据)。

表7-1　中国—中南半岛经济走廊物流效率指标原始数据

国家/地区	机动车使用量/万辆	物流线路长度/千米	货物周转量/亿吨·千米
2014年			
中国广东	1894.22	23589.00	14801.00
中国广西	502.13	13416.00	4089.07
中国云南	622.66	25021.00	1445.06
越南	227.00	3870.00	587.50
新加坡	79.80	3426.00	6335.85
老挝	33.60	436.04	137.00
马来西亚	115.72	1807.21	2160.20
2015年			
中国广东	1471.40	23221.00	14882.02
中国广西	363.82	12882.00	4061.08
中国云南	484.23	24288.00	1500.28
越南	188.25	4066.00	384.40
新加坡	72.09	1361.50	6154.37
老挝	34.61	436.04	136.00
马来西亚	115.73	1808.82	2005.98
2016年			
中国广东	1674.64	23439.43	30568.65
中国广西	424.90	13144.66	2180.17
中国云南	552.05	24568.26	1600.07
越南	406.60	3221.00	458.98
新加坡	74.33	3426.00	6423.17
老挝	35.69	439.09	150.00
马来西亚	125.80	1988.60	1149.88
2017年			
中国广东	1894.22	23589.00	27919.79
中国广西	502.13	13416.00	4613.32
中国云南	622.66	25021.00	1824.96
越南	345.00	1211.00	453.35
新加坡	82.00	3500.00	7006.90
老挝	36.79	442.17	147.00
马来西亚	120.10	2168.37	1261.64

续表

国家/地区	机动车使用量/万辆	物流线路长度/千米	货物周转量/亿吨·千米
2018 年			
中国广东	2116.28	26409.30	28338.33
中国广西	588.42	18800.50	4983.78
中国云南	677.50	17119.20	1971.91
越南	321.00	1755.00	481.37
新加坡	82.00	3500.00	5194.90
老挝	37.90	445.26	119.00
马来西亚	91.25	2334.30	1320.20
2019 年			
中国广东	2326.38	23712.24	27373.67
中国广西	673.94	13873.24	3989.18
中国云南	742.09	27068.48	1552.05
越南	345.00	1643.00	481.37
新加坡	81.10	3244.00	5194.90
老挝	39.10	448.38	91.00
马来西亚	62.40	2500.23	1378.75

中国—中南半岛经济走廊沿线国家和地区指标原始数据收集难度较大，部分年份指标数据丢失，研究组采用指标数据逐年评估的方法，即通过指标的变动趋势测算增长比率的方法填补缺失的指标数据。

7.3.3　物流节点原始数据标准化

指标原始数据之间存在较大量级差别，主要是由于指标的单位和指标统计路径所导致。为了更好地进行物流效率评价，故先将原始数据标准化，标准化数据见表 7-2。

表 7-2　中国—中南半岛经济走廊物流效率指标原始数据标准化

国家/地区	机动车使用量	物流线路长度	货物周转量
2014 年			
中国广东	0.515533	0.640751	0.620166
中国广西	0.431495	0.615699	0.557703
中国云南	0.446266	0.643285	0.499671

续表

国家/地区	机动车使用量	物流线路长度	货物周转量
越南	0.372180	0.554817	0.442324
新加坡	0.279211	0.548363	0.579990
老挝	0.183651	0.421526	0.329748
马来西亚	0.314585	0.512819	0.523030
2015 年			
中国广东	0.500748	0.640072	0.620413
中国广西	0.408390	0.613840	0.557344
中国云南	0.428953	0.642008	0.501904
越南	0.356931	0.557407	0.412424
新加坡	0.269016	0.496101	0.578546
老挝	0.187313	0.421526	0.329101
马来西亚	0.314593	0.512870	0.518820
2016 年			
中国广东	0.508384	0.640476	0.651789
中国广西	0.419673	0.614765	0.523550
中国云南	0.438064	0.642502	0.505711
越南	0.416502	0.545058	0.425174
新加坡	0.272116	0.548363	0.580668
老挝	0.191029	0.422024	0.337677
马来西亚	0.322153	0.518323	0.485814
2017 年			
中国广东	0.515533	0.640751	0.647961
中国广西	0.431495	0.615700	0.563957
中国云南	0.446265	0.643285	0.513385
越南	0.404461	0.488994	0.424299
新加坡	0.281900	0.549502	0.584956
老挝	0.194714	0.422522	0.335923
马来西亚	0.317968	0.523243	0.491493
2018 年			
中国广东	0.521867	0.645595	0.648592
中国广西	0.442431	0.630852	0.567915
中国云南	0.451926	0.626698	0.517841
越南	0.399069	0.511118	0.428536
新加坡	0.281900	0.549502	0.570026
老挝	0.198283	0.423019	0.317133

续表

国家/地区	机动车使用量	物流线路长度	货物周转量
马来西亚	0.292308	0.527392	0.494243
2019 年			
中国广东	0.648592	0.640975	0.647122
中国广西	0.567915	0.617229	0.556409
中国云南	0.517841	0.646645	0.503914
越南	0.428536	0.507267	0.428536
新加坡	0.570026	0.545441	0.570026
老挝	0.317133	0.423515	0.292044
马来西亚	0.494243	0.531221	0.496858

通过 TOPSIS 法进行数据标准化，即对原始数据进行无量纲化处理，所有的数据标准为 0～1。

7.3.4　中国—中南半岛经济走廊物流节点效率评价

通过 DEA 的超效率模型对标准化的数据进行模型分析，从技术的角度通过 DEA-Solver5.0 软件进行分析，分析结果如表 7-3 所示。

表 7-3　中国—中南半岛经济走廊物流效率分布

2014 年		2015 年		2016 年	
国家/地区	效率	国家/地区	效率	国家/地区	效率
新加坡	1.2011972	新加坡	1.2752976	新加坡	1.2673541
马来西亚	0.9642963	马来西亚	0.8674449	中国广东	0.9610465
中国广东	0.9150971	中国广东	0.8311609	马来西亚	0.8851362
老挝	0.8643721	老挝	0.8169621	老挝	0.8283757
中国广西	0.8564094	中国广西	0.7785756	中国广西	0.8042461
越南	0.7537695	中国云南	0.6703671	中国云南	0.7433079
中国云南	0.7343934	越南	0.6344604	越南	0.7366552
2017 年		**2018 年**		**2019 年**	
国家/地区	效率	国家/地区	效率	国家/地区	效率
新加坡	1.2578517	新加坡	1.1959131	新加坡	1.1080232
中国广东	0.9499616	中国广东	0.9684690	中国广东	0.9660456

续表

2017 年		2018 年		2019 年	
国家/地区	效率	国家/地区	效率	国家/地区	效率
马来西亚	0.8823881	马来西亚	0.9034030	马来西亚	0.9632327
中国广西	0.8604451	中国广西	0.8678218	中国广西	0.8625829
老挝	0.8314060	越南	0.8082411	越南	0.8083580
越南	0.8151075	中国云南	0.7965486	中国云南	0.7456639
中国云南	0.7496965	老挝	0.7909615	老挝	0.7122522

从表 7-3 中可以看出，新加坡的物流效率在 2014—2019 年保持第一，并且均达到 DEA 有效性。由于新加坡扼守马六甲海峡，而马六甲海峡是全球商贸经过大西洋与印度洋的必经之地，所以新加坡在处于优势的地理位置之下，其物流业发展迅速，投入的物流资源均能达到有效利用，使之实现物流效率的 DEA 有效性。排名第二位和第三位的是中国广东和马来西亚。广东省作为我国改革开放的最前沿，有利的地理位置(特别是粤港澳大湾区)，加之优惠的政策，通过汇集有利的资源，活跃经济，基础设施不断完善，其物流效率均能达到 0.9 及以上。马来西亚在东南亚占有重要地理位置，处于太平洋和印度洋商贸往来要道，加之马来西亚国内改革，物流业实力上升，其物流资源投入配置逐渐合理化，物流效率逐渐提升。但同时可以看出，其他国家/地区的物流效率在该期间基本未达到 DEA 有效性，但其物流效率平均值可以达到 0.7，说明其物流效率上升空间还是很大的，未来的发展空间很大，但也说明在该阶段内，这些国家/地区物流业的资源配置不合理，许多物流资源没有得到有效利用。而国内的云南省和广西壮族自治区受到广东资源汇集的影响，当地大量资源流失，其物流效率处于较低的状态，因而为更好地发挥该经济走廊在物流业的作用，除要提升整体物流效率外，也要看到其中物流效率较低的国家/地区，以此不断提升中国—中南半岛经济走廊整体物流效率。

7.4　中国—中南半岛经济走廊物流网络需求预测分析

中国—中南半岛经济走廊在新丝绸之路经济带的发展中，如何更有目的地进行经济走廊物流网络发展？需要对其物流网络需求进行预测，为中国—中南半岛经济走廊的后续物流业建设提供理论参考依据。

7.4.1　选取中国—中南半岛经济走廊物流网络需求预测指标

由于中国—中南半岛经济走廊沿线国家存在不统计物流指标数据、物流指标统计口径不一致等诸多现实问题，研究通过对指标数据的全面整理和梳理，六大经济走廊沿线国家均能收集到的统一指标是货物周转量指标数据。同时，货物周转量也是国内外研究学者在统计和研究物流业发展过程中所采用的重要指标，所以选取中国—中南半岛经济走廊货物周转量作为物流需求预测指标，对经济走廊物流需求的预测具有合理性和科学性。

7.4.2　中国—中南半岛经济走廊物流网络需求预测过程

根据表7-1中货物周转量的数据，进行基于灰色理论的物流需求量预测。在实际的应用中，由于原始数据年份跨度大，必须不断地考虑随着时间推移相继进入系统的扰动或驱动因素。一般来说，离时间原点越远的数据，GM(1,1)的预测意义就越弱。所以在建模的过程中，选择离预测值越近的年份进行GM(1,1)预测，其预测精度就越高，预测也就越有意义。所以，选择离预测值最近的2014—2019年原始数据的货物周转量(单位：亿吨·千米)进行模拟预测。

第一步，原始序列的初始化。

设原始序列 $X(0)=(x^{(0)}(1),x^{(0)}(2),x^{(0)}(3),x^{(0)}(4),x^{(0)}(5),x^{(0)}(6))$，对 $X(0)$ 作 1-AGO 得 $X(1)=(x^{(1)}(1),x^{(1)}(2),x^{(1)}(3),x^{(1)}(4),x^{(1)}(5),x^{(1)}(6))$。

第二步，原始序列的初始化。

初始化后的序列：29555.68，29124.13，42530.92，43226.96，42409.49，40060.92。

第三步，原始序列的 1-AGO。

1-AGO 序列：29555.68，58679.81，101210.73，144437.69，186847.18，226908.10。

第四步，1-AGO 的紧邻均值生成。

紧邻均值生成序列：44117.75，79945.27，122824.21，165642.44，206877.64。

第五步，发展系数和灰色作用量的计算。

a＝－0.05，b＝33186.66，平均相对误差 10.4%。

第六步，模拟值的计算。

29555.68，35580.63，37432.00，39379.70，41428.74，43584.41。

7.4.3　中国—中南半岛经济走廊物流网络需求预测结果

依据灰色预测模型特征，根据预测步骤进行预测计算，得出物流网络需求预测和货物周转量，如表 7-4 所示。

表 7-4　中国—中南半岛经济走廊物流网络需求预测　　亿吨·千米

年　份	2020	2021	2022	2023	2024	2025
货物周转量	45852.23	48238.06	50748.03	53388.61	56166.58	59089.09

由表 7-4 的预测结果可以看出，2020—2025 年中国—中南半岛经济走廊物流需求量呈明显持续稳定增长的态势，发展速度与中国中南半岛

经济走廊物流节点基础设施互联互通、物流网络布局发展相吻合，具体走向见图 7-1。

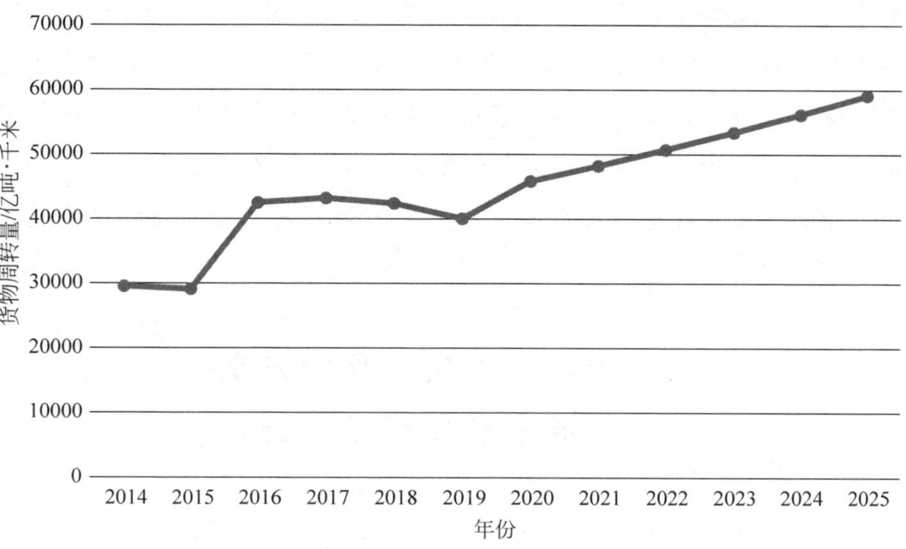

图 7-1　中国—中南半岛经济走廊物流网络需求

图 7-1 中曲线表明，中国—中南半岛经济走廊物流业发展在 2015 年有所下降后在 2016 年呈明显增长态势，之后在 2017 年、2018 年和 2019 年缓慢下降，在预测期内每年都呈增长趋势，且增长势头明显，增长速度较快，对中国—中南半岛经济走廊沿线国家的经济发展起到了促进作用。

7.4.4　中国—中南半岛经济走廊物流网络需求预测结论

本研究运用灰色 GM(1,1)模型的预测方法，以面板数据为基础，以灰色系统理论的灰色预测模型为主要工具，通过模拟中国—中南半岛经济走廊 2014—2019 年的货物周转量数据，得到较高精度预测模拟值，预测中国—中南半岛经济走廊 2020—2025 年货物周转量，预测得知中国—中南半岛经济走廊物流需求呈稳步发展态势，同时也说明中国—中南半岛经济走廊的物流产业在逐年稳步发展。这些发展都和中国—中南半岛经济走廊物流节点设施设备互联互通，经济走廊物流基础良好、物流潜力较大，我国作为经济走廊的排头兵引领经济走廊的物流产业发展相吻合。验证该方法正确的同时得到中国—中南半岛经济走廊物流需求量逐年增大的结论，物流节点的发展以及物流网络布局对今后中国—中南半岛经济走廊沿线国家和地区的经济发展和基础物流发展起到了指导作用。

7.5 中国—中南半岛经济走廊物流节点网络布局分析

中国—中南半岛经济走廊沿线物流节点之间的物流联系有多有少，通过对沿线物流节点引力关系的分析，可以得知物流节点之间的关系好坏，并根据节点之间引力关系值大小进行网络布局分析。按照“人以群分，物以类聚”的原理可以得知哪些物流节点之间合作愉快，哪些物流节点合作较少。通过对物流节点网络布局分析，可以明确中国—中南半岛经济走廊发展过程中，沿线物流节点层级如何，需要加大对哪些物流网络的进一步投入建设和引导，以便更好地促进经济走廊沿线国家和地区供应链一体化和产业经济发展。

7.5.1 经济走廊物流节点之间物理距离

根据引力关系模型要求，物流节点之间的距离是引力模型计算的必需要素，研究运用百度地图测量经济走廊物流节点之间的物理距离，选择经济走廊沿线国内省市的省会城市或市中心作为测算点，经济走廊沿线国家则选择首都中心点作为测算点，以千米为单位，得到表 7-5。

表 7-5　中国—中南半岛经济走廊物流节点网络物理距离　　千米

国家/地区	中国云南	中国广西	中国广东	越南	老挝	马来西亚	新加坡
中国云南	0	779	1336	533	767	2394	2630
中国广西	779	0	558	820	807	2291	2640
中国广东	1336	558	0	350	1250	2539	2450
越南	533	820	350	0	478	2025	2190
老挝	767	807	1250	478	0	1646	1848
马来西亚	2394	2291	2539	2025	1646	0	311
新加坡	2630	2640	2450	2190	1848	311	0

物流节点之间的关系呈轴对称分布，对于应用引力模型测算物流节点之间的距离具有可操作性。

7.5.2 计算物流节点网络物流引力关系

根据经济走廊物流节点之间的物流距离和物流质量计算物流节点引力关系值。其中，物流质量是物流节点的能力体现，本研究采用每个物流节点的物流效率和货物周转量的折算值作为物流质量指标，根据物流指标性质说明其值可以代表物流节点质量(能力)。通过物流引力模型(2-1)，计算得到表 7-6。

表 7-6　中国—中南半岛经济走廊物流节点网络物流引力关系

国家/地区	中国云南	中国广西	中国广东	越南	老挝	马来西亚	新加坡
中国云南	0.0000000	7.3724558	2.8901396	12.1242070	4.4383741	0.7063249	0.6735078
中国广西	7.3724558	0.0000000	16.4634490	5.0902489	3.9840359	0.7664080	0.6642068
中国广东	2.8901396	16.4634490	0.0000000	36.1601810	2.1490819	0.8075793	0.9981130
越南	12.1242070	5.0902489	36.1601810	0.0000000	6.1694203	0.5329529	0.5243862
老挝	4.4383741	3.9840359	2.1490819	6.1694203	0.0000000	0.5486086	0.5008634
马来西亚	0.7063249	0.7664080	0.8075793	0.5329529	0.5486086	0.0000000	72.8747080
新加坡	0.6735078	0.6642068	0.9981130	0.5243862	0.5008634	72.8747080	0.0000000

经济走廊物流节点之间呈相互的引力关系，根据节点之间物理距离

和物流质量，得出节点之间的两两引力关系值，根据引力关系值可分析得到物流节点之间的网络层级布局。

7.5.3 物流节点网络层级布局

根据经济走廊物流节点之间的引力关系值，可以将物流节点之间的物流引力分为强物流引力关系、较强物流引力关系、中物流引力关系和弱物流引力关系。根据表 7-6 所示物流节点之间的引力关系值，可以根据 R 语言的 Chord-Diagram 应用的 Power BI 得到中国—中南半岛经济走廊物流节点网络布局弦图，如图 7-2 所示。

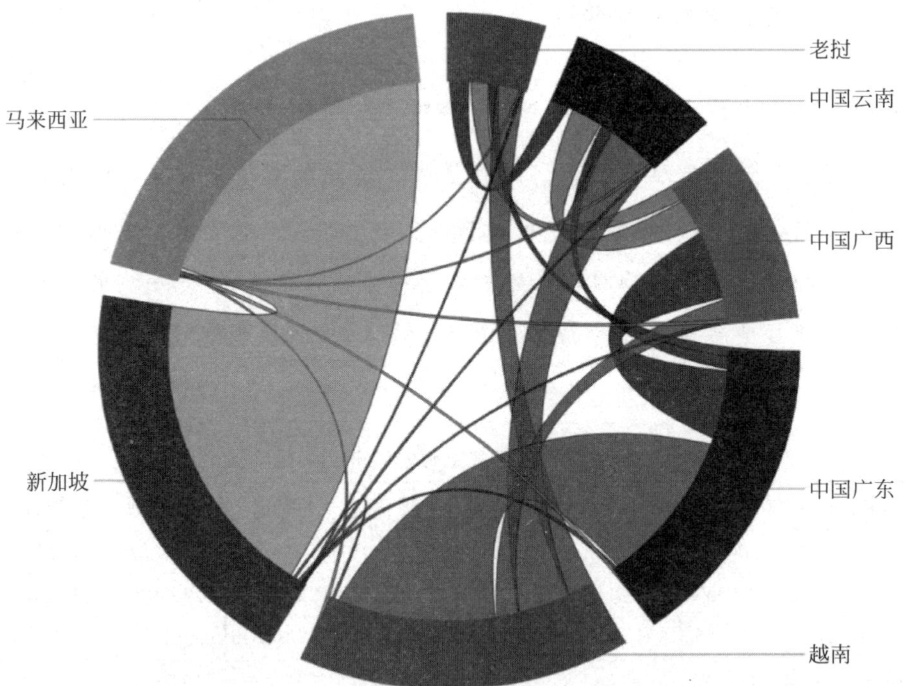

图 7-2 中国—中南半岛经济走廊物流节点网络布局弦图

根据图 7-2 所示中国—中南半岛经济走廊沿线国家和地区的连接面积和连线粗细程度与物流节点引力成正比，可将物流节点网络布局如下。

物流节点网络层级第一级：新加坡和马来西亚；中国广东和越南。

物流节点网络层级第二级：中国广东和中国广西；中国云南和越南。

物流节点网络层级第三级：中国云南和中国广西；越南和老挝；越南和中国广西；中国云南和老挝；老挝和中国广西；中国云南和中国广东；中国广东和老挝。

物流节点网络层级第四级：中国广东和新加坡；中国广东和马来西亚；马来西亚和中国广西；中国云南和马来西亚；中国云南和新加坡；新加坡和中国广西；老挝和马来西亚；越南和马来西亚；越南和新加坡；老挝和新加坡。

7.5.4　物流节点网络布局结论

通过对经济走廊物流节点之间物理距离的测算，运用物流引力模型，将物流节点之间的物流距离与物流质量数值进行计算，得到物流节点之间的物流引力，通过物流节点之间物流引力关系值，运用 R 语言的 Chord-Diagram 应用的 Power BI 得到物流节点网络的层级，根据中国—中南半岛经济走廊物流节点布局可将沿线物流节点分为四个层级，分别是：强物流引力（第一）层级，在这一层级分布的物流节点相互之间合作潜力大，可在后续发展中达到战略联盟的关系；在较强（第二）层级分布的物流节点之间有较好的合作潜力，在物流设施设备投入中可继续加大对于该层级网络节点的物流建设；在中级（第三）层级分布的物流节点之间，现阶段有一定的联系，但在今后的发展过程中，可依据节点特色寻找物流节点之间的更多相互合作契机，通过加大物流设施设备建设的投入，使两者之间的物流引力由弱变强；最后（第四）一层物流节点之间呈现弱引力层级，这类物流节点之间现阶段物流业之间的关系较弱，两者之间需要通过投入建设和长期合作才能逐渐改善节点之间互惠互利的关系，更是经济走廊在今后值得重点关注的物流节点。

7.6 本章小结

通过对中国—中南半岛经济走廊的现状分析，建立经济走廊的物流指标体系，收集物流指标原始数据，通过 TOPSIS 法对原始数据进行无量纲化处理，运用 DEA 模型计算得到经济走廊物流节点的物流效率。由于经济走廊物流节点之间数据匮乏，仅能运用灰色预测模型进行经济走廊物流需求预测得到 2020—2025 年经济走廊物流需求的发展趋势。通过寻找经济走廊物流节点之间的两两物理距离，运用物流引力模型，将物流节点之间的物理距离与物流质量进行计算，得到经济走廊物流节点之间的引力关系，分析物流节点之间引力关系值进行物流节点网络层级分布，最终得到经济走廊物流节点网络布局。通过对中国—中南半岛经济走廊沿线国家和地区从物流效率分析、物流需求预测、物流节点引力强弱关系和物流节点网络层级分布，多角度全面进行中国—中南半岛经济走廊的物流节点网络布局研究，并得出研究结论。

第8章 物流节点对区域经济发展的影响分析

8.1 引　言

新丝绸之路经济带沿线各地区的经济发展离不开经济带沿线物流节点的贡献，新丝绸之路经济带各地区的经济发展需要以物流节点网络为服务基础。新丝绸之路经济带沿线物流节点分布较多，运用VAR模型进行新丝绸之路经济带沿线物流节点对各区域经济发展影响的研究，可以提高新丝绸之路经济带沿线各区域的资源使用效率和物流服务质量，寻求物流节点网络对经济带沿线各地区的经济发展影响程度，为新丝绸之路经济带沿线各区域经济发展奠定与物流节点网络相关的研究基础，力求降低各区域的物流服务成本，提高区域经济发展水平。

8.2 建立模型

8.2.1 VAR模型

VAR模型是西姆斯(Sims)在1980年提出的，VAR模型的提出使动态经济系统的研究与应用受到重视并广泛传播。VAR模型主要解决两个方面的内容：对具有相互联系关系的时间序列进行预测分析；随机扰动因素对变量系统的动态影像分析。VAR 模型主要是将数据系统中的每一个内生变量分别作为数据系统内所有内生变量的滞后值，并用滞后值的函数构造 VAR 模型，回避结构化模型的需要，更能体现变量之间的相互关系。

8.2.2　VAR 模型判断变量关系的基本步骤

在 VAR 模型在建立的过程中，分析对象是趋于平稳的数据序列，所以在以 VAR 模型为基础的数据分析之前，必须要对数据序列是否趋于稳定状态进行 Johansen 协整检验判断，以判断数据序列的稳定性。ADF 检验(augment dickey fuller test)主要是观察数据序列的平稳性，如果数据序列有单位根存在，则该数据序列不能满足平稳性检验，这时需要经过方差分解后才能达到平衡。协整检验避免了方差检验的缺点，主要是从变量是否具有平稳性进行分析，把研究对象时间序列分析中的长期动态模型和短期动态模型的优点进行结合，探索在非平稳数据变量之间存在着的长期均衡关系，避免了直接使用方差分解方法对时间序列进行建模时产生的长期调整信息丢失的问题。运用 VAR 模型进行物流节点与区域经济发展影响判断步骤如下。

第一，通过 Johansen 协整检验考察新丝绸之路经济带沿线物流节点和区域经济发展综合指标数据的平稳性；Johansen 协整关系分析只能说明变量之间在结构层面上的因果关系，以及变量之间的长期关系是否存在均衡关系。协整关系分析不能说明存在内在联系的各个变量的单位变化对整个时间序列系统的干扰和扰动，也不能说明各个变量对扰动的综合反应。如果要解决这些问题，进行变量之间长期关系的分析和判断，需要用脉冲响应分析做进一步的计算。

第二，通过 ADF 检验进行变量平衡性分析，判断新丝绸之路经济带沿线物流节点和区域经济发展是否平稳。在计算周期内，新丝绸之路经济带沿线物流节点和区域经济发展的平衡性，将给新丝绸之路经济带沿线物流节点和区域经济发展影响研究奠定一定的前期基础。

第三，通过VAR模型进行参数估计，判断新丝绸之路经济带沿线物流节点和区域经济发展水平之间是否有较高的拟合度。如果参数估计得到两个变量之间有较高的拟合度，则说明各物流节点和区域经济发展水平之间可以相互影响并共同发展。

第四，脉冲响应函数（impulse response function）是体现影响轨迹的函数，主要衡量当某个变量的随机扰动项的一个标准差冲击其他变量时当前和未来取值的影响轨迹。计算过程可以非常直观地刻画变量之间存在的动态交互及影响关系，计算结果用来分析描述一个内生变量对由误差项所带来的冲击性影响，也就是说，当在随机误差项上施加一个标准差大小的冲击后，会对内生变量当前和未来的取值产生影响，以及得到具体的影响程度和曲线。通过脉冲响应函数可以描述新丝绸之路经济带沿线物流节点随机扰动的一个标准差冲击对区域经济发展的当前和未来取值带来的影响，区域经济发展随机扰动的一个冲击也会对新丝绸之路经济带沿线物流节点的当前发展和未来带来反应，从而可以明确新丝绸之路经济带沿线物流节点和区域经济发展之间的相互影响程度，分析两者之间存在的长期关系。

第五，方差分解（variance decomposition）也是VAR模型中计算变量动态特征的主要方法，方差分解是将数据系统中全部的内生变量按照其成因分解成多个波动，并且与各个方程的新信息进行关联，分解成几个波动就进行几个组成部分的关联，得到新信息对于每个内生变量相对的重要程度。在VAR模型中方差分解得到的计算结果主要是给出随机误差项的相对重要信息，是通过分析每个变量的结构冲击对内生变量的变化产生的影响程度，并用影响程度的计算结果来评价不同结构冲击的重要性。通过方差分解分析新丝绸之路经济带沿线物流节点和区域经济发展在变化的过程中对自身和对方所产生的影响，从而分析新丝绸之路经济带沿线物流节点与各区域经济发展水平之间具体存在的变化影响状态。

8.3　指标选取和数据处理

8.3.1　指标选取

选取新丝绸之路经济带物流节点网络中的 40 个物流节点作为研究对象，根据新丝绸之路经济带沿线物流节点的发展，国内物流节点指标选取 2014—2020 年的物流业发展指标，与上册第 3 章物流业综合效率分析所使用的指标和数据一致；国外物流节点选取 2014—2019 年的物流业发展指标，与下册第 2 章至第 7 章物流业综合效率分析所使用的指标和数据一致，故不再列表表示。

国内生产总值(gross domestic product，GDP)是一个国家(或地区)所有常住单位在一定时期内生产活动的最终成果。GDP 是国民经济核算的核心指标，也是衡量一个国家或地区经济状况和发展水平的重要指标。新丝绸之路经济带沿线区域的经济发展数据选用各区域 GDP 数据，如表 8-1 所示，数据来源为《国际统计年鉴》《世界银行物流绩效指数报告》《中国统计年鉴》。为了与研究报告采用数据年份前后一致，收集数据截至 2020 年，GDP 单位为亿美元，新丝绸之路经济带沿线国内物流节点的 GDP 按照当年汇率进行折算。

表 8-1　新丝绸之路经济带沿线区域 GDP　　亿美元

国家/地区	2014 年	2015 年	2016 年	2017 年	2018 年	2019 年	2020 年
中国陕西	2832.9915	2873.7396	2867.3502	3180.4111	3618.0222	3738.9577	3771.4712
中国甘肃	1061.1448	1052.6941	1039.9861	1086.6288	1224.6653	1263.7965	1301.8586
中国宁夏	402.7317	414.1353	418.7405	473.9921	530.4500	543.3790	573.5763
中国青海	300.7912	322.8759	339.9726	365.1026	415.2688	426.3391	436.3547
中国新疆	1508.1884	1494.2682	1449.9195	1652.8778	1935.7149	1971.0227	2000.7974
中国山东	8265.7420	8876.8865	8846.7097	9332.6372	10071.7653	10225.4838	10554.1348

续表

国家/地区	2014 年	2015 年	2016 年	2017 年	2018 年	2019 年	2020 年
中国江苏	10553.9005	11440.4823	11645.1982	12718.0604	14085.2298	14301.1959	14904.8510
中国安徽	3666.0318	3826.2154	3960.6311	4395.3020	5139.6168	5341.0886	5518.0788
中国河南	5628.5082	5954.0331	6059.5426	6638.9555	7546.1511	7786.8812	7866.4173
中国北京	3732.1743	3978.4054	4071.0597	4425.9309	5002.8712	5138.0880	5210.9864
中国天津	1732.2068	1746.7568	1727.8955	1844.0416	2019.3581	2037.4719	2030.8513
中国河北	4103.8126	4238.3919	4286.7832	4538.1676	4910.4784	5070.4646	5221.2074
中国内蒙古	1979.2603	2079.0251	2075.9827	2206.5375	2439.1453	2495.1076	2502.0297
中国辽宁	3260.0280	3244.8622	3070.0962	3212.9210	3552.8304	3603.0007	3626.1018
中国吉林	1622.4686	1608.4388	1569.7876	1617.6427	1700.6377	1699.9058	1776.8499
中国黑龙江	1981.3115	1876.8865	1790.7954	1823.6618	1941.3214	1963.3833	1976.5426
中国云南	2285.8794	2401.9010	2464.3572	2737.9366	3155.4085	3366.5000	3560.0354
中国广东	11098.0335	11998.6513	12369.6912	13573.9655	15103.3941	15653.6783	16114.5326
中国广西	2211.9880	2375.8590	2426.3583	2634.9566	2966.0894	3078.5098	3207.0430
哈萨克斯坦	2214.1557	1843.8843	1372.7832	1668.0580	1793.3999	1816.6719	1710.8238
吉尔吉斯斯坦	74.6810	66.7818	68.1309	77.0293	82.7111	88.7103	77.8087
塔吉克斯坦	91.1254	82.7145	69.9239	75.3644	77.6501	83.0078	81.3400
乌兹别克斯坦	808.4538	861.9627	861.3829	620.8132	526.3314	599.0767	598.9431
土库曼斯坦	435.2421	357.9971	361.6943	379.2629	407.6543	452.3143	532.0000
伊朗	4603.8279	4082.1292	4579.5461	4866.3015	3309.9159	2913.6292	2315.4757
土耳其	9389.5263	8643.1667	8696.9296	8589.9626	7784.7190	7610.0443	7199.5482
白俄罗斯	788.1384	564.5473	477.2266	547.2660	600.3126	644.0965	614.8959
德国	38890.9305	33575.8572	34698.5346	36908.4915	39772.8946	38883.2679	38464.1393
荷兰	8921.6799	7655.7277	7840.6043	8338.6964	9140.4344	9101.9435	9138.6540
波兰	5424.7710	4778.1191	4726.3036	5265.0888	5874.1175	5972.8056	5966.2436
俄罗斯	20592.4197	13634.8106	12767.8698	15741.9939	16573.2965	16931.1390	14883.2188
蒙古国	122.2651	116.1989	111.8135	114.8085	131.7809	142.0636	133.1298
巴基斯坦	2443.6089	2705.5613	3136.2986	3392.0562	3561.2822	3209.0949	3003.0633
孟加拉国	1728.8545	1950.7868	2652.3625	2937.5465	3213.7902	3512.3844	3739.0213
印度	20391.2745	21035.8781	22947.9798	26514.7295	27029.2972	28315.5222	26676.8795
缅甸	632.6489	630.4531	602.9174	614.4939	671.4473	686.9776	789.3026
越南	2334.4997	2392.5723	2570.9596	2813.5340	3087.0209	3303.9133	3432.4257
新加坡	3148.5116	3080.0415	3188.3243	3431.9335	3769.9815	3754.7273	3452.9593
老挝	132.7925	144.2638	159.1250	170.7116	181.4165	187.4056	189.8180
马来西亚	3380.6196	3013.5480	3012.5538	3191.1214	3587.9151	3652.7638	3370.0602

8.3.2　数据处理

由于物流业代表指标较多，且各要素之间存在关联性，若将指标中所有数据进行计算，会给计算带来不必要的重复和麻烦，为了缩小观测值，根据自然对数方法的具体计算步骤，计算得到物流节点的综合指标值用 NODS 表示，区域经济发展的综合指标值用 GDP 表示，由于少量年份数据无法通过 VAR 模型参数估计结果，故将物流节点各指标值和区域 GDP 在计算平均精度大于 97%的前提下进行预测并推算至 2025 年，并将新丝绸之路经济带物流节点综合指标和 GDP 2014—2025 年取自然对数，如表 8-2 所示。

表 8-2　新丝绸之路经济带物流节点综合指标和 GDP 自然对数

年份	中国陕西		中国甘肃		中国宁夏		中国青海		中国新疆	
	NODS	GDP	NODS	GDP	NODS	GDP	NODS	GDP	NODS	GDP
2014	8.1666	7.9491	7.8302	6.9671	6.7056	5.9983	6.5087	5.7064	7.5395	7.3187
2015	8.0906	7.9634	7.7079	6.9591	6.7092	6.0262	6.0994	5.7773	7.4804	7.3094
2016	8.1447	7.9611	7.6825	6.9470	6.7092	6.0373	6.1650	5.8289	7.4977	7.2793
2017	8.2323	8.0648	7.7996	6.9908	6.6250	6.1612	6.2528	5.9002	7.6854	7.4103
2018	8.3003	8.1937	7.8671	7.1104	6.4420	6.2737	6.3124	6.0289	7.8176	7.5682
2019	8.1554	8.2266	7.8226	7.1419	6.4785	6.2978	5.9875	6.0552	7.5747	7.5863
2020	8.2708	7.1715	7.8997	6.3519	6.3801	6.0785	6.1678	7.6013	7.7680	7.6013
2021	8.2989	8.3327	7.9408	7.2321	6.3087	6.4403	6.1671	6.1715	7.8184	7.7095
2022	8.3270	8.3968	7.9818	7.2830	6.2373	6.5113	6.1664	6.2361	7.8688	7.7806
2023	8.3550	8.4609	8.0228	7.3340	6.1659	6.5822	6.1657	6.3007	7.9192	7.8517
2024	8.3831	8.5250	8.0638	7.3850	6.0946	6.6531	6.1650	6.3652	7.9696	7.9228
2025	8.4112	8.5890	8.1048	7.4359	6.0232	6.7241	6.1643	6.4298	8.0200	7.9939
年份	中国山东		中国江苏		中国安徽		中国河南		中国北京	
	NODS	GDP	NODS	GDP	NODS	GDP	NODS	GDP	NODS	GDP
2014	9.2513	9.0199	9.5105	9.2643	9.0183	8.2069	8.9094	8.6356	6.9438	6.9438
2015	9.0204	9.0912	9.2498	9.3449	9.0381	8.2496	8.8462	8.6918	6.8040	6.8040
2016	8.9430	9.0878	9.2962	9.3626	9.0920	8.2842	8.9070	8.7094	6.7159	6.7159
2017	9.1114	9.1413	9.3440	9.4508	9.1819	8.3883	9.0154	8.8007	6.8653	6.8653
2018	9.1016	9.2175	9.3762	9.5529	9.1030	8.5447	8.3003	8.9288	6.9414	6.9414
2019	9.2051	9.2326	9.2346	9.5681	9.0663	8.5832	8.1554	8.9602	6.9934	6.9934

续表

年份	中国山东		中国江苏		中国安徽		中国河南		中国北京	
	NODS	GDP	NODS	GDP	NODS	GDP	NODS	GDP	NODS	GDP
2020	9.2411	9.2643	9.3193	9.6094	9.1178	8.6158	9.1729	8.9704	7.0521	7.0521
2021	9.2958	9.3103	9.3252	9.6832	9.1247	8.7275	9.2344	9.0670	7.1146	7.1146
2022	9.3505	9.3496	9.3311	9.7407	9.1315	8.8081	9.2958	9.1306	7.1771	7.1771
2023	9.4052	9.3890	9.3370	9.7983	9.1383	8.8887	9.3573	9.1942	7.2396	7.2396
2024	9.4598	9.4283	9.3429	9.8558	9.1451	8.9693	9.4187	9.2578	7.3021	7.3021
2025	9.5145	9.4677	9.3488	9.9133	9.1519	9.0499	9.4802	9.3214	7.3646	7.3646

年份	中国天津		中国河北		中国内蒙古		中国辽宁		中国吉林	
	NODS	GDP	NODS	GDP	NODS	GDP	NODS	GDP	NODS	GDP
2014	8.1894	7.4572	9.4481	8.3197	8.4054	7.5905	9.4121	8.0895	7.4406	7.3917
2015	7.8317	7.4655	9.3933	8.3519	8.3405	7.6397	9.3684	8.0848	7.2622	7.383
2016	7.7417	7.4547	9.4200	8.3633	8.3760	7.6382	9.4021	8.0295	7.2988	7.3587
2017	7.6823	7.5197	9.5016	8.4203	8.5461	7.6992	9.4539	8.0749	7.3992	7.3887
2018	7.7145	7.6105	9.5377	8.4991	8.6298	7.7994	9.2737	8.1755	7.4412	7.4388
2019	7.8870	7.6195	9.5151	8.5312	8.4531	7.8221	9.0962	8.1895	7.4971	7.4383
2020	7.8897	7.6162	9.5799	8.5605	8.6984	7.8249	9.1522	8.1959	7.5626	7.4826
2021	7.9427	7.6803	9.6153	8.6168	8.7749	7.8939	9.0950	8.2404	7.6236	7.4951
2022	7.9956	7.7181	9.6506	8.6631	8.8514	7.9386	9.0379	8.2732	7.6845	7.5180
2023	8.0485	7.7559	9.6859	8.7095	8.9279	7.9832	8.9807	8.3060	7.7454	7.5408
2024	8.1014	7.7937	9.7213	8.7558	9.0044	8.0279	8.9235	8.3388	7.8064	7.5637
2025	8.1543	7.8314	9.7566	8.8022	9.0808	8.0726	8.8663	8.3717	7.8673	7.5865

年份	中国黑龙江		中国云南		中国广东		中国广西		哈萨克斯坦	
	NODS	GDP	NODS	GDP	NODS	GDP	NODS	GDP	NODS	GDP
2014	7.5017	7.5915	9.5789	7.7345	9.6025	9.3145	8.3161	7.7016	6.1985	7.7026
2015	7.3430	7.5374	9.6079	7.7840	9.6079	9.3925	8.3092	7.7731	6.2938	7.5196
2016	7.3347	7.4904	9.6804	7.8097	10.3280	9.4230	7.6872	7.7941	6.3891	7.2246
2017	7.4132	7.5086	9.8119	7.9150	10.2370	9.5159	8.4367	7.8766	6.4844	7.4194
2018	7.3786	7.5711	9.8893	8.0569	10.2520	9.6227	8.5139	7.9950	6.0850	7.4919
2019	7.3871	7.5824	9.6499	8.1216	10.2170	9.6585	8.2913	8.0322	6.2756	7.5048
2020	7.4087	7.5891	9.9528	8.1775	10.3780	9.6875	8.5803	8.0731	6.2329	7.4447
2021	7.4208	7.6074	10.0280	8.2811	10.4340	9.7752	8.6548	8.1558	6.2059	7.4908
2022	7.4328	7.6247	10.1030	8.3677	10.4900	9.8394	8.7293	8.2219	6.1790	7.5057
2023	7.4448	7.6421	10.1780	8.4543	10.5460	9.9035	8.8038	8.2881	6.1520	7.5206
2024	7.4568	7.6594	10.2530	8.5409	10.6020	9.9677	8.8783	8.3542	6.1250	7.5355
2025	7.4688	7.6767	10.3280	8.6275	10.6580	10.0320	8.9528	8.4203	6.0981	7.5505

续表

年份	吉尔吉斯斯坦		塔吉克斯坦		乌兹别克斯坦		土库曼斯坦		伊朗	
	NODS	GDP	NODS	GDP	NODS	GDP	NODS	GDP	NODS	GDP
2014	6.1612	4.3132	5.5491	4.5122	6.1717	6.6951	5.7038	6.0759	8.3536	8.4346
2015	6.2565	4.2014	5.6444	4.4154	6.2670	6.7592	5.7991	5.8805	8.4490	8.3144
2016	6.3518	4.2214	5.7397	4.2474	6.3623	6.7585	5.8944	5.8908	8.5443	8.4294
2017	6.4471	4.3442	5.8350	4.3223	6.4576	6.4310	5.9897	5.9382	8.6396	8.4901
2018	8.7349	4.4154	8.2199	4.3522	6.6750	6.2659	6.6378	6.0104	6.0256	8.1047
2019	6.1803	4.4854	8.8302	4.4189	8.3152	6.3954	6.7703	6.1144	6.7331	7.9772
2020	6.3319	4.3986	6.2507	6.3952	6.8058	6.2766	6.1963	7.7474	8.9275	8.8818
2021	6.3296	4.4952	6.3767	4.4080	6.9143	6.1674	6.2730	6.3125	9.0232	7.8300
2022	6.3273	4.5397	6.5027	4.4215	7.0227	6.0709	6.3497	6.3969	9.1188	7.7250
2023	6.3250	4.5843	6.6287	4.4350	7.1311	5.9745	6.4264	6.4812	9.2145	7.6200
2024	6.3227	4.6288	6.7547	4.4485	7.2396	5.8780	6.5031	6.5656	9.3101	7.5150
2025	6.3204	4.6733	6.8807	4.4621	7.3480	5.7815	6.5798	6.6500	9.4058	7.4100

年份	土耳其		白俄罗斯		德国		荷兰		波兰	
	NODS	GDP	NODS	GDP	NODS	GDP	NODS	GDP	NODS	GDP
2014	7.8387	9.1474	7.0850	6.6697	9.2835	10.5690	8.1295	9.0962	6.2519	8.5987
2015	7.9340	9.0645	7.0115	6.3360	9.3548	10.4220	8.1568	8.9432	6.1821	8.4718
2016	8.0293	9.0707	7.0386	6.1680	9.4314	10.4540	8.2335	8.9671	6.2166	8.4609
2017	8.1246	9.0583	7.2063	6.3049	9.3661	10.5160	8.3610	9.0287	6.6039	8.5689
2018	6.6482	8.9599	7.3249	6.3975	9.5002	10.5910	9.4314	9.1205	8.2335	8.6783
2019	6.1209	8.9372	7.3641	6.4678	9.5394	10.5680	9.4706	9.1162	8.2727	8.6950
2020	8.4105	9.2643	7.4849	6.4215	9.5744	10.5570	8.3205	9.1203	6.9952	8.6939
2021	8.5058	8.8586	7.5832	6.4953	9.6195	10.6250	8.3429	9.1889	7.1616	8.7835
2022	8.6011	8.8193	7.6816	6.5364	9.6647	10.6550	8.3654	9.2286	7.3280	8.8372
2023	8.6965	8.7801	7.7799	6.5776	9.7098	10.6850	8.3878	9.2683	7.4944	8.8909
2024	8.7918	8.7408	7.8783	6.6187	9.7550	10.7150	8.4102	9.3081	7.6608	8.9445
2025	8.8871	8.7016	7.9767	6.6599	9.8002	10.7460	8.4327	9.3478	7.8272	8.9982

年份	俄罗斯		蒙古国		巴基斯坦		孟加拉国		印度	
	NODS	GDP	NODS	GDP	NODS	GDP	NODS	GDP	NODS	GDP
2014	8.8729	9.9327	4.2195	4.8062	7.7264	7.8012	7.3796	7.4552	11.7150	9.9229
2015	8.9470	9.5204	3.9890	4.7553	7.5131	7.9031	7.5104	7.5760	12.1190	9.9540
2016	8.9549	9.4547	3.9890	4.7168	7.4701	8.0508	7.2428	7.8832	12.1520	10.0410
2017	9.0980	9.6641	4.0943	4.7433	7.8235	8.1292	7.0690	7.9853	12.3910	10.1850
2018	8.9238	9.7155	4.3593	4.8811	7.6849	8.1779	7.3765	8.0752	12.1360	10.2050
2019	8.9631	9.7369	4.3985	4.9563	7.5652	8.0737	7.5304	8.1641	12.1750	10.2510
2020	8.9827	9.6080	4.5377	4.8913	7.8980	8.0074	7.6175	8.2266	12.3900	10.1920
2021	8.9839	9.7475	4.6616	5.0171	7.9764	8.1195	7.6872	8.3728	12.4560	10.3110
2022	8.9850	9.7840	4.7856	5.0485	8.0548	8.1364	7.7568	8.4819	12.5210	10.3600
2023	8.9862	9.8205	4.9095	5.0976	8.1332	8.1532	7.8265	8.5909	12.5860	10.4090
2024	8.9873	9.8570	5.0334	5.1466	8.2116	8.1701	7.8962	8.6999	12.6510	10.4570
2025	8.9884	9.8934	5.1574	5.1956	8.2901	8.1870	7.9658	8.8089	12.7160	10.5060

续表

年份	缅甸		越南		新加坡		老挝		马来西亚	
	NODS	GDP	NODS	GDP	NODS	GDP	NODS	GDP	NODS	GDP
2014	5.1585	6.4499	6.3759	7.7556	8.7540	8.0547	4.9200	4.8888	7.6780	8.1258
2015	5.8201	6.4464	5.9517	7.7801	8.7249	8.0327	4.9127	4.9716	7.6039	8.0109
2016	6.2285	6.4018	6.1290	7.8520	8.7677	8.0673	5.0106	5.0697	7.0474	8.0105
2017	6.3081	6.4208	6.1167	7.9422	8.8547	8.1409	4.9904	5.1400	7.1402	8.0681
2018	5.8319	6.5094	6.1766	8.0350	8.5554	8.2348	4.7791	5.2008	7.1855	8.1853
2019	6.7226	6.5323	6.1766	8.1029	8.5554	8.2308	4.5109	5.2333	7.2289	8.2032
2020	7.0816	6.6711	6.3782	8.1410	8.8790	8.1470	5.0716	5.2461	7.8457	8.1227
2021	7.3124	6.6705	6.4391	8.2359	8.9204	8.2545	5.1210	5.3288	8.0059	8.2240
2022	7.5432	6.7200	6.5000	8.3101	8.9619	8.2862	5.1704	5.3816	8.1661	8.2590
2023	7.7739	6.7695	6.5610	8.3843	9.0033	8.3179	5.2198	5.4343	8.3262	8.2941
2024	8.0047	6.8190	6.6219	8.4585	9.0448	8.3496	5.2691	5.4870	8.4864	8.3291
2025	8.2355	6.8685	6.6828	8.5327	9.0862	8.3812	5.3186	5.5397	8.6466	8.3642

8.4 基于VAR模型的物流节点与区域经济发展影响分析

8.4.1 Johansen 协整检验

协整检验的目的是通过检验一组非平稳特征根的个数来检验变量之间是否存在协整关系。根据VAR模型Johansen协整检验得到40个物流节点的特征根迹检验结果，如表8-3所示。40个物流节点的最大特征值检验结果如表8-4所示，不再进行物流节点的单独表述。

表 8-3　特征根迹检验结果

Hypothesized No. of CE(s)	Trace statistic	Prob.**
None*	501.2000	0.0000
At most 1*	89.6900	0.2150

表 8-4　最大特征值检验结果

Hypothesized No. of CE(s)	Max-Eigen statistic	Prob. **
None*	522.5000	0.0000
At most 1*	89.6900	0.2150

当统计量小于临界值时，接受原假设；当统计量大于临界值时，拒绝原假设。

根据临界值得到 P 值，当 P>0.05 时，接受原假设；当 P<0.05 时，拒绝原假设。根据 Johansen 协整检验接受原假设，说明新丝绸之路经济带物流节点和区域经济发展两个变量之间存在协整关系。

8.4.2　ADF 检验

Johansen 协整检验只能说明物流节点与区域经济发展之间存在协整关系，但不能说明数据是平稳的，所以需要采用 ADF 检验进行变量数据稳定性检验，检验结果如表 8-5 所示。

表 8-5　数据稳定性 ADF 检验

变量	ADF 检验	Prob.	ADF 检验	Prob.	结论
NODS	82.22530	0.4102	1.85316	0.9681	稳定
GDP	48.35690	0.9980	4.71419	1.0000	稳定

从 ADF 分析可以看出，GDP 和 NODS 的时间序列都是平稳的时间序列，可以进一步进行 VAR 模型参数估计及检验。

8.4.3　VAR 模型参数估计及检验

物流节点和区域经济发展数据均通过了 Johansen 协整检验和 ADF 检验，运用 VAR 模型，对新丝绸之路经济带沿线的 40 个物流节点和区域经济发展进行参数估计，由于参数估计和检验计算结果数据过多，对 40 个物流节点的数据进行 VAR 模型参数估计值及检验结果整理，以其中一个物流节点进行计算结果的全部表述。例如，马来西亚进行物流节点和经济发展的参数估计值及检验结果如表 8-6 所示。

表 8-6　马来西亚 VAR 模型参数估计值及检验结果

	NODS	GDP		NODS	GDP
NODS(-1)	0.497980	0.211781	R-squared	0.918216	0.909053
	−0.425690	−0.083430	Adj. R-squared	0.852789	0.836296
	[1.169830]	[2.538390]	Sum sq. resids	0.273824	0.010518
NODS(-2)	−0.088996	−0.096232	S. E. equation	0.234019	0.045866
	−0.328410	−0.064370	F-statistic	14.034180	12.494290
	[−0.270990]	[−1.495060]	Log likelihood	3.799890	20.096660
GDP(-1)	2.460490	0.846179	Akaike AIC	0.240022	−3.019332
	−1.123440	−0.220190	Schwarz SC	0.391315	−2.868039
	[2.190150]	[3.843030]	Mean dependent	7.807898	8.206031
GDP(-2)	1.172955	−0.699120	S. D. dependent	0.609931	0.113360
	−1.740370	−0.341100	Determinant resid covariance(dof adj.)		0.000101
	[0.673970]	[−2.049610]	Determinant resid covariance		2.53E−05
C	−25.013910	6.092313	Log likelihood		24.538830
	−11.733500	−2.299680	Akaike information criterion		−2.907765
	[−2.131840]	[2.649200]	Schwarz criterion		−2.605180

1. 马来西亚 VAR 模型参数估计值及检验结果

根据表 8-6 中马来西亚 VAR 模型参数估计值及检验结果，可以得知物流节点和马来西亚经济发展的拟合程度都很高，分别达到 91.82% 和 90.90%，说明 VAR 模型检验结果非常有效。

根据参数估计值建立物流节点对马来西亚经济发展影响的向量矩阵

$$\begin{bmatrix} NODS \\ GDP \end{bmatrix} = \begin{bmatrix} 0.49798, 2.46049 \\ 0.211781, 0.846179 \end{bmatrix} \times \begin{bmatrix} NODS(-1) \\ GDP(-1) \end{bmatrix} + \begin{bmatrix} -25.01391 \\ 6.092313 \end{bmatrix}$$

根据上述分析可知，协整分析说明物流节点和马来西亚经济发展存在长期的协整关系，数据序列在一阶差分时平稳，物流节点对马来西亚经济发展存在影响的向量关系。

对新丝绸之路经济带沿线 40 个物流节点的数据进行 VAR 模型参数估计值及检验，并整理有效数据，结果如表 8-7 所示。

表 8-7　各物流节点 VAR 模型参数估计值及检验结果

中国陕西			中国甘肃			中国宁夏		
	NODS	**GDP**		**NODS**	**GDP**		**NODS**	**GDP**
NODS(−1)	0.517459	4.863332	NODS(−1)	1.045215	2.564325	DODS(−1)	0.687558	−1.612481
GDP(−1)	−0.006036	0.208723	GDP(−1)	0.020755	−0.080132	GDP(−1)	−0.060977	−0.017361
C	1.973520	−6.297977	C	0.767142	−2.645829	C	0.708737	13.945580
R-squared	0.565349	0.765447	R-squared	0.880663	0.479738	R-squared	0.939946	0.869559
中国青海			**中国新疆**			**中国山东**		
	NODS	**GDP**		**NODS**	**GDP**		**NODS**	**GDP**
NDOS(−1)	0.402631	2.007625	NODS(−1)	−1.298660	−0.241090	NODS(−1)	−0.465526	0.193775
GDP(−1)	0.795252	−0.324192	GDP(−1)	2.988944	1.812360	GDP(−1)	1.101541	0.593400
C	−0.090643	0.180544	C	10.147350	2.683590	C	−5.645219	0.696080
R-squared	0.997719	0.984940	R-squared	0.782420	0.966880	R-squared	0.995653	0.991589
中国江苏			**中国安徽**			**中国河南**		
	NODS	**GDP**		**NODS**	**GDP**		**NODS**	**GDP**
NODS(−1)	−0.842951	−0.397080	NODS(−1)	0.286070	1.109080	NODS(−1)	0.050468	0.091254
GDP(−1)	0.746692	1.415571	GDP(−1)	−0.394980	0.712870	GDP(−1)	−8.875868	1.346141
C	20.533850	7.725126	C	7.617409	−7.517210	C	−6.117854	0.350899
R-squared	0.308282	0.991062	R-squared	0.526736	0.999350	R-squared	0.850171	0.984926
中国北京			**中国天津**			**中国河北**		
	NODS	**GDP**		**NODS**	**GDP**		**NODS**	**GDP**
NODS(−1)	−0.092773	0.353870	NODS(−1)	−0.284310	−0.454620	NODS(−1)	0.690229	0.565039
GDP(−1)	0.646391	0.514135	GDP(−1)	1.054119	0.832840	GDP(−1)	−0.596726	0.543399
C	−2.197832	0.829375	C	−4.224140	−0.764670	C	2.332976	−0.338590
R-squared	0.988309	0.979184	R-squared	0.988744	0.939180	R-squared	0.985286	0.998449
中国内蒙古			**中国辽宁**			**中国吉林**		
	NODS	**GDP**		**NODS**	**GDP**		**NODS**	**GDP**
NODS(−1)	0.682212	0.266528	NODS(−1)	0.332284	−0.207040	NODS(−1)	0.791207	0.547311
GDP(−1)	−2.673484	0.561322	GDP(−1)	−2.382230	1.066710	GDP(−1)	0.621744	−0.289800
C	−0.518325	0.608162	C	1.885326	20.660000	C	−7.543535	5.784197
R-squared	0.940901	0.986759	R-squared	0.991682	0.950060	R-squared	0.998665	0.995916

续表

中国黑龙江			中国云南			中国广东		
	NODS	**GDP**		**NODS**	**GDP**		**NODS**	**GDP**
NODS(−1)	−0.048793	0.587924	NODS(−1)	0.359282	0.172480	NODS(−1)	−0.199300	0.108350
GDP(−1)	0.526968	0.844360	GDP(−1)	−2.091410	0.891870	GDP(−1)	0.339095	0.766575
C	5.089771	0.032496	C	0.825073	−0.378350	C	2.680353	0.305435
R-squared	0.900594	0.996063	R-squared	0.912725	0.990520	R-squared	0.916940	0.991996
中国广西			哈萨克斯坦			吉尔吉斯斯坦		
	NODS	**GDP**		**NODS**	**GDP**		**NODS**	**GDP**
NODS(−1)	−1.077345	−0.077200	NODS(−1)	0.235816	−1.531800	NODS(−1)	−0.335465	0.005504
GDP(−1)	4.540913	1.240043	GDP(−1)	0.003744	−0.094020	GDP(−1)	5.022462	1.042038
C	−7.628555	−0.331910	C	3.859726	−8.623460	C	23.230720	0.794216
R-squared	0.990059	0.998038	R-squared	0.982310	0.306380	R-squared	0.514691	0.962438
塔吉克斯坦			乌兹别克斯坦			土库曼斯坦		
	NODS	**GDP**		**NODS**	**GDP**		**NODS**	**GDP**
NODS(−1)	0.903398	0.075528	NODS(−1)	−0.047730	−0.043650	NODS(−1)	1.106756	−0.328210
GDPS(−1)	1.471359	−1.016340	GDP(−1)	−1.807050	0.947730	GDP(−1)	0.475435	−1.195700
C	2.698349	4.263233	C	16.869360	1.693790	C	2.939526	−0.811250
R-squared	0.509761	0.892325	R-squared	0.424203	0.861710	R-squared	0.517702	0.984218
伊朗			土耳其			白俄罗斯		
	NODS	**GDP**		**NODS**	**GDP**		**NODS**	**GDP**
NODS(−1)	0.711636	−0.108400	NODS(−1)	0.921121	−0.129800	NODS(−1)	0.582638	0.628400
GDP(−1)	−1.803160	0.060508	GDP(−1)	−7.073180	0.180990	GDP(−1)	−0.583493	−0.196390
C	23.771690	7.605862	C	65.387750	6.616900	C	3.153062	4.764279
R-squared	0.657135	0.618652	R-squared	0.777773	0.755500	R-squared	0.995398	0.992660
德国			荷兰			波兰		
	NODS	**GDP**		**NODS**	**GDP**		**NODS**	**GDP**
NODS(−1)	−0.230013	−0.100780	NODS(−1)	0.367300	−0.062260	NODS(−1)	0.118048	−0.070750
GDP(−1)	0.795759	0.506153	GDP(−1)	2.630076	1.181220	GDP(−1)	7.820901	1.577444
C	−6.242684	3.674774	C	23.605640	1.372540	C	2.734610	0.617977
R-squared	0.984941	0.969603	R-squared	0.618659	0.991930	R-squared	0.830907	0.988788
俄罗斯			蒙古国			巴基斯坦		
	NODS	**GDP**		**NODS**	**GDP**		**NODS**	**GDP**
NODS(−1)	−0.885821	0.634512	NODS(−1)	1.334052	0.866070	NODS(−1)	0.714973	0.260647
GDP(−1)	0.057927	0.511692	GDP(−1)	−0.460650	−0.782970	GDP(−1)	−0.573099	0.448937
C	22.173420	−9.167630	C	1.599812	7.075430	C	1.033976	6.516708
R-squared	0.499966	0.700950	R-squared	0.973966	0.993000	R-squared	0.700585	0.912349

续表

孟加拉国			印度			缅甸		
	NODS	GDP		NODS	GDP		NODS	GDP
NODS(−1)	0.315368	0.154844	NODS(−1)	0.506802	0.355850	NODS(−1)	−0.067507	0.118335
GDP(−1)	−0.694469	0.316838	GDP(−1)	−0.332370	−0.391640	GDP(−1)	4.673847	0.632080
C	1.226316	0.115451	C	1.179706	2.104680	C	−34.520130	3.406027
R-squared	0.994070	0.994248	R-squared	0.713699	0.988720	R-squared	0.957570	0.942736
越南			新加坡			老挝		
	NODS	GDP		NODS	GDP		NODS	GDP
NODS(−1)	0.148000	0.258034	NODS(−1)	0.480745	0.301960	NODS(−1)	0.397343	0.121080
GDP(−1)	−0.733401	0.800411	GDP(−1)	−0.638140	0.823910	GDP(−1)	3.191864	0.458087
C	−1.289065	0.560139	C	−2.319140	1.077350	C	−0.133507	0.411623
R-squared	0.979422	0.998582	R-squared	0.673368	0.925210	R-squared	0.486018	0.998439

2. 中国陕西 VAR 模型参数估计值及检验结果

根据表 8-7 中 VAR 模型参数估计值及检验结果，可以得知物流节点和中国陕西经济发展的拟合程度并不高，分别达到 56.53%和 76.54%，说明 VAR 模型检验结果较有效。

根据参数估计值建立物流节点对陕西省经济发展影响的向量矩阵

$$\begin{bmatrix} NODS \\ GDP \end{bmatrix} = \begin{bmatrix} 0.517459, -0.006036 \\ 4.863332, 0.208723 \end{bmatrix} \times \begin{bmatrix} NODS(-1) \\ GDP(-1) \end{bmatrix} + \begin{bmatrix} 1.973520 \\ -6.297977 \end{bmatrix}$$

根据上述分析可知，协整分析说明物流节点和陕西省经济发展存在长期的协整关系，数据序列在一阶差分时平稳，物流节点对陕西省经济发展存在影响的向量关系。

3. 中国甘肃 VAR 模型参数估计值及检验结果

根据表 8-7 中 VAR 模型参数估计值及检验结果，可以得知物流节点和中国甘肃经济发展的拟合程度相对较好，分别达到 88.07%和 47.97%，说明 VAR 模型检验结果较有效。

根据参数估计值建立物流节点对甘肃省经济发展影响的向量矩阵

$$\begin{bmatrix} NODS \\ GDP \end{bmatrix} = \begin{bmatrix} 1.045215, 0.020755 \\ 2.564325, -0.080132 \end{bmatrix} \times \begin{bmatrix} NODS(-1) \\ GDP(-1) \end{bmatrix} + \begin{bmatrix} 0.767142 \\ -2.645829 \end{bmatrix}$$

根据上述分析可知，协整分析说明物流节点和甘肃省经济发展存在长期的协整关系，数据序列在一阶差分时平稳，物流节点对甘肃省经济发展存在影响的向量关系。

4. 中国宁夏 VAR 模型参数估计值及检验结果

根据表 8-7 中 VAR 模型参数估计值及检验结果，可以得知物流节点和中国宁夏经济发展的拟合程度都很高，分别达到 93.99%和 86.96%，说明 VAR 模型检验结果非常有效。

根据参数估计值建立物流节点对宁夏回族自治区经济发展影响的向量矩阵

$$\begin{bmatrix} \text{NODS} \\ \text{GDP} \end{bmatrix} = \begin{bmatrix} 0.687558, -0.060977 \\ -1.612481, -0.017361 \end{bmatrix} \times \begin{bmatrix} \text{NODS}(-1) \\ \text{GDP}(-1) \end{bmatrix} + \begin{bmatrix} 0.708737 \\ 13.94558 \end{bmatrix}$$

根据上述分析可知，协整分析说明物流节点和宁夏回族自治区经济发展存在长期的协整关系，数据序列在一阶差分时平稳，物流节点对宁夏回族自治区经济发展存在影响的向量关系。

5. 中国青海 VAR 模型参数估计值及检验结果

根据表 8-7 中 VAR 模型参数估计值及检验结果，可以得知物流节点和中国青海经济发展的拟合程度都很高，分别达到 99.77%和 98.49%，说明 VAR 模型检验结果非常有效。

根据参数估计值建立物流节点对青海省经济发展影响的向量矩阵

$$\begin{bmatrix} \text{NODS} \\ \text{GDP} \end{bmatrix} = \begin{bmatrix} 0.402631, 2.007625 \\ 0.795252, -0.324192 \end{bmatrix} \times \begin{bmatrix} \text{NODS}(-1) \\ \text{GDP}(-1) \end{bmatrix} + \begin{bmatrix} -0.180544 \\ -0.090643 \end{bmatrix}$$

根据上述分析可知，协整分析说明物流节点和青海省经济发展存在长期的协整关系，数据序列在一阶差分时平稳，物流节点对青海省经济发展存在影响的向量关系。

6. 中国新疆 VAR 模型参数估计值及检验结果

根据表 8-7 中 VAR 模型参数估计值及检验结果，可以得知物流节点和中国新疆经济发展的拟合程度都很高，分别达到 78.24%和 96.68%，说明 VAR 模型检验结果非常有效。

根据参数估计值建立物流节点对新疆维吾尔自治区经济发展影响的向量矩阵

$$\begin{bmatrix} NODS \\ GDP \end{bmatrix} = \begin{bmatrix} -1.29866, 2.988944 \\ -0.24109, 1.81236 \end{bmatrix} \times \begin{bmatrix} NODS(-1) \\ GDP(-1) \end{bmatrix} + \begin{bmatrix} 10.14735 \\ 2.68359 \end{bmatrix}$$

根据上述分析可知，协整分析说明物流节点和新疆维吾尔自治区经济发展存在长期的协整关系，数据序列在一阶差分时平稳，物流节点对新疆维吾尔自治区经济发展存在影响的向量关系。

7. 中国山东 VAR 模型参数估计值及检验结果

根据表 8-7 中 VAR 模型参数估计值及检验结果，可以得知物流节点和中国山东经济发展的拟合程度都很高，分别达到 99.6%和 99.15%，说明 VAR 模型检验结果非常有效。

根据参数估计值建立物流节点对山东省经济发展影响的向量矩阵

$$\begin{bmatrix} NODS \\ GDP \end{bmatrix} = \begin{bmatrix} -0.465526, 1.101541 \\ 0.193775, 0.5934 \end{bmatrix} \times \begin{bmatrix} NODS(-1) \\ GDP(-1) \end{bmatrix} + \begin{bmatrix} -5.645219 \\ 0.69608 \end{bmatrix}$$

根据上述分析可知，协整分析说明物流节点和山东省经济发展存在长期的协整关系，数据序列在一阶差分时平稳，物流节点对山东省经济发展存在影响的向量关系。

8. 中国江苏 VAR 模型参数估计值及检验结果

根据表 8-7 中 VAR 模型参数估计值及检验结果，可以得知物流节点和中国江苏经济发展的拟合程度一方很高，分别达到 30.82%和 99.11%，说明 VAR 模型检验结果较有效。

根据参数估计值建立物流节点对江苏省经济发展影响的向量矩阵

$$\begin{bmatrix} NODS \\ GDP \end{bmatrix} = \begin{bmatrix} -0.842951, 0.746692 \\ -0.397083, 1.415571 \end{bmatrix} \times \begin{bmatrix} NODS(-1) \\ GDP(-1) \end{bmatrix} + \begin{bmatrix} 20.53385 \\ 7.725126 \end{bmatrix}$$

根据上述分析可知，协整分析说明物流节点和江苏省经济发展存在长期的协整关系，数据序列在一阶差分时平稳，物流节点对江苏省经济发展存在影响的向量关系。

9. 中国安徽 VAR 模型参数估计值及检验结果

根据表 8-7 中 VAR 模型参数估计值及检验结果，可以得知物流节点和中国安徽经济发展的拟合程度一方很高，分别达到 52.67%和 99.94%，说明 VAR 模型检验结果较有效。

根据参数估计值建立物流节点对安徽省经济发展影响的向量矩阵

$$\begin{bmatrix}\text{NODS}\\\text{GDP}\end{bmatrix}=\begin{bmatrix}0.28607, -0.39498\\1.10908, 0.71287\end{bmatrix}\times\begin{bmatrix}\text{NODS}(-1)\\\text{GDP}(-1)\end{bmatrix}+\begin{bmatrix}7.617409\\-7.51721\end{bmatrix}$$

根据上述分析可知，协整分析说明物流节点和安徽省经济发展存在长期的协整关系，数据序列在一阶差分时平稳，物流节点对安徽省经济发展存在影响的向量关系。

10. 中国河南 VAR 模型参数估计值及检验结果

根据表 8-7 中 VAR 模型参数估计值及检验结果，可以得知物流节点和中国河南经济发展的拟合程度都很高，分别达到 85.02%和 98.49%，说明 VAR 模型检验结果非常有效。

根据参数估计值建立物流节点对河南省经济发展影响的向量矩阵

$$\begin{bmatrix}\text{NODS}\\\text{GDP}\end{bmatrix}=\begin{bmatrix}0.050468, -8.875868\\0.091254, 1.346141\end{bmatrix}\times\begin{bmatrix}\text{NODS}(-1)\\\text{GDP}(-1)\end{bmatrix}+\begin{bmatrix}-6.117854\\0.350899\end{bmatrix}$$

根据上述分析可知，协整分析说明物流节点和河南省经济发展存在长期的协整关系，数据序列在一阶差分时平稳，物流节点对河南省经济发展存在影响的向量关系。

11. 中国北京 VAR 模型参数估计值及检验结果

根据表 8-7 中 VAR 模型参数估计值及检验结果，可以得知物流节点和中国北京经济发展的拟合程度都很高，分别达到 98.83%和 97.91%，说明 VAR 模型检验结果非常有效。

根据参数估计值建立物流节点对北京市经济发展影响的向量矩阵

$$\begin{bmatrix} \text{NODS} \\ \text{GDP} \end{bmatrix} = \begin{bmatrix} -0.092773, 0.646391 \\ 0.35387, 0.514135 \end{bmatrix} \times \begin{bmatrix} \text{NODS}(-1) \\ \text{GDP}(-1) \end{bmatrix} + \begin{bmatrix} -2.197832 \\ 0.829375 \end{bmatrix}$$

根据上述分析可知，协整分析说明物流节点和北京市经济发展存在长期的协整关系，数据序列在一阶差分时平稳，物流节点对北京市经济发展存在影响的向量关系。

12. 中国天津 VAR 模型参数估计值及检验结果

根据表 8-7 中 VAR 模型参数估计值及检验结果，可以得知物流节点和中国天津经济发展的拟合程度都很高，分别达到 98.87%和 93.91%，说明 VAR 模型检验结果非常有效。

根据参数估计值建立物流节点对天津市经济发展影响的向量矩阵

$$\begin{bmatrix} \text{NODS} \\ \text{GDP} \end{bmatrix} = \begin{bmatrix} -0.28431, 1.054119 \\ -0.45462, 0.83284 \end{bmatrix} \times \begin{bmatrix} \text{NODS}(-1) \\ \text{GDP}(-1) \end{bmatrix} + \begin{bmatrix} -4.22414 \\ -0.76467 \end{bmatrix}$$

根据上述分析可知，协整分析说明物流节点和天津市经济发展存在长期的协整关系，数据序列在一阶差分时平稳，物流节点对天津市经济发展存在影响的向量关系。

13. 中国河北 VAR 模型参数估计值及检验结果

根据表 8-7 中 VAR 模型参数估计值及检验结果，可以得知物流节点和中国河北经济发展的拟合程度都很高，分别达到 98.52%和 99.84%，说明 VAR 模型检验结果非常有效。

根据参数估计值建立物流节点对河北省经济发展影响的向量矩阵

$$\begin{bmatrix} \text{NODS} \\ \text{GDP} \end{bmatrix} = \begin{bmatrix} 0.690229, -0.596726 \\ 0.565039, 0.543399 \end{bmatrix} \times \begin{bmatrix} \text{NODS}(-1) \\ \text{GDP}(-1) \end{bmatrix} + \begin{bmatrix} 2.332976 \\ -0.33859 \end{bmatrix}$$

根据上述分析可知，协整分析说明物流节点和河北省经济发展存在长期的协整关系，数据序列在一阶差分时平稳，物流节点对河北省经济发展存在影响的向量关系。

14. 中国内蒙古VAR模型参数估计值及检验结果

根据表8-7中VAR模型参数估计值及检验结果，可以得知物流节点和中国内蒙古经济发展的拟合程度都很高，分别达到94.09%和98.68%，说明VAR模型检验结果非常有效。

根据参数估计值建立物流节点对内蒙古自治区经济发展影响的向量矩阵

$$\begin{bmatrix} NODS \\ GDP \end{bmatrix} = \begin{bmatrix} 0.682212, -2.673484 \\ 0.266528, 0.561322 \end{bmatrix} \times \begin{bmatrix} NODS(-1) \\ GDP(-1) \end{bmatrix} + \begin{bmatrix} -0.518325 \\ 0.608162 \end{bmatrix}$$

根据上述分析可知，协整分析说明物流节点和内蒙古自治区经济发展存在长期的协整关系，数据序列在一阶差分时平稳，物流节点对内蒙古自治区经济发展存在影响的向量关系。

15. 中国辽宁VAR模型参数估计值及检验结果

根据表8-7中VAR模型参数估计值及检验结果，可以得知物流节点和中国辽宁经济发展的拟合程度都很高，分别达到99.17%和95.01%，说明VAR模型检验结果非常有效。

根据参数估计值建立物流节点对辽宁省经济发展影响的向量矩阵

$$\begin{bmatrix} NODS \\ GDP \end{bmatrix} = \begin{bmatrix} 0.332284, -2.38223 \\ -0.20704, 1.06671 \end{bmatrix} \times \begin{bmatrix} NODS(-1) \\ GDP(-1) \end{bmatrix} + \begin{bmatrix} 1.885326 \\ 20.66 \end{bmatrix}$$

根据上述分析可知，协整分析说明物流节点和辽宁省经济发展存在长期的协整关系，数据序列在一阶差分时平稳，物流节点对辽宁省经济发展存在影响的向量关系。

16. 中国吉林VAR模型参数估计值及检验结果

根据表8-7中VAR模型参数估计值及检验结果，可以得知物流节点和中国吉林经济发展的拟合程度都很高，分别达到99.87%和99.59%，说明VAR模型检验结果非常有效。

根据参数估计值建立物流节点对吉林省经济发展影响的向量矩阵

$$\begin{bmatrix} NODS \\ GDP \end{bmatrix} = \begin{bmatrix} 0.791207, 0.621744 \\ 0.547311, -0.2898 \end{bmatrix} \times \begin{bmatrix} NODS(-1) \\ GDP(-1) \end{bmatrix} + \begin{bmatrix} -7.543535 \\ 5.784197 \end{bmatrix}$$

根据上述分析可知，协整分析说明物流节点和吉林省经济发展存在长期的协整关系，数据序列在一阶差分时平稳，物流节点对吉林省经济发展存在影响的向量关系。

17. 中国黑龙江 VAR 模型参数估计值及检验结果

根据表 8-7 中 VAR 模型参数估计值及检验结果，可以得知物流节点和中国黑龙江经济发展的拟合程度都很高，分别达到 90.06%和 99.61%，说明 VAR 模型检验结果非常有效。

根据参数估计值建立物流节点对黑龙江省经济发展影响的向量矩阵

$$\begin{bmatrix} NODS \\ GDP \end{bmatrix} = \begin{bmatrix} -0.048793, 0.526968 \\ 0.587924, 0.84436 \end{bmatrix} \times \begin{bmatrix} NODS(-1) \\ GDP(-1) \end{bmatrix} + \begin{bmatrix} 5.089771 \\ 0.032496 \end{bmatrix}$$

根据上述分析可知，协整分析说明物流节点和黑龙江省经济发展存在长期的协整关系，数据序列在一阶差分时平稳，物流节点对黑龙江省经济发展存在影响的向量关系。

18. 中国云南 VAR 模型参数估计值及检验结果

根据表 8-7 中 VAR 模型参数估计值及检验结果，可以得知物流节点和中国云南经济发展的拟合程度都很高，分别达到 91.27%和 99.05%，说明 VAR 模型检验结果非常有效。

根据参数估计值建立物流节点对云南省经济发展影响的向量矩阵

$$\begin{bmatrix} NODS \\ GDP \end{bmatrix} = \begin{bmatrix} 0.359282, -2.09141 \\ 0.17248, 0.89187 \end{bmatrix} \times \begin{bmatrix} NODS(-1) \\ GDP(-1) \end{bmatrix} + \begin{bmatrix} 0.825073 \\ -0.37835 \end{bmatrix}$$

根据上述分析可知，协整分析说明物流节点和云南省经济发展存在长期的协整关系，数据序列在一阶差分时平稳，物流节点对云南省经济发展存在影响的向量关系。

19. 中国广东 VAR 模型参数估计值及检验结果

根据表 8-7 中 VAR 模型参数估计值及检验结果，可以得知物流节点和中国广东经济发展的拟合程度都很高，分别达到 91.69%和 99.20%，说明 VAR 模型检验结果非常有效。

根据参数估计值建立物流节点对广东省经济发展影响的向量矩阵

$$\begin{bmatrix} NODS \\ GDP \end{bmatrix} = \begin{bmatrix} -0.1992, 0.339095 \\ 0.10835, 0.766575 \end{bmatrix} \times \begin{bmatrix} NODS(-1) \\ GDP(-1) \end{bmatrix} + \begin{bmatrix} 2.680353 \\ 0.305435 \end{bmatrix}$$

根据上述分析可知，协整分析说明物流节点和广东省经济发展存在长期的协整关系，数据序列在一阶差分时平稳，物流节点对广东省经济发展存在影响的向量关系。

20. 中国广西 VAR 模型参数估计值及检验结果

根据表 8-7 中 VAR 模型参数估计值及检验结果，可以得知物流节点和中国广西经济发展的拟合程度都很高，分别达到 99.01%和 99.81%，说明 VAR 模型检验结果非常有效。

根据参数估计值建立物流节点对广西壮族自治区经济发展影响的向量矩阵

$$\begin{bmatrix} NODS \\ GDP \end{bmatrix} = \begin{bmatrix} -1.077345, 4.540913 \\ -0.0772, 1.240043 \end{bmatrix} \times \begin{bmatrix} NODS(-1) \\ GDP(-1) \end{bmatrix} + \begin{bmatrix} -7.628555 \\ -0.33191 \end{bmatrix}$$

根据上述分析可知，协整分析说明物流节点和广西壮族自治区经济发展存在长期的协整关系，数据序列在一阶差分时平稳，物流节点对广西壮族自治区经济发展存在影响的向量关系。

21. 哈萨克斯坦 VAR 模型参数估计值及检验结果

根据表 8-7 中 VAR 模型参数估计值及检验结果，可以得知物流节点和哈萨克斯坦经济发展的拟合程度一方很高，分别达到 98.23%和 30.64%，说明 VAR 模型检验结果非常有效。

根据参数估计值建立物流节点对哈萨克斯坦经济发展影响的向量矩阵

$$\begin{bmatrix} NODS \\ GDP \end{bmatrix} = \begin{bmatrix} 0.235816, 0.003744 \\ -1.5318, -0.09402 \end{bmatrix} \times \begin{bmatrix} NODS(-1) \\ GDP(-1) \end{bmatrix} + \begin{bmatrix} 3.859726 \\ -8.62346 \end{bmatrix}$$

根据上述分析可知，协整分析说明物流节点和哈萨克斯坦经济发展存在长期的协整关系，数据序列在一阶差分时平稳，物流节点对哈萨克斯坦经济发展存在影响的向量关系。

22. **吉尔吉斯斯坦VAR模型参数估计值及检验结果**

根据表8-7中VAR模型参数估计值及检验结果，可以得知物流节点和吉尔吉斯斯坦经济发展的拟合程度一方很高，分别达到51.47%和96.24%，说明VAR模型检验结果相对有效。

根据参数估计值建立物流节点对吉尔吉斯斯坦经济发展影响的向量矩阵

$$\begin{bmatrix} NODS \\ GDP \end{bmatrix} = \begin{bmatrix} -0.335465, 5.022462 \\ 0.005504, 1.042038 \end{bmatrix} \times \begin{bmatrix} NODS(-1) \\ GDP(-1) \end{bmatrix} + \begin{bmatrix} 23.23072 \\ 0.794216 \end{bmatrix}$$

根据上述分析可知，协整分析说明物流节点和吉尔吉斯斯坦经济发展存在长期的协整关系，数据序列在一阶差分时平稳，物流节点对吉尔吉斯斯坦经济发展存在影响的向量关系。

23. **塔吉克斯坦VAR模型参数估计值及检验结果**

根据表8-7中VAR模型参数估计值及检验结果，可以得知物流节点和塔吉克斯坦经济发展的拟合程度一方很高，分别达到50.98%和89.23%，说明VAR模型检验结果相对有效。

根据参数估计值建立物流节点对塔吉克斯坦经济发展影响的向量矩阵

$$\begin{bmatrix} NODS \\ GDP \end{bmatrix} = \begin{bmatrix} 0903398, 1.471359 \\ 0.075528, -1.01634 \end{bmatrix} \times \begin{bmatrix} NODS(-1) \\ GDP(-1) \end{bmatrix} + \begin{bmatrix} 2.698349 \\ 4.263233 \end{bmatrix}$$

根据上述分析可知，协整分析说明物流节点和塔吉克斯坦经济发展存在长期的协整关系，数据序列在一阶差分时平稳，物流节点对塔吉克斯坦经济发展存在影响的向量关系。

24. 乌兹别克斯坦 VAR 模型参数估计值及检验结果

根据表 8-7 中 VAR 模型参数估计值及检验结果，可以得知物流节点和乌兹别克斯坦经济发展的拟合程度一方较高，分别达到 42.42%和 86.17%，说明 VAR 模型检验结果较有效。

根据参数估计值建立物流节点对乌兹别克斯坦经济发展影响的向量矩阵

$$\begin{bmatrix} NODS \\ GDP \end{bmatrix} = \begin{bmatrix} -0.04773, -1.80705 \\ -0.04365, 0.94773 \end{bmatrix} \times \begin{bmatrix} NODS(-1) \\ GDP(-1) \end{bmatrix} + \begin{bmatrix} 16.86936 \\ 1.69379 \end{bmatrix}$$

根据上述分析可知，协整分析说明物流节点和乌兹别克斯坦经济发展存在长期的协整关系，数据序列在一阶差分时平稳，物流节点对乌兹别克斯坦经济发展存在影响的向量关系。

25. 土库曼斯坦 VAR 模型参数估计值及检验结果

根据表 8-7 中 VAR 模型参数估计值及检验结果，可以得知物流节点和土库曼斯坦经济发展的拟合程度一方很高，分别达到 51.77%和 98.42%，说明 VAR 模型检验结果较有效。

根据参数估计值建立物流节点对土库曼斯坦经济发展影响的向量矩阵

$$\begin{bmatrix} NODS \\ GDP \end{bmatrix} = \begin{bmatrix} 1.106756, 0.475435 \\ -0.32821, -1.1957 \end{bmatrix} \times \begin{bmatrix} NODS(-1) \\ GDP(-1) \end{bmatrix} + \begin{bmatrix} 2.939526 \\ -0.81125 \end{bmatrix}$$

根据上述分析可知，协整分析说明物流节点和土库曼斯坦经济发展存在长期的协整关系，数据序列在一阶差分时平稳，物流节点对土库曼斯坦经济发展存在影响的向量关系。

26. 伊朗 VAR 模型参数估计值及检验结果

根据表 8-7 中 VAR 模型参数估计值及检验结果，可以得知物流节点和伊朗经济发展的拟合程度都较好，分别达到 65.71%和 61.87%，说明 VAR 模型检验结果较有效。

根据参数估计值建立物流节点对伊朗经济发展影响的向量矩阵

$$\begin{bmatrix} NODS \\ GDP \end{bmatrix} = \begin{bmatrix} 0.711636, -1.80316 \\ -0.1084, 0.060508 \end{bmatrix} \times \begin{bmatrix} NODS(-1) \\ GDP(-1) \end{bmatrix} + \begin{bmatrix} 23.77169 \\ 7.605826 \end{bmatrix}$$

根据上述分析可知，协整分析说明物流节点和伊朗经济发展存在长期的协整关系，数据序列在一阶差分时平稳，物流节点对伊朗经济发展存在影响的向量关系。

27. 土耳其 VAR 模型参数估计值及检验结果

根据表 8-7 中 VAR 模型参数估计值及检验结果，可以得知物流节点和土耳其经济发展的拟合程度都较好，分别达到 77.78%和 75.55%，说明 VAR 模型检验结果较有效。

根据参数估计值建立物流节点对土耳其经济发展影响的向量矩阵

$$\begin{bmatrix} NODS \\ GDP \end{bmatrix} = \begin{bmatrix} 0.921121, -7.07318 \\ -0.1298, 0.18099 \end{bmatrix} \times \begin{bmatrix} NODS(-1) \\ GDP(-1) \end{bmatrix} + \begin{bmatrix} 65.38775 \\ 6.6169 \end{bmatrix}$$

根据上述分析可知，协整分析说明物流节点和土耳其经济发展存在长期的协整关系，数据序列在一阶差分时平稳，物流节点对土耳其经济发展存在影响的向量关系。

28. 白俄罗斯 VAR 模型参数估计值及检验结果

根据表 8-7 中 VAR 模型参数估计值及检验结果，可以得知物流节点和白俄罗斯经济发展的拟合程度都很高，分别达到 99.54%和 99.27%，说明 VAR 模型检验结果非常有效。

根据参数估计值建立物流节点对白俄罗斯经济发展影响的向量矩阵

$$\begin{bmatrix} \text{NODS} \\ \text{GDP} \end{bmatrix} = \begin{bmatrix} 0.582638, -0.583493 \\ 0.6284, -0.19639 \end{bmatrix} \times \begin{bmatrix} \text{NODS}(-1) \\ \text{GDP}(-1) \end{bmatrix} + \begin{bmatrix} 3.153062 \\ 4.764279 \end{bmatrix}$$

根据上述分析可知，协整分析说明物流节点和白俄罗斯经济发展存在长期的协整关系，数据序列在一阶差分时平稳，物流节点对白俄罗斯经济发展存在影响的向量关系。

29. 德国VAR模型参数估计值及检验结果

根据表8-7中VAR模型参数估计值及检验结果，可以得知物流节点和德国经济发展的拟合程度都很高，分别达到98.49%和96.96%，说明VAR模型检验结果非常有效。

根据参数估计值建立物流节点对德国经济发展影响的向量矩阵

$$\begin{bmatrix} \text{NODS} \\ \text{GDP} \end{bmatrix} = \begin{bmatrix} -0.230013, 0.795759 \\ -0.10078, 0.506153 \end{bmatrix} \times \begin{bmatrix} \text{NODS}(-1) \\ \text{GDP}(-1) \end{bmatrix} + \begin{bmatrix} -6.242684 \\ 3.674774 \end{bmatrix}$$

根据上述分析可知，协整分析说明物流节点和德国经济发展存在长期的协整关系，数据序列在一阶差分时平稳，物流节点对德国经济发展存在影响的向量关系。

30. 荷兰VAR模型参数估计值及检验结果

根据表8-7中VAR模型参数估计值及检验结果，可以得知物流节点和荷兰经济发展的拟合程度一方很高，分别达到61.87%和99.19%，说明VAR模型检验结果相对有效。

根据参数估计值建立物流节点对荷兰经济发展影响的向量矩阵

$$\begin{bmatrix} \text{NODS} \\ \text{GDP} \end{bmatrix} = \begin{bmatrix} 0.3673, 2.630076 \\ -0.06226, 1.18122 \end{bmatrix} \times \begin{bmatrix} \text{NODS}(-1) \\ \text{GDP}(-1) \end{bmatrix} + \begin{bmatrix} 23.60564 \\ 1.37254 \end{bmatrix}$$

根据上述分析可知，协整分析说明物流节点和荷兰经济发展存在长期的协整关系，数据序列在一阶差分时平稳，物流节点对荷兰经济发展存在影响的向量关系。

31. 波兰 VAR 模型参数估计值及检验结果

根据表 8-7 中 VAR 模型参数估计值及检验结果，可以得知物流节点和波兰经济发展的拟合程度都很高，分别达到 83.09%和 98.88%，说明 VAR 模型检验结果非常有效。

根据参数估计值建立物流节点对波兰经济发展影响的向量矩阵

$$\begin{bmatrix} NODS \\ GDP \end{bmatrix} = \begin{bmatrix} 0.118048, 7.820901 \\ -0.07075, 1.577444 \end{bmatrix} \times \begin{bmatrix} NODS(-1) \\ GDP(-1) \end{bmatrix} + \begin{bmatrix} 2.73461 \\ 0.617977 \end{bmatrix}$$

根据上述分析可知，协整分析说明物流节点和波兰经济发展存在长期的协整关系，数据序列在一阶差分时平稳，物流节点对波兰经济发展存在影响的向量关系。

32. 俄罗斯 VAR 模型参数估计值及检验结果

根据表 8-7 中 VAR 模型参数估计值及检验结果，可以得知物流节点和俄罗斯经济发展的拟合程度都较好，分别达到 50%和 70.10%，说明 VAR 模型检验结果较有效。

根据参数估计值建立物流节点对俄罗斯经济发展影响的向量矩阵

$$\begin{bmatrix} NODS \\ GDP \end{bmatrix} = \begin{bmatrix} -0.885821, 0.057927 \\ 0.634512, 0.511692 \end{bmatrix} \times \begin{bmatrix} NODS(-1) \\ GDP(-1) \end{bmatrix} + \begin{bmatrix} 22.17342 \\ -9.16763 \end{bmatrix}$$

根据上述分析可知，协整分析说明物流节点和俄罗斯经济发展存在长期的协整关系，数据序列在一阶差分时平稳，物流节点对俄罗斯经济发展存在影响的向量关系。

33. 蒙古国 VAR 模型参数估计值及检验结果

根据表 8-7 中 VAR 模型参数估计值及检验结果，可以得知物流节点和蒙古国经济发展的拟合程度都很高，分别达到 97.40%和 99.30%，说明 VAR 模型检验结果非常有效。

根据参数估计值建立物流节点对蒙古国经济发展影响的向量矩阵

$$\begin{bmatrix} \text{NODS} \\ \text{GDP} \end{bmatrix} = \begin{bmatrix} 1.334052, -0.46065 \\ 0.86607, -0.78297 \end{bmatrix} \times \begin{bmatrix} \text{NODS}(-1) \\ \text{GDP}(-1) \end{bmatrix} + \begin{bmatrix} 1.599812 \\ 7.07543 \end{bmatrix}$$

根据上述分析可知，协整分析说明物流节点和蒙古国经济发展存在长期的协整关系，数据序列在一阶差分时平稳，物流节点对蒙古国经济发展存在影响的向量关系。

34. 巴基斯坦 VAR 模型参数估计值及检验结果

根据表 8-7 中 VAR 模型参数估计值及检验结果，可以得知物流节点和巴基斯坦经济发展的拟合程度一方很高，分别达到 70.06%和 91.23%，说明 VAR 模型检验结果相对有效。

根据参数估计值建立物流节点对巴基斯坦经济发展影响的向量矩阵

$$\begin{bmatrix} \text{NODS} \\ \text{GDP} \end{bmatrix} = \begin{bmatrix} 0.714973, -0.573099 \\ 0.260647, 0.448937 \end{bmatrix} \times \begin{bmatrix} \text{NODS}(-1) \\ \text{GDP}(-1) \end{bmatrix} + \begin{bmatrix} 1.033976 \\ 6.516708 \end{bmatrix}$$

根据上述分析可知，协整分析说明物流节点和巴基斯坦经济发展存在长期的协整关系，数据序列在一阶差分时平稳，物流节点对巴基斯坦经济发展存在影响的向量关系。

35. 孟加拉国 VAR 模型参数估计值及检验结果

根据表 8-7 中 VAR 模型参数估计值及检验结果，可以得知物流节点和孟加拉国经济发展的拟合程度都很高，分别达到 99.41%和 99.42%，说明 VAR 模型检验结果非常有效。

根据参数估计值建立物流节点对孟加拉国经济发展影响的向量矩阵

$$\begin{bmatrix} \text{NODS} \\ \text{GDP} \end{bmatrix} = \begin{bmatrix} 0.315368, -0.694469 \\ 0.154844, 0.316838 \end{bmatrix} \times \begin{bmatrix} \text{NODS}(-1) \\ \text{GDP}(-1) \end{bmatrix} + \begin{bmatrix} 1.226316 \\ 0.115451 \end{bmatrix}$$

根据上述分析可知，协整分析说明物流节点和孟加拉国经济发展存在长期的协整关系，数据序列在一阶差分时平稳，物流节点对孟加拉国经济发展存在影响的向量关系。

36. 印度 VAR 模型参数估计值及检验结果

根据表 8-7 中 VAR 模型参数估计值及检验结果，可以得知物流节点和印度经济发展的拟合程度一方很高，分别达到 71.37%和 98.87%，说明 VAR 模型检验结果相对有效。

根据参数估计值建立物流节点对印度经济发展影响的向量矩阵

$$\begin{bmatrix} \text{NODS} \\ \text{GDP} \end{bmatrix} = \begin{bmatrix} 0.506802, -0.33237 \\ 0.35585, -0.39164 \end{bmatrix} \times \begin{bmatrix} \text{NODS}(-1) \\ \text{GDP}(-1) \end{bmatrix} + \begin{bmatrix} 1.179706 \\ 2.10468 \end{bmatrix}$$

根据上述分析可知，协整分析说明物流节点和印度经济发展存在长期的协整关系，数据序列在一阶差分时平稳，物流节点对印度经济发展存在影响的向量关系。

37. 缅甸 VAR 模型参数估计值及检验结果

根据表 8-7 中 VAR 模型参数估计值及检验结果，可以得知物流节点和缅甸经济发展的拟合程度都很高，分别达到 95.76%和 94.27%，说明 VAR 模型检验结果非常有效。

根据参数估计值建立物流节点对缅甸经济发展影响的向量矩阵

$$\begin{bmatrix} \text{NODS} \\ \text{GDP} \end{bmatrix} = \begin{bmatrix} -0.067507, 4.673847 \\ 0.118335, 0.63208 \end{bmatrix} \times \begin{bmatrix} \text{NODS}(-1) \\ \text{GDP}(-1) \end{bmatrix} + \begin{bmatrix} -34.52013 \\ 3.406027 \end{bmatrix}$$

根据上述分析可知，协整分析说明物流节点和缅甸经济发展存在长期的协整关系，数据序列在一阶差分时平稳，物流节点对缅甸经济发展存在影响的向量关系。

38. 越南 VAR 模型参数估计值及检验结果

根据表 8-7 中 VAR 模型参数估计值及检验结果，可以得知物流节点和越南经济发展的拟合程度都很高，分别达到 97.94%和 99.86%，说明 VAR 模型检验结果非常有效。

根据参数估计值建立物流节点对越南经济发展影响的向量矩阵

$$\begin{bmatrix} NODS \\ GDP \end{bmatrix} = \begin{bmatrix} 0.148, -0.733401 \\ 0.258034, 0.800411 \end{bmatrix} \times \begin{bmatrix} NODS(-1) \\ GDP(-1) \end{bmatrix} + \begin{bmatrix} -1.289065 \\ 0.560139 \end{bmatrix}$$

根据上述分析可知，协整分析说明物流节点和越南经济发展存在长期的协整关系，数据序列在一阶差分时平稳，物流节点对越南经济发展存在影响的向量关系。

39. 新加坡 VAR 模型参数估计值及检验结果

根据表 8-7 中 VAR 模型参数估计值及检验结果，可以得知物流节点和新加坡经济发展的拟合程度一方很高，分别达到 67.34%和 92.52%，说明 VAR 模型检验结果相对有效。

根据参数估计值建立物流节点对新加坡经济发展影响的向量矩阵

$$\begin{bmatrix} NODS \\ GDP \end{bmatrix} = \begin{bmatrix} 0.480745, -0.63814 \\ 0.30196, 0.82391 \end{bmatrix} \times \begin{bmatrix} NODS(-1) \\ GDP(-1) \end{bmatrix} + \begin{bmatrix} -2.31914 \\ 1.07735 \end{bmatrix}$$

根据上述分析可知，协整分析说明物流节点和新加坡经济发展存在长期的协整关系，数据序列在一阶差分时平稳，物流节点对新加坡经济发展存在影响的向量关系。

40. 老挝 VAR 模型参数估计值及检验结果

根据表 8-7 中 VAR 模型参数估计值及检验结果，可以得知物流节点和老挝经济发展的拟合程度一方很高，分别达到 48.61%和 99.84%，说明 VAR 模型检验结果相对有效。

根据参数估计值建立物流节点对老挝经济发展影响的向量矩阵

$$\begin{bmatrix} NODS \\ GDP \end{bmatrix} = \begin{bmatrix} 0.397343, 3.191864 \\ 0.12108, 0.458087 \end{bmatrix} \times \begin{bmatrix} NODS(-1) \\ GDP(-1) \end{bmatrix} + \begin{bmatrix} -0.133507 \\ 0.411623 \end{bmatrix}$$

根据上述分析可知，协整分析说明物流节点和老挝经济发展存在长期的协整关系，数据序列在一阶差分时平稳，物流节点对老挝经济发展存在影响的向量关系。

物流节点与经济发展存在的向量关系并不能说明物流节点和各地

区经济发展之间存在着具体的扰动关系，从而需要通过脉冲响应函数和方差分解进一步进行讨论。

8.4.4　脉冲响应函数分析

协整分析只是说明各变量之间在结构上的因果关系和长期关系是否均衡，但没有表现出各变量的单位变化通过其内在联系对整个系统的扰动，以及各个变量对这些扰动的综合反映，为此需要进一步做脉冲响应分析，进而判断它们之间的长期关系。

脉冲响应函数（impulse response function）是用来衡量随机扰动项的一个标准差冲击对其他变量当前和未来取值的影响轨迹，它能够比较直观地刻画出变量之间的动态交互作用及效应。其分析用来描述一个内生变量对由误差项所带来的冲击的反应，即在随机误差项上施加一个标准差大小的冲击后，对内生变量的当期值和未来值所产生的影响程度。计算一个标准差大小滞后期为 10 的 NODS 和 GDP 的冲击分别对 GDP 和 NODS 的影响，如表 8-8 所示。

1）中国陕西脉冲响应函数分析

表 8-8 第二列所示，物流节点在当期给中国陕西经济发展一个信息冲击，在滞后期为 10 的动态范围内，其在当期引起陕西省经济发展的响应有上下波动，但整体稳步增加，表明物流节点的某一冲击对陕西省经济发展带来同向的冲击，即陕西省经济发展对新丝绸之路经济带沿线的物流节点同样有促进作用。

表 8-8 第三列所示，在当期陕西省经济发展给物流节点一个信息冲击时，在滞后期为 10 的动态范围内，在当期引起的物流节点的响应逐渐增大并逐步趋于回落态势，表明陕西省经济发展的某一冲击给新丝绸之路经济带沿线的物流节点带来同向的冲击，即物流节点的增加拉动陕西省经济的增长。

表 8-8 物流节点和区域经济发展脉冲响应结果

	中国陕西		中国甘肃		中国宁夏		中国青海	
Period	NODS To GDP	GDP To NODS	NODS To GDP	GDP To NODS	NODS To GDP	GDP To NODS	NODS To GDP	GDP To NODS
1	0.000000	0.018854	0.000000	−0.070763	0.000000	−0.057195	0.000000	−0.238806
2	−0.001605	0.388761	0.006151	0.160755	−0.006256	−0.117654	−0.041019	−0.356913
3	0.002786	0.019043	0.012010	0.083574	−0.005326	−0.039245	0.009023	0.027081
4	0.001920	0.039980	0.010662	0.046993	−0.005241	−0.061145	−0.003182	−0.048392
5	0.001475	0.053491	0.009292	0.057133	−0.005309	−0.059664	−0.006954	−0.059557
6	0.001430	0.027121	0.008684	0.052144	−0.005405	−0.061088	0.003581	0.021091
7	0.001141	0.024842	0.007870	0.044299	−0.005463	−0.061338	−0.001821	−0.017305
8	0.000935	0.021492	0.007053	0.040415	−0.005530	−0.062249	−0.000737	−0.006094
9	0.000782	0.016749	0.006367	0.036750	−0.005598	−0.062981	0.000837	0.005182
10	0.000641	0.013998	0.005746	0.032975	−0.005666	−0.063759	−0.000604	−0.004952
	中国新疆		中国山东		中国江苏		中国安徽	
Period	NODS To GDP	GDP To NODS	NODS To GDP	GDP To NODS	NODS To GDP	GDP To NODS	NODS To GDP	GDP To NODS
1	0.000000	0.051845	0.000000	0.014704	0.000000	0.022436	0.000000	0.002945
2	0.055507	0.068681	0.004075	0.011782	0.001141	0.014870	−0.003160	0.035622
3	0.019812	0.068681	0.004773	0.010644	−0.000340	0.001040	0.000462	0.027690
4	0.009009	0.036268	0.003104	0.012908	−0.000170	0.006385	0.002300	0.008832
5	0.025987	0.050394	0.004520	0.009824	0.000173	0.009315	−8.75E−06	0.015502
6	0.026853	0.045718	0.003382	0.010840	0.000115	0.007061	−0.000859	0.026050
7	0.018895	0.040261	0.003524	0.009891	−2.49E−06	0.005895	0.000603	0.021024
8	0.020298	0.043358	0.003470	0.009202	0.000028	0.006372	0.000957	0.015306
9	0.023336	0.044737	0.003040	0.009214	0.000059	0.006333	0.000052	0.018917
10	0.021838	0.042740	0.003134	0.008388	0.000044	0.005835	−0.000064	0.021974

续表

	中国河南		中国北京		中国天津		中国河北	
Period	NODS To GDP	GDP To NODS	NODS To GDP	GDP To NODS	NODS To GDP	GDP To NODS	NODS To GDP	GDP To NODS
1	0.000000	−0.023220	0.000000	0.034885	0.000000	−0.020504	0.000000	0.007355
2	−0.201132	−0.009447	0.006469	0.028378	0.035553	−0.027708	−0.001112	0.013831
3	−0.049239	0.003751	0.010390	0.025079	0.041168	−0.022140	0.000706	0.007106
4	0.118586	−0.008061	0.006399	0.029043	0.044303	−0.025426	0.001731	0.004387
5	0.020053	−0.014226	0.007725	0.023918	0.043129	−0.020993	0.000633	0.009384
6	−0.046875	−0.004916	0.007380	0.022829	0.040710	−0.021013	0.000414	0.009741
7	0.048904	−0.002825	0.006103	0.022237	0.037684	−0.018154	0.001277	0.006190
8	0.082441	−0.009601	0.006276	0.019784	0.034517	−0.017137	0.001230	0.006722
9	0.016749	−0.009626	0.005705	0.018849	0.031451	−0.015164	0.000677	0.008791
10	0.012359	−0.005173	0.005205	0.017649	0.028555	−0.013968	0.000845	0.007760

	中国内蒙古		中国辽宁		中国吉林		中国黑龙江	
Period	NODS To GDP	GDP To NODS	NODS To GDP	GDP To NODS	NODS To GDP	GDP To NODS	NODS To GDP	GDP To NODS
1	0.000000	0.018717	0.000000	−0.026638	0.000000	−0.004424	0.000000	0.005071
2	−0.028864	0.031014	−0.046137	−0.033378	0.002878	0.006267	0.000360	0.014256
3	−0.006639	0.010841	−0.020231	−0.021974	0.006471	−1.34E−06	0.000588	0.007373
4	0.005757	0.012611	0.015872	−0.025674	0.003586	−0.001042	0.000322	0.003269
5	−0.011495	0.024538	−0.004999	−0.033496	0.003729	0.002237	0.000243	0.007462
6	−0.007644	0.017053	−0.016502	−0.025571	0.004759	0.000672	0.000355	0.006195
7	0.003768	0.013415	0.009172	−0.017183	0.003942	0.000182	0.000260	0.002385
8	−0.003203	0.020675	0.014604	−0.018838	0.003861	0.001128	0.000147	0.003365
9	−0.005841	0.019816	−0.002182	−0.016759	0.004132	0.000743	0.000182	0.004003
10	0.000981	0.016219	0.001564	−0.008282	0.003875	0.000545	0.000173	0.001996

续表

	中国云南		中国广东		中国广西		哈萨克斯坦	
Period	NODS To GDP	GDP To NODS	NODS To GDP	GDP To NODS	NODS To GDP	GDP To NODS	NODS To GDP	GDP To NODS
1	0.000000	0.026817	0.000000	0.020367	0.000000	0.002849	0.000000	−0.126376
2	−0.047059	0.039832	0.004060	0.022211	0.053607	−0.000245	0.004115	−0.240316
3	−0.001161	0.026685	0.012472	0.019366	0.002756	−0.003660	0.024697	0.687583
4	0.019903	0.025617	0.007456	0.017926	0.008993	0.000871	0.003535	0.092804
5	0.007344	0.030855	0.006368	0.017942	0.030238	−0.000306	0.000790	−0.000198
6	0.007420	0.030708	0.007417	0.017197	0.012797	−0.001868	0.001123	−0.010286
7	0.013790	0.029891	0.006987	0.016341	0.011912	−0.000233	0.002913	0.074906
8	0.013448	0.031123	0.006420	0.015742	0.020797	−0.000416	0.000822	0.020568
9	0.012215	0.032121	0.006272	0.015145	0.014860	−0.001121	0.000250	0.003275
10	0.013265	0.032520	0.006067	0.014522	0.013220	−0.000545	0.000227	0.001150

	吉尔吉斯斯坦		塔吉克斯坦		乌兹别克斯坦		土库曼斯坦	
Period	NODS To GDP	GDP To NODS	NODS To GDP	GDP To NODS	NODS To GDP	GDP To NODS	NODS To GDP	GDP To NODS
1	0.000000	−0.003311	0.000000	−0.085199	0.000000	0.098921	0.000000	−0.077940
2	0.178871	0.000482	0.393321	0.156750	−0.191795	0.069096	0.022345	0.007480
3	−0.158486	−0.043710	−0.090071	0.575685	−0.119339	0.040302	−0.001370	0.621931
4	−0.109518	−0.030385	−0.082911	−0.092775	−0.065989	0.043152	0.002082	−0.056920
5	−0.106175	−0.023645	−0.012446	−0.125985	−0.075888	0.040819	0.000341	0.058021
6	0.028199	−0.010404	−0.047424	−0.058153	−0.071542	0.033127	0.000635	0.008019
7	−0.037148	−0.022987	0.035330	−0.068088	−0.057063	0.028659	1.63E−06	0.017269
8	−0.059751	−0.026653	0.025109	0.053742	−0.049602	0.025654	0.000114	−0.000480
9	−0.095095	−0.028329	−0.003519	0.041510	−0.044601	0.022326	1.63E−05	0.003147
10	−0.049695	−0.021684	0.000025	0.001640	−0.038720	0.019348	2.35E−05	0.000365

续表

	伊朗		土耳其		白俄罗斯		德国	
Period	NODS To GDP	GDP To NODS	NODS To GDP	GDP To NODS	NODS To GDP	GDP To NODS	NODS To GDP	GDP To NODS
1	0.000000	0.006777	0.000000	0.080281	0.000000	−0.012178	0.000000	0.011179
2	−0.712172	−0.098300	−0.593009	−0.062830	−0.007056	0.019728	0.014509	0.003325
3	−0.567834	−0.283286	−0.560231	−0.006966	−0.006824	0.012604	0.013581	0.010353
4	−0.244881	−0.190459	−0.337731	0.029902	−0.004978	0.010214	0.007668	0.004546
5	−0.198642	−0.090898	−0.166652	0.052343	−0.004884	0.007676	0.006809	0.008057
6	−0.405529	−0.109567	−0.244676	0.025427	−0.005603	0.011487	0.009805	0.005305
7	−0.465411	−0.178520	−0.380230	0.004356	−0.005622	0.010477	0.009669	0.007454
8	−0.359509	−0.179267	−0.414035	0.006301	−0.005494	0.010630	0.008385	0.005593
9	−0.296866	−0.139112	−0.347513	0.021958	−0.005504	0.010230	0.007916	0.006650
10	−0.345684	−0.128702	−0.293359	0.028728	−0.005608	0.010777	0.008441	0.005663
	荷兰		波兰		俄罗斯		蒙古国	
Period	NODS To GDP	GDP To NODS	NODS To GDP	GDP To NODS	NODS To GDP	GDP To NODS	NODS To GDP	GDP To NODS
1	0.000000	0.009232	0.000000	0.003120	0.000000	0.088358	0.000000	0.012180
2	0.029934	−0.013062	0.185582	−0.021005	0.001950	0.072065	−0.006227	0.063437
3	−0.003142	−0.019180	0.141567	−0.027924	−0.009121	0.054261	−0.003453	0.038854
4	−0.040529	−0.006773	−0.038239	−0.012495	0.003591	−0.007578	−0.002121	0.029322
5	−0.035135	0.000164	−0.077624	−0.002915	−0.002042	−0.008691	−0.004197	0.046256
6	−0.014395	−0.004462	0.017153	−0.009347	−0.000015	−0.011200	−0.003551	0.040089
7	−0.012159	−0.008811	0.058040	−0.015768	0.002287	−0.010328	−0.002846	0.034604
8	−0.021898	−0.006892	0.001766	−0.011764	−0.001872	0.004080	−0.003499	0.039957
9	−0.024136	−0.003766	−0.040190	−0.005395	0.001405	−0.001134	−0.003383	0.038616
10	−0.018211	−0.003790	−0.014018	−0.005398	−0.000534	0.002804	−0.003060	0.035948

续表

	巴基斯坦		孟加拉国		印度		缅甸	
Period	NODS To GDP	GDP To NODS	NODS To GDP	GDP To NODS	NODS To GDP	GDP To NODS	NODS To GDP	GDP To NODS
1	0.000000	0.010321	0.000000	0.001232	0.000000	0.019668	0.000000	0.025816
2	−0.012078	0.057283	−0.022088	0.005068	−0.001871	0.045801	0.214878	0.042887
3	−0.001506	0.030036	0.026173	0.009169	0.003772	0.064926	0.206750	0.034680
4	0.006685	−0.000560	0.014394	0.006250	−0.000561	0.031749	0.154904	0.035900
5	0.003568	0.003032	0.012382	0.005005	0.001950	0.042049	0.196610	0.040351
6	−0.000822	0.015345	0.002489	0.004818	−0.000477	0.030907	0.203760	0.039961
7	−0.000492	0.014624	0.009267	0.005767	0.001765	0.039205	0.197902	0.041112
8	0.001363	0.007638	0.009521	0.005612	−0.000175	0.027329	0.210993	0.043168
9	0.001467	0.005274	0.010134	0.005282	0.001324	0.032554	0.218890	0.044309
10	0.000566	0.006730	0.007690	0.004978	−0.000047	0.024499	0.223552	0.045715
	越南		新加坡		老挝		马来西亚	
Period	NODS To GDP	GDP To NODS	NODS To GDP	GDP To NODS	NODS To GDP	GDP To NODS	NODS To GDP	GDP To NODS
1	0.000000	−0.003905	0.000000	−0.025230	0.000000	0.005524	0.000000	0.015925
2	−0.007800	0.007550	−0.016783	0.022478	0.019179	0.031004	0.105832	0.063036
3	0.008681	0.008943	0.016712	0.038708	0.003474	0.029307	0.192708	0.052665
4	0.010514	0.004991	0.034682	0.018894	0.004641	0.026722	0.186174	0.034324
5	0.004871	0.004532	0.022873	0.010349	0.000638	0.020522	0.163631	0.034519
6	0.004263	0.005907	0.014475	0.018705	0.003722	0.019873	0.157096	0.034647
7	0.006223	0.006070	0.019340	0.023212	0.002981	0.018965	0.145777	0.028520
8	0.006436	0.005604	0.023555	0.019865	0.003584	0.018843	0.126396	0.023493
9	0.005769	0.005559	0.021761	0.017679	0.002734	0.017675	0.109241	0.020975
10	0.005707	0.005729	0.019825	0.019097	0.002751	0.016721	0.095744	0.018364

得出结论：新丝绸之路经济带沿线的物流节点对陕西省经济发展的推动作用明显，并且这种关系越来越明显且重要。

2）中国甘肃脉冲响应函数分析

表 8-8 第四列所示，物流节点在当期给中国甘肃经济发展一个信息冲击，在滞后期为 10 的动态范围内，其在当期引起甘肃省经济发展的响应从 0 逐渐增加至第四期后稳步回落，表明物流节点的某一冲击对甘肃省经济发展带来同向的冲击，即甘肃省经济发展对新丝绸之路经济带沿线的物流节点同样有促进作用。

表 8-8 第五列所示，在当期中国甘肃省经济发展给新丝绸之路经济带沿线的物流节点一个信息冲击时，在滞后期为 10 的动态范围内，在当期引起的物流节点的响应从负值逐渐增大到正值并逐步趋于回落态势，表明甘肃省经济发展的某一冲击给物流节点带来同向的冲击，即新丝绸之路经济带沿线物流节点的增加拉动甘肃省经济发展的增加，但速度有所减缓。

得出结论：新丝绸之路经济带沿线的物流节点对甘肃省经济发展的推动作用明显，并且这种关系越来越明显且重要。

3）中国宁夏脉冲响应函数分析

表 8-8 第六列所示，物流节点在当期给中国宁夏经济发展一个信息冲击，在滞后期为 10 的动态范围内，其在当期引起宁夏回族自治区经济发展的响应虽都是负值，但整体发展平稳，表明物流节点的某一冲击对宁夏回族自治区经济发展带来同向的冲击，即宁夏回族自治区经济发展对新丝绸之路经济带沿线的物流节点同样有促进作用。

表 8-8 第七列所示，在当期中国宁夏经济发展给物流节点一个信息冲击时，在滞后期为 10 的动态范围内，在当期引起的物流节点的响应虽是负值，整体发展比较平稳，表明宁夏回族自治区经济发展的某一冲击给物流节点带来同向的冲击，即新丝绸之路经济带沿线物流节点的增加拉动宁夏回族自治区经济的增长。

得出结论：新丝绸之路经济带沿线的物流节点对宁夏回族自治区经济发展的推动作用并不明显。

4）中国青海脉冲响应函数分析

表8-8第八列所示，物流节点在当期给中国青海经济发展一个信息冲击，在滞后期为10的动态范围内，其在当期引起青海省经济发展的响应有上下波动，表明物流节点的某一冲击对青海省经济发展带来同向的冲击，即青海省经济发展对新丝绸之路经济带沿线的物流节点同样有促进作用，但效果并不是很明显。

表8-8第九列所示，在当期青海省经济发展给物流节点一个信息冲击时，在滞后期为10的动态范围内，在当期引起的物流节点的响应有上下波动，发展并不平稳，表明青海省经济发展的某一冲击给物流节点带来同向的冲击，即新丝绸之路经济带沿线物流节点的增加拉动青海省经济发展的增加，但效果并不是很突出。

得出结论：新丝绸之路经济带沿线的物流节点对青海省经济发展的推动作用时而存在，时而消失，这与当前青海省物流发展的变化波动关系较为密切。

5）中国新疆脉冲响应函数分析

表8-8第二列所示，物流节点在当期给中国新疆经济发展一个信息冲击，在滞后期为10的动态范围内，其在当期引起新疆维吾尔自治区经济发展的响应从0增大且有上下波动，但整体发展平稳，表明物流节点的某一冲击对新疆维吾尔自治区经济发展带来同向的冲击，即新疆维吾尔自治区经济发展对新丝绸之路经济带沿线的物流节点同样有促进作用。

表8-8第三列所示，在当期中国新疆经济发展给新丝绸之路经济带沿线的物流节点一个信息冲击时，在滞后期为10的动态范围内，在当期引起的物流节点的响应逐渐增大并逐步趋于回落态势，表明新疆维吾尔自治区经济发展的某一冲击给物流节点带来同向的冲击，即新丝绸之路经济带沿线物流节点的增加拉动新疆维吾尔自治区经济的增长。

得出结论：新丝绸之路经济带沿线的物流节点对新疆维吾尔自治区经济发展的推动作用明显，并且这种关系越来越明显且重要。

6）中国山东脉冲响应函数分析

表8-8第四列所示，物流节点在当期给中国山东省经济发展一个信息冲击，在滞后期为10的动态范围内，其在当期引起山东省经济发展的响应整体发展平稳，表明物流节点的某一冲击对山东省经济发展带来同向的冲击，即山东省经济发展对新丝绸之路经济带沿线的物流节点同样有促进作用。

表8-8第五列所示，在当期中国山东经济发展给物流节点一个信息冲击时，在滞后期为10的动态范围内，在当期引起的物流节点的响应逐渐趋于回落态势，表明山东省经济发展的某一冲击给物流节点带来同向的冲击，即新丝绸之路经济带沿线物流节点的增加拉动山东省经济发展的增加。

得出结论：新丝绸之路经济带沿线的物流节点对山东省经济发展存在推动作用，但效果并不突出。

7）中国江苏脉冲响应函数分析

表8-8第六列所示，物流节点在当期给中国江苏经济发展一个信息冲击，在滞后期为10的动态范围内，其在当期引起江苏省经济发展的响应有上下波动，但整体平稳降低，表明物流节点的某一冲击对江苏省经济发展带来同向的冲击，即江苏省经济发展对新丝绸之路经济带沿线的物流节点同样有促进作用，但作用不明显。

表8-8第七列所示，在当期中国江苏经济发展给物流节点一个信息冲击时，在滞后期为10的动态范围内，在当期引起的物流节点的响应逐渐增大并逐步趋于回落态势，表明江苏省经济发展的某一冲击给物流节点带来同向的冲击，即新丝绸之路经济带沿线物流节点的增加拉动江苏省经济的增长，其作用也不明显。

得出结论：新丝绸之路经济带沿线的物流节点对江苏省经济发展有

推动作用，但并不明显。

8）中国安徽脉冲响应函数分析

表8-8第八列所示，物流节点在当期给中国安徽经济发展一个信息冲击，在滞后期为10的动态范围内，其在当期引起安徽省经济发展的响应有上下波动，但整体平稳回落，表明物流节点的某一冲击对安徽省经济发展带来同向的冲击，即安徽省经济发展对新丝绸之路经济带沿线的物流节点同样有促进作用。

表8-8第九列所示，在当期中国安徽经济发展给物流节点一个信息冲击时，在滞后期为10的动态范围内，在当期引起的物流节点的响应逐渐增大并逐步趋于增长态势，表明安徽省经济发展的某一冲击给物流节点带来同向的冲击，即新丝绸之路经济带沿线物流节点的增加拉动安徽省经济的增长。

得出结论：新丝绸之路经济带沿线的物流节点对安徽省经济发展的推动作用明显，并且这种关系越来越明显且重要。

9）中国河南脉冲响应函数分析

表8-8第二列所示，物流节点在当期给中国河南经济发展一个信息冲击，在滞后期为10的动态范围内，其在当期引起河南省经济发展的响应有上下波动，但整体稳步增加并略有回落，表明物流节点的某一冲击对河南省经济发展带来同向的冲击，即河南省经济发展对新丝绸之路经济带沿线的物流节点同样有促进作用。

表8-8第三列所示，在当期中国河南经济发展给物流节点一个信息冲击时，在滞后期为10的动态范围内，在当期引起的物流节点的响应逐渐减小，表明河南省经济发展的某一冲击给物流节点带来同向的冲击，即新丝绸之路经济带沿线物流节点的增加拉动河南省经济的增长，但作用并不明显。

得出结论：新丝绸之路经济带沿线的物流节点对河南省经济发展存在推动作用，但效果并不明显。

10）中国北京脉冲响应函数分析

表8-8第四列所示，物流节点在当期给中国北京经济发展一个信息冲击，在滞后期为10的动态范围内，其在当期引起北京市经济发展的响应整体平稳，表明物流节点的某一冲击对北京市经济发展带来同向的冲击，即北京市经济发展对新丝绸之路经济带沿线的物流节点同样有促进作用。

表8-8第五列所示，在当期中国北京经济发展给物流节点一个信息冲击时，在滞后期为10的动态范围内，在当期引起的物流节点的响应逐渐趋于回落态势，表明北京市经济发展的某一冲击给物流节点带来同向的冲击，即新丝绸之路经济带沿线物流节点的增加拉动北京市经济的增长。

得出结论：新丝绸之路经济带沿线的物流节点对北京市经济发展存在推动作用，但在滞后期内效果并不突出。

11）中国天津脉冲响应函数分析

表8-8第六列所示，物流节点在当期给中国天津经济发展一个信息冲击，在滞后期为10的动态范围内，其在当期引起天津市经济发展的响应整体发展平稳，表明物流节点的某一冲击对天津市经济发展带来同向的冲击，即天津市经济发展对新丝绸之路经济带沿线的物流节点同样有促进作用。

表8-8第七列所示，在当期中国天津经济发展给物流节点一个信息冲击时，在滞后期为10的动态范围内，在当期引起的物流节点的响应逐渐增大，表明天津市经济发展的某一冲击给物流节点带来同向的冲击，即新丝绸之路经济带沿线物流节点的增加拉动天津市经济发展的增加。

得出结论：新丝绸之路经济带沿线的物流节点对天津市经济发展有推动作用，但效果并不明显。

12）中国河北脉冲响应函数分析

表8-8第八列所示，物流节点在当期给中国河北经济发展一个信息冲击，在滞后期为10的动态范围内，其在当期引起河北省经济发展的响

应有上下波动，但整体发展平稳，表明物流节点的某一冲击对河北省经济发展带来同向的冲击，即河北省经济发展对新丝绸之路经济带沿线的物流节点同样有促进作用。

表8-8第九列所示，在当期中国河北经济发展给物流节点一个信息冲击时，在滞后期为10的动态范围内，在当期引起的物流节点的响应逐渐增大，表明河北省经济发展的某一冲击给物流节点带来同向的冲击，即新丝绸之路经济带沿线物流节点的增加拉动河北省经济的增长。

得出结论：新丝绸之路经济带沿线的物流节点对河北省经济发展的推动作用较为明显，并且这种关系越来越明显且重要。

13）中国内蒙古脉冲响应函数分析

表8-8第二列所示，物流节点在当期给中国内蒙古经济发展一个信息冲击，在滞后期为10的动态范围内，其在当期引起内蒙古自治区经济发展的响应有上下波动，表明物流节点的某一冲击对内蒙古自治区经济发展带来同向的冲击，即内蒙古自治区经济发展对新丝绸之路经济带沿线的物流节点同样有促进作用。

表8-8第三列所示，在当期中国内蒙古经济发展给物流节点一个信息冲击时，在滞后期为10的动态范围内，在当期引起的物流节点的响应逐渐增大并逐步趋于平稳发展，表明内蒙古自治区经济发展的某一冲击给物流节点带来同向的冲击，即新丝绸之路经济带沿线物流节点的增加拉动内蒙古自治区经济的增长。

得出结论：新丝绸之路经济带沿线的物流节点对内蒙古自治区经济发展的推动作用明显，并且这种关系越来越明显且重要。

14）中国辽宁脉冲响应函数分析

表8-8第四列所示，物流节点在当期给中国辽宁经济发展一个信息冲击，在滞后期为10的动态范围内，其在当期引起辽宁省经济发展的响应有上下波动，表明物流节点的某一冲击对辽宁省经济发展带来同向的冲击，即辽宁省经济发展对新丝绸之路经济带沿线的物流节点同样有促

进作用。

表 8-8 第五列所示，在当期中国辽宁经济发展给物流节点一个信息冲击时，在滞后期为 10 的动态范围内，在当期引起的物流节点的响应逐渐增大并逐步趋于平稳发展，表明辽宁省经济发展的某一冲击给物流节点带来同向的冲击，即新丝绸之路经济带沿线物流节点的增加拉动辽宁省经济的增长。

得出结论：新丝绸之路经济带沿线的物流节点对辽宁省经济发展有推动作用。

15）中国吉林脉冲响应函数分析

表 8-8 第六列所示，物流节点在当期给中国吉林经济发展一个信息冲击，在滞后期为 10 的动态范围内，其在当期引起吉林省经济发展的响应有上下波动，但整体稳步增加，表明物流节点的某一冲击对吉林省经济发展带来同向的冲击，即吉林省经济发展对新丝绸之路经济带沿线的物流节点同样有促进作用。

表 8-8 第七列所示，在当期中国吉林经济发展给物流节点一个信息冲击时，在滞后期为 10 的动态范围内，在当期引起的物流节点的响应有波动，并逐步趋于回落态势，表明吉林省经济发展的某一冲击给物流节点带来同向的冲击，即新丝绸之路经济带沿线物流节点的增加拉动吉林省经济的增长。

得出结论：新丝绸之路经济带沿线的物流节点对吉林省经济发展有推动作用，并且推动作用越来越明显。

16）中国黑龙江脉冲响应函数分析

表 8-8 第八列所示，物流节点在当期给中国黑龙江经济发展一个信息冲击，在滞后期为 10 的动态范围内，其在当期引起黑龙江省经济发展的响应整体平稳，表明物流节点的某一冲击对黑龙江省经济发展带来同向的冲击，即黑龙江省经济发展对新丝绸之路经济带沿线的物流节点同样有促进作用。

表 8-8 第九列所示，在当期中国黑龙江经济发展给物流节点一个信息冲击时，在滞后期为 10 的动态范围内，在当期引起的物流节点的响应逐渐增大并逐步趋于回落态势，表明黑龙江省经济发展的某一冲击给物流节点带来同向的冲击，即新丝绸之路经济带沿线物流节点的增加拉动黑龙江省经济的增长。

得出结论：新丝绸之路经济带沿线的物流节点对黑龙江省经济发展有推动作用，并且这种关系越来越明显且重要。

17）中国云南脉冲响应函数分析

表 8-8 第二列所示，物流节点在当期给中国云南经济发展一个信息冲击，在滞后期为 10 的动态范围内，其在当期引起云南省经济发展的响应整体稳步增加，表明物流节点的某一冲击对云南省经济发展带来同向的冲击，即云南省经济发展对新丝绸之路经济带沿线的物流节点同样有促进作用。

表 8-8 第三列所示，在当期中国云南经济发展给物流节点一个信息冲击时，在滞后期为 10 的动态范围内，在当期引起的物流节点的响应逐渐增大并且发展平稳，表明云南省经济发展的某一冲击给物流节点带来同向的冲击，即新丝绸之路经济带沿线物流节点的增加拉动云南省经济的增长。

得出结论：新丝绸之路经济带沿线的物流节点对云南省经济发展的推动作用明显，并且这种关系越来越明显且重要。

18）中国广东脉冲响应函数分析

表 8-8 第四列所示，物流节点在当期给中国广东经济发展一个信息冲击，在滞后期为 10 的动态范围内，其在当期引起广东省经济发展的响应有上下波动，但整体发展趋于平稳，表明物流节点的某一冲击对广东省经济发展带来同向的冲击，即广东省经济发展对新丝绸之路经济带沿线的物流节点同样有促进作用。

表 8-8 第五列所示，在当期中国广东经济发展给物流节点一个信息

冲击时，在滞后期为10的动态范围内，在当期引起的物流节点的响应发展平稳并逐步趋于回落态势，表明广东省经济发展的某一冲击给物流节点带来同向的冲击，即新丝绸之路经济带沿线物流节点的增加拉动广东省经济的增长。

得出结论：新丝绸之路经济带沿线的物流节点对广东省经济发展的推动作用较为明显，并且这种关系越来越重要。

19）中国广西脉冲响应函数分析

表8-8第六列所示，物流节点在当期给中国广西经济发展一个信息冲击，在滞后期为10的动态范围内，其在当期引起广西壮族自治区经济发展的响应有上下波动，但整体稳步增加，表明物流节点的某一冲击对广西壮族自治区经济发展带来同向的冲击，即广西壮族自治区经济发展对新丝绸之路经济带沿线的物流节点同样有促进作用。

表8-8第七列所示，在当期中国广西经济发展给物流节点一个信息冲击时，在滞后期为10的动态范围内，在当期引起的物流节点的响应逐渐增大并逐步趋于回落态势，表明广西壮族自治区经济发展的某一冲击给物流节点带来同向的冲击，即新丝绸之路经济带沿线物流节点的增加拉动广西壮族自治区经济的增长。

得出结论：新丝绸之路经济带沿线的物流节点对广西壮族自治区经济发展的推动作用较为明显，并且这种关系越来越重要。

20）哈萨克斯坦脉冲响应函数分析

表8-8第八列所示，物流节点在当期给哈萨克斯坦经济发展一个信息冲击，在滞后期为10的动态范围内，其在当期引起哈萨克斯坦经济发展的响应有上下波动，但整体发展较为稳步，表明物流节点的某一冲击对哈萨克斯坦经济发展带来同向的冲击，即哈萨克斯坦经济发展对新丝绸之路经济带沿线的物流节点同样有促进作用。

表8-8第九列所示，在当期哈萨克斯坦经济发展给物流节点一个信息冲击时，在滞后期为10的动态范围内，在当期引起的物流节点的响应

有上下波动，但逐渐趋于回落态势，表明哈萨克斯坦经济发展的某一冲击给物流节点带来同向的冲击，即新丝绸之路经济带沿线物流节点的增加拉动哈萨克斯坦经济的增长。

得出结论：新丝绸之路经济带沿线的物流节点对哈萨克斯坦经济发展的推动作用较为明显，物流节点的发展对当地经济发展尤为重要。

21）吉尔吉斯斯坦脉冲响应函数分析

表 8-8 第二列所示，物流节点在当期给吉尔吉斯斯坦经济发展一个信息冲击，在滞后期为 10 的动态范围内，其在当期引起吉尔吉斯斯坦经济发展的响应有上下波动，但整体稳步增加，表明物流节点的某一冲击对吉尔吉斯斯坦经济发展带来同向的冲击，即吉尔吉斯斯坦经济发展对新丝绸之路经济带沿线的物流节点同样有促进作用。

表 8-8 第三列所示，在当期吉尔吉斯斯坦经济发展给物流节点一个信息冲击时，在滞后期为 10 的动态范围内，在当期引起的物流节点的响应逐渐减小，但减小幅度很小，表明吉尔吉斯斯坦经济发展的某一冲击给物流节点带来同向的冲击，即新丝绸之路经济带沿线物流节点的增加拉动吉尔吉斯斯坦经济的增长。

得出结论：新丝绸之路经济带沿线的物流节点对吉尔吉斯斯坦经济发展有推动作用，并且这种推动作用越来越重要。

22）塔吉克斯坦脉冲响应函数分析

表 8-8 第四列所示，物流节点在当期给塔吉克斯坦经济发展一个信息冲击，在滞后期为 10 的动态范围内，其在当期引起塔吉克斯坦经济发展的响应有上下波动，但整体发展较为平稳，表明物流节点的某一冲击对塔吉克斯坦经济发展带来同向的冲击，即塔吉克斯坦经济发展对新丝绸之路经济带沿线的物流节点同样有促进作用。

表 8-8 第五列所示，在当期塔吉克斯坦经济发展给物流节点一个信息冲击时，在滞后期为 10 的动态范围内，在当期引起的物流节点的响应有上下波动，但整体发展较为平稳，表明塔吉克斯坦经济发展的某一冲

击给物流节点带来同向的冲击，即新丝绸之路经济带沿线物流节点的增加拉动塔吉克斯坦经济的增长。

得出结论：新丝绸之路经济带沿线的物流节点对塔吉克斯坦经济发展有推动作用，随着新丝绸之路经济带的物流基础设施建设，这种推动作用将越来越明显。

23）乌兹别克斯坦脉冲响应函数分析

表 8-8 第六列所示，物流节点在当期给乌兹别克斯坦经济发展一个信息冲击，在滞后期为 10 的动态范围内，其在当期引起乌兹别克斯坦经济发展的响应虽是负值，但整体稳步增加，表明物流节点的某一冲击对乌兹别克斯坦经济发展带来同向的冲击，即乌兹别克斯坦经济发展对新丝绸之路经济带沿线的物流节点同样有促进作用。

表 8-8 第七列所示，在当期乌兹别克斯坦经济发展给物流节点一个信息冲击时，在滞后期为 10 的动态范围内，在当期引起的物流节点的响应逐渐趋于回落态势，表明乌兹别克斯坦经济发展的某一冲击给物流节点带来同向的冲击，即新丝绸之路经济带沿线物流节点的增加拉动乌兹别克斯坦经济的增长。

得出结论：新丝绸之路经济带沿线的物流节点对乌兹别克斯坦经济发展的推动作用较为明显，并且这种关系越来越重要。

24）土库曼斯坦脉冲响应函数分析

表 8-8 第八列所示，物流节点在当期给土库曼斯坦经济发展一个信息冲击，在滞后期为 10 的动态范围内，其在当期引起土库曼斯坦经济发展的响应有上下波动，但整体稳步增加，表明物流节点的某一冲击对土库曼斯坦经济发展带来同向的冲击，即土库曼斯坦经济发展对新丝绸之路经济带沿线的物流节点同样有促进作用。

表 8-8 第九列所示，在当期土库曼斯坦经济发展给物流节点一个信息冲击时，在滞后期为 10 的动态范围内，在当期引起的物流节点的响应逐渐增大并逐步趋于回落态势，表明土库曼斯坦经济发展的某一冲击给

物流节点带来同向的冲击，即新丝绸之路经济带沿线物流节点的增加拉动土库曼斯坦经济的增长。

得出结论：新丝绸之路经济带沿线的物流节点对土库曼斯坦经济发展的推动作用较为明显，随着经济带沿线物流基础设施的建设，这种关系将会越来越明显。

25）伊朗脉冲响应函数分析

表8-8第二列所示，物流节点在当期给伊朗经济发展一个信息冲击，在滞后期为10的动态范围内，其在当期引起伊朗经济发展的响应有上下波动，虽为负值，但整体稳步增加，表明物流节点的某一冲击对伊朗经济发展带来同向的冲击，即伊朗经济发展对新丝绸之路经济带沿线的物流节点同样有促进作用。

表8-8第三列所示，在当期伊朗经济发展给物流节点一个信息冲击时，在滞后期为10的动态范围内，在当期引起的物流节点的响应有上下波动，虽为负值，但整体稳步增加，表明伊朗经济发展的某一冲击给物流节点带来同向的冲击，即新丝绸之路经济带沿线物流节点的增加拉动伊朗经济的增长。

得出结论：新丝绸之路经济带沿线的物流节点对伊朗经济发展有推动作用，但效果并不明显。

26）土耳其脉冲响应函数分析

表8-8第四列所示，物流节点在当期给土耳其经济发展一个信息冲击，在滞后期为10的动态范围内，其在当期引起土耳其经济发展的响应有上下波动，虽为负值，但整体稳步增加，表明物流节点的某一冲击对土耳其经济发展带来同向的冲击，即土耳其经济发展对新丝绸之路经济带沿线的物流节点同样有促进作用。

表8-8第五列所示，在当期土耳其经济发展给物流节点一个信息冲击时，在滞后期为10的动态范围内，在当期引起的物流节点的响应逐渐增大并逐步趋于平稳，表明土耳其经济发展的某一冲击给物流节点带来

同向的冲击，即新丝绸之路经济带沿线物流节点的增加拉动土耳其经济的增长。

得出结论：新丝绸之路经济带沿线的物流节点对土耳其经济发展的推动作用较为明显，并且这种关系越来越重要。

27）白俄罗斯脉冲响应函数分析

表 8-8 第六列所示，物流节点在当期给白俄罗斯经济发展一个信息冲击，在滞后期为 10 的动态范围内，其在当期引起白俄罗斯经济发展的响应虽为负值，但整体发展平稳，表明物流节点的某一冲击对白俄罗斯经济发展带来同向的冲击，即白俄罗斯经济发展对新丝绸之路经济带沿线的物流节点同样有促进作用。

表 8-8 第七列所示，在当期白俄罗斯经济发展给物流节点一个信息冲击时，在滞后期为 10 的动态范围内，在当期引起的物流节点的响应逐渐增大并逐步趋于平稳，表明白俄罗斯经济发展的某一冲击给物流节点带来同向的冲击，即新丝绸之路经济带沿线物流节点的增加拉动白俄罗斯经济的增长。

得出结论：新丝绸之路经济带沿线的物流节点对白俄罗斯经济发展的推动作用较为明显，并且这种关系越来越重要。

28）德国脉冲响应函数分析

表 8-8 第八列所示，物流节点在当期给德国经济发展一个信息冲击，在滞后期为 10 的动态范围内，其在当期引起德国经济发展的响应有上下波动，但整体稳步增加，表明物流节点的某一冲击对德国经济发展带来同向的冲击，即德国经济发展对新丝绸之路经济带沿线的物流节点同样有促进作用。

表 8-8 第九列所示，在当期德国经济发展给物流节点一个信息冲击时，在滞后期为 10 的动态范围内，在当期引起的物流节点的响应逐渐增大并逐步趋于回落态势，表明德国经济发展的某一冲击给物流节点带来同向的冲击，即新丝绸之路经济带沿线物流节点的增加拉动德国经济的

增长。

得出结论：新丝绸之路经济带沿线的物流节点对德国经济发展的推动作用较为明显，并且这种关系将会越来越明显。

29）荷兰脉冲响应函数分析

表8-8第二列所示，物流节点在当期给荷兰经济发展一个信息冲击，在滞后期为10的动态范围内，其在当期引起荷兰经济发展的响应逐渐下降后又稳步回归，表明物流节点的某一冲击对荷兰经济发展带来同向的冲击，即荷兰经济发展对新丝绸之路经济带沿线的物流节点同样有促进作用。

表8-8第三列所示，在当期荷兰经济发展给物流节点一个信息冲击时，在滞后期为10的动态范围内，在当期引起的物流节点的响应有上下波动并逐步趋于回落态势，表明荷兰经济发展的某一冲击给物流节点带来同向的冲击，即新丝绸之路经济带沿线物流节点的增加拉动荷兰经济的增长。

得出结论：新丝绸之路经济带沿线的物流节点对荷兰经济发展有推动作用，但效果并不明显。

30）波兰脉冲响应函数分析

表8-8第四列所示，物流节点在当期给波兰经济发展一个信息冲击，在滞后期为10的动态范围内，其在当期引起波兰经济发展的响应有上下波动，但整体发展较为平稳，表明物流节点的某一冲击对波兰经济发展带来同向的冲击，即波兰经济发展对新丝绸之路经济带沿线的物流节点同样有促进作用。

表8-8第五列所示，在当期波兰经济发展给物流节点一个信息冲击时，在滞后期为10的动态范围内，在当期引起的物流节点的响应虽为负值，但逐渐增大发展平稳，表明波兰经济发展的某一冲击给物流节点带来同向的冲击，即新丝绸之路经济带沿线物流节点的增加拉动波兰经济的增长。

得出结论：新丝绸之路经济带沿线的物流节点对波兰经济发展存在推动作用，但这种关系并不明显。

31）俄罗斯脉冲响应函数分析

表 8-8 第六列所示，物流节点在当期给俄罗斯经济发展一个信息冲击，在滞后期为 10 的动态范围内，其在当期引起俄罗斯经济发展的响应有上下波动，但整体稳步增加，表明物流节点的某一冲击对俄罗斯经济发展带来同向的冲击，即俄罗斯经济发展对新丝绸之路经济带沿线的物流节点同样有促进作用。

表 8-8 第七列所示，在当期俄罗斯经济发展给物流节点一个信息冲击时，在滞后期为 10 的动态范围内，在当期引起的物流节点的响应有上下波动，但整体稳步增加，表明俄罗斯经济发展的某一冲击给物流节点带来同向的冲击，即新丝绸之路经济带沿线物流节点的增加拉动俄罗斯经济的增长。

得出结论：新丝绸之路经济带沿线的物流节点对俄罗斯经济发展的推动作用较为明显，并且这种关系越来越重要。

32）蒙古国脉冲响应函数分析

表 8-8 第八列所示，物流节点在当期给蒙古国经济发展一个信息冲击，在滞后期为 10 的动态范围内，其在当期引起蒙古国经济发展的响应虽为负值，但整体稳步缓慢增加，表明物流节点的某一冲击对蒙古国经济发展带来同向的冲击，即蒙古国经济发展对新丝绸之路经济带沿线的物流节点同样有促进作用。

表 8-8 第九列所示，在当期蒙古国经济发展给物流节点一个信息冲击时，在滞后期为 10 的动态范围内，在当期引起的物流节点的响应逐渐增大并逐步趋于回落态势，表明蒙古国经济发展的某一冲击给物流节点带来同向的冲击，即新丝绸之路经济带沿线物流节点的增加拉动蒙古国经济的增长。

得出结论：新丝绸之路经济带沿线的物流节点对蒙古国经济发展推

动作用较为明显，并且这种关系越来越重要。

33）巴基斯坦脉冲响应函数分析

表8-8第二列所示，物流节点在当期给巴基斯坦经济发展一个信息冲击，在滞后期为10的动态范围内，其在当期引起巴基斯坦经济发展的响应有上下波动，但整体稳步增加，表明物流节点的某一冲击对巴基斯坦经济发展带来同向的冲击，即巴基斯坦经济发展对新丝绸之路经济带沿线的物流节点同样有促进作用。

表8-8第三列所示，在当期巴基斯坦经济发展给物流节点一个信息冲击时，在滞后期为10的动态范围内，在当期引起的物流节点的响应逐渐增大并逐步趋于回落态势，表明巴基斯坦经济发展的某一冲击给物流节点带来同向的冲击，即新丝绸之路经济带沿线物流节点的增加拉动巴基斯坦经济的增长。

得出结论：新丝绸之路经济带沿线的物流节点对巴基斯坦经济发展的推动作用明显，并且这种关系越来越明显且重要。

34）孟加拉国脉冲响应函数分析

表8-8第四列所示，物流节点在当期给孟加拉国经济发展一个信息冲击，在滞后期为10的动态范围内，其在当期引起孟加拉国经济发展的响应有上下波动，但整体稳步增加，表明物流节点的某一冲击对孟加拉国经济发展带来同向的冲击，即孟加拉国经济发展对新丝绸之路经济带沿线的物流节点同样有促进作用。

表8-8第五列所示，在当期孟加拉国经济发展给物流节点一个信息冲击时，在滞后期为10的动态范围内，在当期引起的物流节点的响应逐渐增大并且发展平稳，表明孟加拉国经济发展的某一冲击给物流节点带来同向的冲击，即新丝绸之路经济带沿线物流节点的增加拉动孟加拉国经济的增长。

得出结论：新丝绸之路经济带沿线的物流节点对孟加拉国经济发展的推动作用明显，并且这种关系越来越重要。

35）印度脉冲响应函数分析

表 8-8 第六列所示，物流节点在当期给印度经济发展一个信息冲击，在滞后期为 10 的动态范围内，其在当期引起印度经济发展的响应有上下波动，表明物流节点的某一冲击对印度经济发展带来同向的冲击，即印度经济发展对新丝绸之路经济带沿线的物流节点同样有促进作用。

表 8-8 第七列所示，在当期印度经济发展给物流节点一个信息冲击时，在滞后期为 10 的动态范围内，在当期引起的物流节点的响应作用明显，但逐渐趋于回落态势，表明印度经济发展的某一冲击给物流节点带来同向的冲击，即新丝绸之路经济带沿线物流节点的增加拉动印度经济的增长。

得出结论：新丝绸之路经济带沿线的物流节点对印度经济发展的推动作用较为明显。

36）缅甸脉冲响应函数分析

表 8-8 第八列所示，物流节点在当期给缅甸经济发展一个信息冲击，在滞后期为 10 的动态范围内，其在当期引起缅甸经济发展的响应有上下波动，但整体稳步增加，表明物流节点的某一冲击对缅甸经济发展带来同向的冲击，即缅甸经济发展对新丝绸之路经济带沿线的物流节点同样有促进作用。

表 8-8 第九列所示，在当期缅甸经济发展给物流节点一个信息冲击时，在滞后期为 10 的动态范围内，在当期引起的物流节点的响应逐渐增大并逐步趋于平稳发展，表明缅甸经济发展的某一冲击给物流节点带来同向的冲击，即新丝绸之路经济带沿线物流节点的增加拉动缅甸经济的增长。

得出结论：新丝绸之路经济带沿线的物流节点对缅甸经济发展的推动作用明显，并且这种关系越来越明显且重要。

37）越南脉冲响应函数分析

表8-8第二列所示，物流节点在当期给越南经济发展一个信息冲击，在滞后期为10的动态范围内，其在当期引起越南经济发展的响应整体稳步增加，表明物流节点的某一冲击对越南经济发展带来同向的冲击，即越南经济发展对新丝绸之路经济带沿线的物流节点同样有促进作用。

表8-8第三列所示，在当期越南经济发展给物流节点一个信息冲击时，在滞后期为10的动态范围内，在当期引起的物流节点的响应逐渐增大并逐步趋于平稳增加态势，表明越南经济发展的某一冲击给物流节点带来同向的冲击，即新丝绸之路经济带沿线物流节点的增加拉动越南经济的增长。

得出结论：新丝绸之路经济带沿线的物流节点对越南经济发展的推动作用明显，并且这种关系越来越明显且重要。

38）新加坡脉冲响应函数分析

表8-8第四列所示，物流节点在当期给新加坡经济发展一个信息冲击，在滞后期为10的动态范围内，其在当期引起新加坡经济发展的响应虽有所波动，但整体稳步增加，表明物流节点的某一冲击对新加坡经济发展带来同向的冲击，即新加坡经济发展对新丝绸之路经济带沿线的物流节点同样有促进作用。

表8-8第五列所示，在当期新加坡经济发展给物流节点一个信息冲击时，在滞后期为10的动态范围内，在当期引起的物流节点的响应逐渐增大并逐步趋于回落态势，表明新加坡经济发展的某一冲击给物流节点带来同向的冲击，即新丝绸之路经济带沿线物流节点的增加拉动新加坡经济的增长。

得出结论：新丝绸之路经济带沿线的物流节点对新加坡经济发展的推动作用非常明显，并且这种关系越来越重要。

39）老挝脉冲响应函数分析

表8-8第六列所示，物流节点在当期给老挝经济发展一个信息冲击，在滞后期为10的动态范围内，其在当期引起老挝经济发展的响应虽有上下波动，但整体稳步增加，表明物流节点的某一冲击对老挝经济发展带来同向的冲击，即老挝经济发展对新丝绸之路经济带沿线的物流节点同样有促进作用。

表8-8第七列所示，在当期老挝经济发展给物流节点一个信息冲击时，在滞后期为10的动态范围内，在当期引起的物流节点的响应逐渐增大并逐步趋于回落态势，表明老挝经济发展的某一冲击给物流节点带来同向的冲击，即新丝绸之路经济带沿线物流节点的增加拉动老挝经济的增长。

得出结论：新丝绸之路经济带沿线的物流节点对老挝经济发展的推动作用较为明显，并且这种关系越来越明显且重要。

40）马来西亚脉冲响应函数分析

表8-8第八列所示，物流节点在当期给马来西亚经济发展一个信息冲击，在滞后期为10的动态范围内，其在当期引起马来西亚经济发展的响应整体稳步增加，表明物流节点的某一冲击对马来西亚经济发展带来同向的冲击，即马来西亚经济发展对新丝绸之路经济带沿线的物流节点同样有促进作用。

表8-8第九列所示，在当期马来西亚经济发展给物流节点一个信息冲击时，在滞后期为10的动态范围内，在当期引起的物流节点的响应逐渐增大并逐步趋于回落态势，表明马来西亚经济发展的某一冲击给物流节点带来同向的冲击，即新丝绸之路经济带沿线物流节点的增加拉动马来西亚经济的增长。

得出结论：新丝绸之路经济带沿线的物流节点对马来西亚经济发展的推动作用非常明显，并且这种关系越来越明显且重要。

8.4.5 方差分解分析

方差分解同样可以研究VAR模型的动态特征。它是通过分析每个结构冲击对内生变量变化产生影响的程度来评价不同结构冲击的重要性。VAR模型中的方差分解可以给出随机误差项的相对重要信息。方差分解的基本思想是：把系统中的全部内生变量(k个)的波动按其成因分解为与各个方程新信息相关联的k个组成部分，从而得到新信息对模型内生变量的相对重要程度。

运用方差分解分析新丝绸之路经济带物流节点和各区域经济发展在变化的过程中对自身和对方所产生的影响。假定在10个周期计算范围内，GDP和NODS的方法分解结果如表8-9所示。

1）中国陕西方差分解分析

根据表8-9的计算结果所示，在中国陕西的经济发展过程中，新丝绸之路经济带沿线物流节点对陕西省经济发展的贡献程度处于逐步上升的阶段，第1期为0，第10期为16.79%[①]，在10期内稳步上升，从其发展态势可看出，陕西省经济发展正在朝着多元化发展，并非依靠单一产业发展而存在。

在物流节点的发展过程中，陕西省经济发展对物流节点的发展贡献程度在逐渐增大，第1期为50%，第10期为68.16%，可见陕西省经济发展对新丝绸之路经济带沿线物流节点的发展贡献在稳步增加，说明陕西省在经济发展过程中具有物流节点资源共享特点，满足陕西省经济发展过程中的物流需求。

得出结论：新丝绸之路经济带沿线物流节点对陕西省经济发展的贡献逐年加大，主要原因是物流业在陕西省经济发展过程中的地位越来越明显，尤其是在新丝绸之路经济带发展过程中和物流基础设施快速建设时期的表现更为明显。

---

① 为方便读者阅读，文中数据只保留小数点后两位，详细数据请查阅相对应的图表。后同。

表 8-9　物流节点与区域经济发展方差分解结果

Period	中国陕西				中国甘肃			
	Variance Decomposition of NODS		Variance Decomposition of GDP		Variance Decomposition of NODS		Variance Decomposition of GDP	
	S. E.	GDP	S. E.	NODS	S. E.	GDP	S. E.	NODS
1	0.079128	0.000000	0.266547	0.500316	0.060478	0.000000	0.304675	5.394407
2	0.089056	0.032474	0.474618	67.250880	0.086647	0.503911	0.345301	25.873360
3	0.096868	0.110192	0.475041	67.291800	0.103778	1.690628	0.355623	29.916140
4	0.103051	0.132089	0.476970	67.451280	0.116829	2.166875	0.359778	30.935220
5	0.106618	0.142527	0.479973	67.851660	0.126602	2.383933	0.364519	32.592310
6	0.109039	0.153466	0.480740	67.953660	0.133985	2.548485	0.368303	33.930530
7	0.110683	0.159565	0.481387	68.037600	0.139716	2.661007	0.371078	34.849990
8	0.111771	0.163470	0.481868	68.100710	0.144213	2.736815	0.373371	35.595020
9	0.112506	0.166170	0.482160	68.138920	0.147766	2.792447	0.375245	36.199500
10	0.113004	0.167931	0.482364	68.165520	0.150591	2.834241	0.376749	36.677030

Period	中国宁夏				中国青海			
	Variance Decomposition of NODS		Variance Decomposition of GDP		Variance Decomposition of NODS		Variance Decomposition of GDP	
	S. E.	GDP	S. E.	NODS	S. E.	GDP	S. E.	NODS
1	0.073580	0.000000	0.117465	23.708510	0.085308	0.000000	0.479630	24.790140
2	0.091530	0.467200	0.166264	61.908450	0.096355	18.122900	0.598208	51.533880
3	0.111859	0.539558	0.170833	63.918330	0.097132	18.696760	0.632748	46.244390
4	0.127896	0.580658	0.181526	67.956110	0.098121	18.427090	0.635077	46.486500
5	0.142789	0.604076	0.191159	71.021520	0.098606	18.743570	0.638249	46.896410
6	0.156507	0.622082	0.200746	73.659860	0.098747	18.821360	0.639273	46.855030
7	0.169442	0.634683	0.209972	75.862950	0.098773	18.845430	0.639605	46.879600
8	0.181735	0.644324	0.219068	77.768160	0.098789	18.845150	0.639685	46.877030
9	0.193524	0.651880	0.228004	79.422120	0.098800	18.848080	0.639714	46.879330
10	0.204900	0.657978	0.236812	80.872740	0.098802	18.851080	0.639739	46.881600

续表

Period	中国新疆				中国山东			
	Variance Decomposition of NODS		Variance Decomposition of GDP		Variance Decomposition of NODS		Variance Decomposition of GDP	
	S. E.	GDP	S. E.	NODS	S. E.	GDP	S. E.	NODS
1	0.104859	0.000000	0.055070	88.628250	0.015776	0.000000	0.015162	94.047670
2	0.120122	21.352870	0.094248	83.364450	0.018543	4.828551	0.019327	95.046700
3	0.121745	23.435580	0.109624	71.136460	0.029963	4.387045	0.022292	94.241400
4	0.128708	21.458430	0.119176	69.451180	0.032816	4.552066	0.025915	94.537450
5	0.137118	22.498920	0.132691	70.447980	0.036977	5.079191	0.027828	94.455100
6	0.141361	24.776960	0.144785	69.140900	0.040342	4.970017	0.029988	94.399530
7	0.145005	25.245460	0.154074	67.883170	0.042551	5.153346	0.031663	94.437580
8	0.150059	25.403180	0.163108	67.638170	0.045107	5.177664	0.033057	94.390730
9	0.154599	26.211560	0.172227	67.412580	0.046900	5.209393	0.034388	94.400790
10	0.158409	26.866330	0.180524	66.963820	0.048616	5.263745	0.035457	94.391950

Period	中国江苏				中国安徽			
	Variance Decomposition of NODS		Variance Decomposition of GDP		Variance Decomposition of NODS		Variance Decomposition of GDP	
	S. E.	GDP	S. E.	NODS	S. E.	GDP	S. E.	NODS
1	0.042534	0.000000	0.022488	99.538570	0.030225	0.000000	0.008526	11.930330
2	0.046640	0.059809	0.027046	99.041780	0.031298	1.019518	0.037069	92.974140
3	0.047174	0.063671	0.027138	98.516930	0.035050	0.830279	0.046332	95.231790
4	0.047541	0.063970	0.027923	98.290140	0.035131	1.255207	0.047358	94.630870
5	0.047602	0.065131	0.029479	98.172900	0.036984	1.132601	0.050194	93.774500
6	0.047641	0.065603	0.030356	97.990960	0.037016	1.184419	0.056752	94.424450
7	0.047642	0.065601	0.030960	97.827610	0.037343	1.189877	0.060643	94.715090
8	0.047651	0.065611	0.031642	97.714850	0.037401	1.251664	0.062721	94.497540
9	0.047652	0.065765	0.032299	97.621010	0.037712	1.231300	0.065716	94.368800
10	0.047652	0.065851	0.032850	97.532480	0.037716	1.231356	0.069446	94.515160

续表

Period	中国河南				中国北京			
	Variance Decomposition of NODS		Variance Decomposition of GDP		Variance Decomposition of NODS		Variance Decomposition of GDP	
	S. E.	GDP	S. E.	NODS	S. E.	GDP	S. E.	NODS
1	0.239008	0.000000	0.032445	51.218840	0.029509	0.000000	0.036292	92.396550
2	0.381015	27.866290	0.045524	30.322280	0.036127	3.205933	0.046356	94.107800
3	0.388171	28.457400	0.047559	28.404640	0.050883	5.785803	0.053358	93.119290
4	0.409357	33.979880	0.049624	28.728760	0.058801	5.516791	0.061258	93.128470
5	0.418982	32.665790	0.056794	28.207360	0.064335	6.050358	0.066053	93.210210
6	0.422582	33.341930	0.061219	24.921710	0.070039	6.215137	0.070215	93.059710
7	0.430908	33.354000	0.063039	23.704000	0.073988	6.249799	0.073897	93.072320
8	0.439098	35.646340	0.066151	23.632850	0.077344	6.377753	0.076694	93.061480
9	0.440470	35.569340	0.070488	22.679010	0.080304	6.420917	0.079157	93.031320
10	0.441002	35.562070	0.073383	21.421860	0.082651	6.458027	0.081245	93.029930

Period	中国天津				中国河北			
	Variance Decomposition of NODS		Variance Decomposition of GDP		Variance Decomposition of NODS		Variance Decomposition of GDP	
	S. E.	GDP	S. E.	NODS	S. E.	GDP	S. E.	NODS
1	0.023385	0.000000	0.039471	26.984950	0.017404	0.000000	0.007587	93.968300
2	0.051085	48.437080	0.055810	38.145750	0.019034	0.341275	0.015807	98.200170
3	0.072137	56.859630	0.067000	37.388180	0.019111	0.474824	0.017340	98.409630
4	0.092741	57.220870	0.076748	39.469550	0.020469	1.128931	0.017947	97.838970
5	0.108378	57.737710	0.083610	39.560900	0.023168	0.955984	0.020320	97.642240
6	0.121041	57.600610	0.089344	40.177080	0.023513	0.959166	0.022558	97.875050
7	0.130814	57.614530	0.093653	40.322780	0.023762	1.227934	0.023417	97.813290
8	0.138586	57.536990	0.097171	40.566050	0.025043	1.346742	0.024408	97.618540
9	0.144688	57.510760	0.099915	40.671960	0.026022	1.314982	0.025977	97.634160
10	0.149559	57.471180	0.102141	40.788710	0.026351	1.385150	0.027133	97.670320

续表

Period	中国内蒙古				中国辽宁			
	Variance Decomposition of NODS		Variance Decomposition of GDP		Variance Decomposition of NODS		Variance Decomposition of GDP	
	S. E.	GDP	S. E.	NODS	S. E.	GDP	S. E.	NODS
1	0.076945	0.000000	0.021607	75.033260	0.023970	0.000000	0.032935	65.419860
2	0.082217	12.325320	0.038282	89.539770	0.088343	27.274390	0.051240	69.458710
3	0.082511	12.885120	0.039823	90.152410	0.106189	22.506990	0.055754	74.202290
4	0.099077	9.274060	0.041890	90.541450	0.112393	22.085050	0.061383	78.710800
5	0.104781	9.495302	0.048703	92.363310	0.123956	18.319700	0.070556	82.114400
6	0.105597	9.873151	0.051612	93.162200	0.137190	16.402680	0.075066	84.146380
7	0.112991	8.734432	0.053327	93.594650	0.141022	15.946340	0.077322	84.247230
8	0.120443	7.757793	0.057229	94.319040	0.143717	16.386390	0.079601	85.093830
9	0.122997	7.664421	0.060564	94.924960	0.146921	15.701600	0.081350	85.718200
10	0.127873	7.097022	0.062702	95.250560	0.148249	15.432530	0.081943	85.503440

Period	中国吉林				中国黑龙江			
	Variance Decomposition of NODS		Variance Decomposition of GDP		Variance Decomposition of NODS		Variance Decomposition of GDP	
	S. E.	GDP	S. E.	NODS	S. E.	GDP	S. E.	NODS
1	0.009109	0.000000	0.006403	47.743610	0.016965	0.000000	0.005116	98.221720
2	0.010541	7.453290	0.009059	71.706590	0.017068	0.044373	0.015157	99.652890
3	0.012484	32.179950	0.009292	68.154730	0.017108	0.162170	0.016866	99.588400
4	0.013416	35.011780	0.009746	63.106780	0.019370	0.154139	0.017194	99.447420
5	0.014205	38.120680	0.010034	64.496540	0.020050	0.158590	0.018750	99.461620
6	0.015007	44.208660	0.010192	62.955420	0.020061	0.189663	0.019751	99.475870
7	0.015675	46.846670	0.010375	60.787750	0.020339	0.200875	0.019898	99.443270
8	0.016290	48.993100	0.010524	60.221270	0.020769	0.197674	0.020184	99.431480
9	0.016879	51.625150	0.010662	59.165320	0.020776	0.205211	0.020578	99.439500
10	0.017422	53.405270	0.010798	57.929190	0.020798	0.211675	0.020676	99.433190

续表

Period	中国云南				中国广东			
	Variance Decomposition of NODS		Variance Decomposition of GDP		Variance Decomposition of NODS		Variance Decomposition of GDP	
	S. E.	GDP	S. E.	NODS	S. E.	GDP	S. E.	NODS
1	0.092265	0.000000	0.035007	58.685110	0.060895	0.000000	0.023626	74.316050
2	0.106082	19.678960	0.056699	71.723230	0.061254	0.439362	0.033701	79.959580
3	0.106185	19.652810	0.063530	74.771190	0.064522	4.132272	0.039740	81.251610
4	0.115273	19.657550	0.069653	75.730750	0.068935	4.790073	0.044400	81.392430
5	0.118952	18.841400	0.077656	76.711050	0.070905	5.334286	0.048572	81.654540
6	0.120742	18.664700	0.084649	77.720860	0.072752	6.106286	0.052094	81.884580
7	0.124596	18.752750	0.090801	78.383180	0.074752	6.657612	0.055094	82.006680
8	0.128849	18.624520	0.097075	78.858070	0.076446	7.070892	0.057740	82.097650
9	0.132373	18.497630	0.103317	79.282990	0.077925	7.452939	0.060082	82.176510
10	0.136066	18.457710	0.109336	79.641050	0.079299	7.782298	0.062158	82.237480

Period	中国广西				哈萨克斯坦			
	Variance Decomposition of NODS		Variance Decomposition of GDP		Variance Decomposition of NODS		Variance Decomposition of GDP	
	S. E.	GDP	S. E.	NODS	S. E.	GDP	S. E.	NODS
1	0.048927	0.000000	0.012144	5.502312	0.164642	0.000000	1.106459	1.304541
2	0.082763	41.953710	0.019022	2.259159	0.169100	0.059229	1.136963	5.703075
3	0.082824	42.002650	0.024119	3.707814	0.172570	2.105050	1.335060	30.660780
4	0.085509	40.512480	0.026487	3.182768	0.172760	2.142283	1.338289	30.993840
5	0.091710	46.089490	0.029464	2.582907	0.173901	2.116347	1.343326	30.761880
6	0.092672	47.044880	0.032177	2.502818	0.174068	2.116448	1.343367	30.765830
7	0.093717	47.617320	0.034085	2.235060	0.174138	2.142733	1.345514	30.977670
8	0.096116	49.951300	0.036041	2.012414	0.174150	2.144669	1.345672	30.993770
9	0.097299	51.076360	0.037897	1.907602	0.174169	2.144390	1.345735	30.991420
10	0.098220	51.935190	0.039435	1.780750	0.174174	2.144440	1.345737	30.991420

续表

Period	吉尔吉斯斯坦				塔吉克斯坦			
	Variance Decomposition of NODS		Variance Decomposition of GDP		Variance Decomposition of NODS		Variance Decomposition of GDP	
	S. E.	GDP	S. E.	NODS	S. E.	GDP	S. E.	NODS
1	0.714395	0.000000	0.035768	0.856830	0.928908	0.000000	0.280567	9.221402
2	0.779766	5.262021	0.051544	0.421336	1.235760	10.130370	0.420835	17.972390
3	0.797385	8.982495	0.076115	33.171010	1.259859	10.257650	0.769512	61.343020
4	0.818061	10.326440	0.084349	39.986720	1.286140	10.258300	0.775088	61.896310
5	0.864370	10.758440	0.091158	40.964300	1.298957	10.066040	0.790649	62.023000
6	0.867805	10.779030	0.096444	37.761070	1.300397	10.176760	0.793440	62.124520
7	0.870191	10.902230	0.104900	36.720890	1.306366	10.157120	0.797345	62.246840
8	0.874781	11.254680	0.112292	37.678710	1.308191	10.165640	0.799180	62.413460
9	0.881984	12.234100	0.119298	39.022370	1.308204	10.166160	0.800601	62.460850
10	0.885866	12.441800	0.124679	38.751260	1.308376	10.163490	0.800628	62.457190

Period	乌兹别克斯坦				土库曼斯坦			
	Variance Decomposition of NODS		Variance Decomposition of GDP		Variance Decomposition of NODS		Variance Decomposition of GDP	
	S. E.	GDP	S. E.	NODS	S. E.	GDP	S. E.	NODS
1	0.564796	0.000000	0.145088	46.485350	0.261153	0.000000	0.091014	73.333820
2	0.630951	9.240272	0.189587	40.507690	0.363583	0.377703	0.107227	53.320710
3	0.665811	11.510690	0.213026	35.663080	0.363595	0.379104	0.633888	97.788660
4	0.669156	12.368390	0.232032	33.518510	0.364791	0.379881	0.636500	97.787460
5	0.673866	13.464350	0.246150	32.533940	0.364956	0.379623	0.639162	97.798540
6	0.679724	14.341050	0.255869	31.785510	0.365035	0.379761	0.639213	97.798710
7	0.682874	14.907330	0.263028	31.266070	0.365037	0.379757	0.639448	97.799640
8	0.685067	15.336260	0.268443	30.930640	0.365041	0.379760	0.639449	97.799620
9	0.686957	15.673540	0.272482	30.691750	0.365041	0.379759	0.639456	97.799660
10	0.688391	15.924700	0.275506	30.514880	0.365041	0.379759	0.639456	97.799660

续表

Period	伊朗				土耳其			
	Variance Decomposition of NODS		Variance Decomposition of GDP		Variance Decomposition of NODS		Variance Decomposition of GDP	
	S. E.	GDP	S. E.	NODS	S. E.	GDP	S. E.	NODS
1	0.910609	0.000000	0.395016	0.029437	0.596012	0.000000	0.116078	47.832900
2	1.319333	29.138060	0.407764	5.839198	0.840979	49.722460	0.132860	58.875530
3	1.437646	40.139980	0.539352	30.924610	1.066048	58.560820	0.165003	38.350230
4	1.458391	41.825590	0.623067	32.516810	1.159497	57.985840	0.199841	28.383400
5	1.524003	40.000660	0.675028	29.516790	1.171492	58.828130	0.228897	26.863970
6	1.643264	40.495340	0.706020	29.390660	1.200195	60.204100	0.241074	25.331040
7	1.723393	44.110180	0.750603	31.659550	1.259120	63.820260	0.251047	23.388700
8	1.766104	46.146190	0.800818	32.824680	1.333863	66.503250	0.264621	21.107370
9	1.809169	46.667960	0.842158	32.409840	1.386640	67.818100	0.281487	19.262310
10	1.872094	46.993070	0.875142	32.175560	1.419186	69.016050	0.297021	18.235600

Period	白俄罗斯				德国			
	Variance Decomposition of NODS		Variance Decomposition of GDP		Variance Decomposition of NODS		Variance Decomposition of GDP	
	S. E.	GDP	S. E.	NODS	S. E.	GDP	S. E.	NODS
1	0.027588	0.000000	0.017161	50.351690	0.023154	0.000000	0.021387	27.319170
2	0.036717	3.692751	0.026255	77.969840	0.027557	27.722170	0.023529	24.567420
3	0.047013	4.359498	0.029893	77.925290	0.035411	31.498120	0.025708	36.795960
4	0.051913	4.494762	0.031666	79.846870	0.036992	33.159560	0.026366	37.955510
5	0.058038	4.304336	0.032596	80.898580	0.040449	30.567210	0.028633	40.101190
6	0.063188	4.417532	0.034632	82.666380	0.042494	33.019870	0.029777	40.252920
7	0.068412	4.443872	0.036284	83.648880	0.045436	33.411410	0.030949	43.062390
8	0.072947	4.475746	0.037880	84.624910	0.047156	34.180220	0.031779	43.939540
9	0.077463	4.473927	0.039298	85.402050	0.049226	33.951580	0.032909	45.057060
10	0.081704	4.492687	0.040815	86.143350	0.050854	34.567030	0.033779	45.577110

续表

Period	荷兰				波兰			
	Variance Decomposition of NODS		Variance Decomposition of GDP		Variance Decomposition of NODS		Variance Decomposition of GDP	
	S. E.	GDP	S. E.	NODS	S. E.	GDP	S. E.	NODS
1	0.384954	0.000000	0.014655	39.684430	0.366489	0.000000	0.023933	1.699774
2	0.420159	0.507562	0.023793	45.192390	0.416334	19.869600	0.049144	18.672250
3	0.439780	0.468386	0.032378	59.495600	0.497676	21.996770	0.064649	29.445280
4	0.450993	1.252988	0.034450	56.420030	0.509588	21.543500	0.069611	28.618700
5	0.457935	1.803964	0.036071	51.464580	0.531163	21.964640	0.073596	25.760520
6	0.465731	1.839607	0.037983	47.792890	0.540508	21.312390	0.079230	23.619220
7	0.465901	1.906372	0.040244	47.367630	0.546817	21.950100	0.084747	24.106080
8	0.467392	2.113726	0.041800	46.624250	0.552165	21.527990	0.087824	24.240570
9	0.468123	2.372951	0.042870	45.097710	0.554089	21.904810	0.089680	23.609630
10	0.469630	2.508108	0.043905	43.741460	0.557249	21.720350	0.091647	22.954070

Period	俄罗斯				蒙古国			
	Variance Decomposition of NODS		Variance Decomposition of GDP		Variance Decomposition of NODS		Variance Decomposition of GDP	
	S. E.	GDP	S. E.	NODS	S. E.	GDP	S. E.	NODS
1	0.042321	0.000000	0.094557	87.319360	0.084258	0.000000	0.018196	44.803850
2	0.053317	0.133831	0.120130	90.086590	0.136173	0.209125	0.066838	93.401450
3	0.054332	2.947265	0.132145	91.311210	0.168850	0.177841	0.077377	94.905370
4	0.054483	3.365280	0.132362	91.338720	0.195272	0.144773	0.082852	95.302450
5	0.056220	3.292439	0.132797	91.170010	0.220034	0.150404	0.094963	96.270340
6	0.057663	3.129645	0.133273	91.225630	0.240964	0.147127	0.103112	96.771060
7	0.057898	3.260382	0.133694	91.249060	0.259488	0.138897	0.108765	97.095010
8	0.057948	3.359155	0.133757	91.256890	0.276948	0.137899	0.115886	97.416820
9	0.058055	3.405331	0.133766	91.250840	0.292873	0.136656	0.122166	97.650420
10	0.058233	3.392980	0.133796	91.254240	0.307516	0.133854	0.127347	97.835000

续表

Period	巴基斯坦				孟加拉国			
	Variance Decomposition of NODS		Variance Decomposition of GDP		Variance Decomposition of NODS		Variance Decomposition of GDP	
	S. E.	GDP	S. E.	NODS	S. E.	GDP	S. E.	NODS
1	0.201997	0.000000	0.023466	19.345160	0.030210	0.000000	0.031830	0.149741
2	0.245220	0.242578	0.062622	86.392260	0.038416	33.060720	0.033770	2.385432
3	0.265329	0.210422	0.069779	88.109320	0.046502	54.241070	0.036876	8.182861
4	0.287000	0.234101	0.069979	87.612220	0.048689	58.218780	0.038105	10.353830
5	0.307672	0.217153	0.070076	87.557370	0.050726	59.595640	0.040858	10.506170
6	0.321369	0.199691	0.071795	87.983010	0.051225	58.674900	0.042793	10.845470
7	0.330065	0.189529	0.073269	88.461170	0.052260	59.519330	0.044724	11.591750
8	0.336975	0.183470	0.073676	88.562720	0.053209	60.616970	0.046169	12.355250
9	0.342939	0.178976	0.073864	88.621020	0.054315	61.653430	0.047698	12.802320
10	0.347607	0.174466	0.074173	88.708620	0.055039	61.994040	0.049097	13.110990

Period	印度				缅甸			
	Variance Decomposition of NODS		Variance Decomposition of GDP		Variance Decomposition of NODS		Variance Decomposition of GDP	
	S. E.	GDP	S. E.	NODS	S. E.	GDP	S. E.	NODS
1	0.150353	0.000000	0.020457	92.430580	0.224528	0.000000	0.052727	23.972320
2	0.165717	0.012743	0.050210	98.550730	0.328201	42.865080	0.073918	45.860570
3	0.172645	0.059481	0.082105	99.385810	0.440872	45.747180	0.087364	48.588290
4	0.177666	0.057162	0.088035	99.454280	0.513432	42.833040	0.101886	48.139790
5	0.187946	0.061846	0.097587	99.503280	0.581121	44.882420	0.115327	49.814700
6	0.192925	0.059306	0.102367	99.543770	0.651445	45.498590	0.127524	50.560710
7	0.198670	0.063816	0.109629	99.581730	0.715744	45.336100	0.139682	50.804890
8	0.202089	0.061750	0.112985	99.604940	0.778361	45.683220	0.151619	51.225870
9	0.206400	0.063310	0.117588	99.623890	0.841174	45.886820	0.163298	51.523630
10	0.209071	0.061709	0.120113	99.639190	0.902944	45.953050	0.174956	51.713090

续表

Period	越南				新加坡			
	Variance Decomposition of NODS		Variance Decomposition of GDP		Variance Decomposition of NODS		Variance Decomposition of GDP	
	S. E.	GDP	S. E.	NODS	S. E.	GDP	S. E.	NODS
1	0.041373	0.000000	0.011330	11.880330	0.143285	0.000000	0.036445	47.926090
2	0.043050	3.282681	0.016057	28.023510	0.167435	1.004717	0.047990	49.579770
3	0.044426	6.900794	0.018829	42.937920	0.168444	1.977084	0.062118	68.419950
4	0.045885	11.719500	0.020082	43.923030	0.172091	5.955708	0.065447	69.972280
5	0.047211	12.134450	0.021563	42.512340	0.180016	7.057382	0.067833	67.463230
6	0.047792	12.637400	0.023187	43.255840	0.185914	7.222861	0.071886	66.841290
7	0.048381	13.985470	0.024620	44.444760	0.188636	8.067057	0.076479	68.266040
8	0.049128	15.279490	0.025892	44.869390	0.191834	9.308013	0.079879	68.762340
9	0.049858	16.173900	0.027136	45.047280	0.196081	10.140880	0.082835	68.497230
10	0.050516	17.031900	0.028353	45.344730	0.200139	10.715070	0.086030	68.431080

Period	老挝				马来西亚			
	Variance Decomposition of NODS		Variance Decomposition of GDP		Variance Decomposition of NODS		Variance Decomposition of GDP	
	S. E.	GDP	S. E.	NODS	S. E.	GDP	S. E.	NODS
1	0.235160	0.000000	0.008162	45.802700	0.234019	0.000000	0.045866	12.054750
2	0.260777	0.540911	0.032178	95.781210	0.300356	12.415520	0.086034	57.108420
3	0.261413	0.555943	0.043905	96.005000	0.424828	26.782540	0.103494	65.360060
4	0.262188	0.583998	0.051556	96.488930	0.554820	26.962510	0.111814	65.418610
5	0.262253	0.584299	0.055674	96.332540	0.641488	26.675760	0.119801	65.288680
6	0.263021	0.600915	0.059225	96.387820	0.701411	27.328900	0.126489	66.069650
7	0.264159	0.608487	0.062300	96.373900	0.749032	27.752040	0.130836	66.503760
8	0.264789	0.623909	0.065175	96.416750	0.785178	27.847130	0.133860	66.613610
9	0.265213	0.632543	0.067612	96.425420	0.810919	27.922000	0.136201	66.715470
10	0.265550	0.641673	0.069718	96.441260	0.829591	28.011210	0.137929	66.826820

2）中国甘肃方差分解分析

根据表 8-9 的计算结果所示，在中国甘肃的经济发展过程中，新丝绸之路经济带沿线物流节点对甘肃省经济发展的贡献程度处于逐步上升的阶段，第 1 期为 0，第 10 期为 2.83%，在 10 期内稳步上升，从其发展态势可看出，甘肃省经济发展在逐步缓慢增加。

在物流节点的发展过程中，甘肃省经济发展对物流节点的发展贡献程度在逐渐增大，第 1 期为 5.39%，第 10 期为 36.67%，可见甘肃省经济发展对新丝绸之路经济带沿线物流节点的发展贡献在稳步增加，虽然增加幅度不大，但在稳步提升，说明甘肃省在经济发展过程中物流产业的贡献在增大，但增大幅度较小。

得出结论：新丝绸之路经济带沿线物流节点对甘肃省经济发展的贡献逐年缓慢增大，主要原因是物流业在甘肃省的经济发展过程中的地位有所凸显。

3）中国宁夏方差分解分析

根据表 8-9 的计算结果所示，在中国宁夏的经济发展过程中，新丝绸之路经济带沿线物流节点对宁夏回族自治区经济发展的贡献程度处于逐步上升的阶段，第 1 期为 0，第 10 期为 0.65%，在 10 期内稳步上升，从其发展态势可看出，宁夏回族自治区经济发展较为缓慢。

在物流节点的发展过程中，宁夏回族自治区经济发展对物流节点的发展贡献程度在逐渐增大，第 1 期为 23.71%，第 10 期为 80.87%，可见宁夏回族自治区经济发展对新丝绸之路经济带沿线物流节点的发展贡献在稳步增加，增加幅度较为明显，说明宁夏回族自治区在经济发展过程中有物流节点资源共享特点。

得出结论：新丝绸之路经济带沿线物流节点对宁夏回族自治区经济发展的贡献逐年加大，但增加幅度并不大；在宁夏回族自治区的经济发展过程中对物流节点的促进作用越来越明显，在新丝绸之路经济带发展过程中和物流基础设施快速建设时期的表现更为明显。

4）中国青海方差分解分析

根据表 8-9 的计算结果所示，在中国青海的经济发展过程中，新丝绸之路经济带沿线物流节点对青海省经济发展的贡献程度处于逐步上升的阶段，第 1 期为 0，第 10 期为 18.85%，在 10 期内稳步上升，从其发展态势可看出，青海省经济发展正在缓慢增加，在产业结构调整方面也在积极顺应经济发展。

在物流节点的发展过程中，青海省经济发展对物流节点的发展贡献程度在逐渐增大，第 1 期为 24.79%，第 10 期为 46.88%，可见青海省经济发展对新丝绸之路经济带沿线物流节点的发展贡献在初步增加，增加幅度虽然不大，但可以看出青海省在经济发展过程中对物流业的需求有所提升。

得出结论：新丝绸之路经济带沿线物流节点对青海省经济发展的贡献逐年加大，主要原因是物流业在青海省的经济发展过程中的地位越来越明显，尤其是在新丝绸之路经济带发展过程中和物流基础设施快速建设时期的表现更为明显。

5）中国新疆方差分解分析

根据表 8-9 的计算结果所示，在中国新疆的经济发展过程中，新丝绸之路经济带沿线物流节点对新疆维吾尔自治区经济发展的贡献程度处于逐步上升的阶段，第 1 期为 0，第 10 期为 26.86%，在 10 期内稳步上升，从其发展态势可看出，新疆维吾尔自治区经济发展由于霍尔果斯口岸的繁荣发展，物流业对经济发展的促进作用非常显著。

在物流节点的发展过程中，新疆维吾尔自治区经济发展对物流节点的发展贡献程度在逐渐增大，第 1 期为 88.62%，第 10 期为 66.96%，可见新疆维吾尔自治区经济发展对新丝绸之路经济带沿线物流节点的发展贡献在逐步减小，主要原因在于在 10 期的发展过程中，物流节点的贡献将会加大，从而减弱其经济发展对物流的推动力量。

得出结论：新丝绸之路经济带沿线物流节点对新疆维吾尔自治区经

济发展的贡献逐年加大，主要原因是物流业在新疆维吾尔自治区的经济发展过程中的地位越来越明显，尤其是在新丝绸之路经济带发展过程中和物流基础设施快速建设时期的表现更为明显，更主要表现为霍尔果斯口岸的贡献。

6）中国山东方差分解分析

根据表 8-9 的计算结果所示，在中国山东的经济发展过程中，新丝绸之路经济带沿线物流节点对山东省经济发展的贡献程度处于逐步上升的阶段，第 1 期为 0，第 10 期为 5.26%，在 10 期内稳步上升，但上升幅度较小，山东省经济发展被物流节点的推动效应相对较弱，主要由于山东省其他产业发展能力较强。

在物流节点的发展过程中，山东省经济发展对物流节点的发展贡献程度在逐渐增大，第 1 期为 94.04%，第 10 期为 94.39%，可见山东省经济发展对新丝绸之路经济带沿线物流节点的发展贡献非常平稳，说明山东省在经济发展过程中对物流业的需求非常平稳。

得出结论：新丝绸之路经济带沿线物流节点对山东省经济发展的贡献逐年平稳增大，主要原因是物流业在山东省的经济发展过程中的地位越来越稳固。

7）中国江苏方差分解分析

根据表 8-9 的计算结果所示，在中国江苏的经济发展过程中，新丝绸之路经济带沿线物流节点对江苏省经济发展的贡献程度处于逐步上升的阶段，第 1 期为 0，第 10 期为 0.06%，在 10 期内稳步上升，从其发展态势可看出，江苏省经济发展正在朝着多元化发展，并非依靠物流业单一产业发展而存在。

在物流节点的发展过程中，江苏省经济发展对物流节点的发展贡献程度在逐渐增大，第 1 期为 99.53%，第 10 期为 97.53%，可见江苏省经济发展对新丝绸之路经济带沿线物流节点的发展贡献非常平稳，说明江苏省在经济发展过程中对物流业的物流需求非常平稳。

得出结论：新丝绸之路经济带沿线物流节点对江苏省经济发展的贡献非常平稳，主要原因是物流业在江苏省的经济发展过程中的地位越来越稳定，尤其是在新丝绸之路经济带的发展过程中，江苏省物流业和经济发展都非常稳健。

8）中国安徽方差分解分析

根据表 8-9 的计算结果所示，在中国安徽的经济发展过程中，新丝绸之路经济带沿线物流节点对安徽省经济发展的贡献程度处于逐步上升的阶段，第 1 期为 0，第 10 期为 1.23%，在 10 期内稳步发展，安徽省经济发展并非依靠物流业发展而存在。

在物流节点的发展过程中，安徽省经济发展对物流节点的发展贡献程度在逐渐增大，第 1 期为 11.93%，从第二期迅速增长到第 10 期的 94.51%，并趋于平稳发展，可见安徽省经济发展对新丝绸之路经济带沿线物流节点的发展贡献在快速增加，说明安徽省在经济发展过程中具有物流节点资源共享特点，满足安徽省经济发展过程中的物流需求。

得出结论：新丝绸之路经济带沿线物流节点对安徽省经济发展的贡献逐年加大，并趋于平稳发展，主要原因是物流业在安徽省的经济发展过程中的地位越来越明显，尤其是在新丝绸之路经济带发展过程中和物流基础设施快速建设时期的表现更为明显。

9）中国河南方差分解分析

根据表 8-9 的计算结果所示，在中国河南的经济发展过程中，新丝绸之路经济带沿线物流节点对河南省经济发展的贡献程度处于逐步上升的阶段，第 1 期为 0，第 10 期为 35.55%，在 10 期内稳步上升，从其发展态势可看出，河南省经济发展正在朝着多元化发展，对物流业的依赖也在逐年增加。

在物流节点的发展过程中，河南省经济发展对物流节点的发展贡献程度在逐渐增大，第 1 期为 51.22%，第 10 期为 21.42%，可见河南省经济发展对新丝绸之路经济带沿线物流节点的发展贡献在逐年减小。

得出结论：新丝绸之路经济带沿线物流节点对河南省经济发展的贡献逐年减小，主要原因是物流业在河南省的经济发展过程中的地位越来越稳定，而其他产业发展速度较快。

10）中国北京方差分解分析

根据表8-9的计算结果所示，在中国北京的经济发展过程中，新丝绸之路经济带沿线物流节点对北京市经济发展的贡献程度处于逐步上升的阶段，第1期为0，第10期为6.45%，在10期内稳步缓慢上升，北京市经济发展正在朝着多元化发展，并非依靠物流业单一产业发展而存在。

在物流节点的发展过程中，北京市经济发展对物流节点的发展贡献程度在平稳发展，第1期为92.39%，第10期为93.03%，可见北京市经济发展对新丝绸之路经济带沿线物流节点的发展贡献在平稳发展，说明北京市在经济发展过程中对物流业的需求趋于平缓。

得出结论：新丝绸之路经济带沿线物流节点对北京市经济发展的贡献平稳，主要原因是物流业在北京市的经济发展过程中的地位越来越稳定，尤其是在新丝绸之路经济带发展过程中和物流基础设施快速建设时期的表现更为稳定。

11）中国天津方差分解分析

根据表8-9的计算结果所示，在中国天津的经济发展过程中，新丝绸之路经济带沿线物流节点对天津市经济发展的贡献程度处于逐步上升的阶段，第1期为0，第10期为57.47%，在10期内稳步缓慢上升，天津市经济发展正在朝着多元化发展，并非依靠物流业单一产业发展而存在。

在物流节点的发展过程中，天津市经济发展对物流节点的发展贡献程度在逐渐增大，第1期为26.98%，第10期为40.79%，可见天津市经济发展对新丝绸之路经济带沿线物流节点的发展贡献在逐步增加，说明天津市在经济发展过程中具有物流节点资源共享特点，满足天津市经济发展过程中的物流需求。

得出结论：新丝绸之路经济带沿线物流节点对天津市经济发展的贡献逐年加大，主要原因是物流业在天津市的经济发展过程中的地位越来越明显，尤其是在新丝绸之路经济带发展过程中和物流基础设施快速建设时期的表现更为明显，尤其是口岸对于经济带的发展起到不可低估的作用。

12）中国河北方差分解分析

根据表8-9的计算结果所示，在中国河北的经济发展过程中，新丝绸之路经济带沿线物流节点对河北省经济发展的贡献程度处于逐步上升的阶段，第1期为0，第10期为1.38%，在10期内稳步上升，但上升幅度较小，从其发展态势可看出，河北省经济发展正在朝着多元化发展，并非依靠物流业单一产业发展而存在。

在物流节点的发展过程中，河北省经济发展对物流节点的发展贡献程度在逐渐增大，第1期为93.96%，第10期为97.67%，可见河北省经济发展对新丝绸之路经济带沿线物流节点的发展贡献较为平稳，说明河北省在经济发展过程中对物流业的需求较为平稳。

得出结论：新丝绸之路经济带沿线物流节点对河北省经济发展的贡献逐年加大，且发展平稳，主要原因是物流业在河北省的经济发展过程中的地位越来越稳定，尤其是在新丝绸之路经济带发展过程中和物流基础设施快速建设时期的表现更为稳定。

13）中国内蒙古方差分解分析

根据表8-9的计算结果所示，在中国内蒙古的经济发展过程中，新丝绸之路经济带沿线物流节点对内蒙古自治区经济发展的贡献程度在逐渐降低，第1期为0，第2期为12.32%，第10期为7.09%，从其发展态势可看出，内蒙古自治区经济发展对物流业的依存度越来越低。

在物流节点的发展过程中，内蒙古自治区经济发展对物流节点的发展贡献程度在逐渐增加，第1期为75.03%，第10期为95.25%，可见内蒙古自治区经济发展对新丝绸之路经济带沿线物流节点的发展贡献在逐步增加,说明内蒙古自治区在经济发展过程中的物流需求逐年加大。

得出结论:新丝绸之路经济带沿线物流节点对内蒙古自治区经济发展的贡献逐年加大,主要原因是物流业在内蒙古自治区的经济发展过程中的地位越来越明显,尤其是在新丝绸之路经济带发展过程中和物流基础设施快速建设时期的表现更为明显。

14）中国辽宁方差分解分析

根据表 8-9 的计算结果所示,在中国辽宁的经济发展过程中,新丝绸之路经济带沿线物流节点对辽宁省经济发展的贡献程度处于逐步下降的阶段,第 1 期为 0,第 2 期为 27.27%,第 10 期为 15.43%,在 10 期内逐渐下降,从其发展态势可看出,辽宁省经济发展正在朝着多元化发展。

在物流节点的发展过程中,辽宁省经济发展对物流节点的发展贡献程度在逐渐增大,第 1 期为 65.42%,第 10 期为 85.51%,可见辽宁省经济发展对新丝绸之路经济带沿线物流节点的发展贡献在逐步增加,说明辽宁省在经济发展过程中会有物流节点资源共享特点,满足辽宁省经济发展过程中的物流需求。

得出结论:新丝绸之路经济带沿线物流节点对辽宁省经济发展的贡献逐年加大,主要原因是物流业在辽宁省的经济发展过程中的地位越来越明显,尤其是在新丝绸之路经济带发展过程中和物流基础设施快速建设时期的表现更为明显。

15）中国吉林方差分解分析

根据表 8-9 的计算结果所示,在中国吉林的经济发展过程中,新丝绸之路经济带沿线物流节点对吉林省经济发展的贡献程度处于逐步上升的阶段,第 1 期为 0,第 10 期为 53.41%,在 10 期内稳步上升,从其发展态势可看出,吉林省经济发展正在朝着多元化发展,对物流业的依靠也在逐步增加。

在物流节点的发展过程中,吉林省经济发展对物流节点的发展贡献程度在逐渐增大,第 1 期为 47.74%,第 10 期为 57.93%,可见吉林省经济发展对新丝绸之路经济带沿线物流节点的发展贡献在稳步增加，说明吉林省在经济发展过程中会有物流节点资源共享特点，满足吉林省经济发展过程中的物流需求。

得出结论：新丝绸之路经济带沿线物流节点对吉林省经济发展的贡献逐年加大，主要原因是物流业在吉林省的经济发展过程中的地位越来越稳定，尤其是在新丝绸之路经济带发展过程中和物流基础设施快速建设时期的表现更为明显。

16）中国黑龙江方差分解分析

根据表 8-9 的计算结果所示，在中国黑龙江的经济发展过程中，新丝绸之路经济带沿线物流节点对黑龙江省经济发展的贡献程度处于逐步上升的阶段，第 1 期为 0，第 10 期为 0.21%，在 10 期内稳步上升，但上升幅度较小，黑龙江省经济发展正在朝着多产业化发展，并非依靠物流业单一产业发展而存在。

在物流节点的发展过程中，黑龙江省经济发展对物流节点的发展贡献程度在平稳发展，第 1 期为 98.22%，第 10 期为 99.43%，可见黑龙江省经济发展对新丝绸之路经济带沿线物流节点的发展贡献在平稳发展，说明黑龙江省在经济发展过程中对物流业的需求始终趋于平稳。

得出结论：新丝绸之路经济带沿线物流节点对黑龙江省经济发展的贡献平稳发展，主要原因是物流业在黑龙江省的经济发展过程中的地位越来越稳定，尤其是在新丝绸之路经济带发展过程中和物流基础设施快速建设时期的表现更为稳定。

17）中国云南方差分解分析

根据表 8-9 的计算结果所示，在中国云南的经济发展过程中，新丝绸之路经济带沿线物流节点对云南省经济发展的贡献程度处于逐步上升并回落的阶段，第 1 期为 0，第 10 期为 18.45%，在 10 期内稳步上升并稳步回落，且幅度都不是很大，从其发展态势可看出，云南省经济发展并非依靠物流业单一产业而存在。

在物流节点的发展过程中，云南省经济发展对物流节点的发展贡献程度在逐渐增大，第 1 期为 58.68%，第 10 期为 79.64%，可见云南省经济发展对新丝绸之路经济带沿线物流节点的发展贡献在逐步增加，说明云南省在经济发展过程中会有物流节点资源共享的特点，满足云南省经济发展过程中的物流需求。

得出结论：新丝绸之路经济带沿线物流节点对云南省经济发展的贡献逐年加大，主要原因是物流业在云南省的经济发展过程中的地位越来越明显，尤其是在新丝绸之路经济带发展过程中和物流基础设施快速建设时期的表现更为明显。

18）中国广东方差分解分析

根据表 8-9 的计算结果所示，在中国广东的经济发展过程中，新丝绸之路经济带沿线物流节点对广东省经济发展的贡献程度处于逐步上升的阶段，第 1 期为 0，第 10 期为 7.78%，在 10 期内稳步上升，且上升缓慢，广东省经济发展正在朝着多元化发展，并非依靠物流业单一产业的发展而存在。

在物流节点的发展过程中，广东省经济发展对物流节点的发展贡献程度在逐渐增大，第 1 期为 74.31%，第 10 期为 82.23%，可见广东省经济发展对新丝绸之路经济带沿线物流节点的发展贡献在逐步缓慢增加，说明广东省在经济发展过程中对物流业的需求逐年增加且稳定。

得出结论：新丝绸之路经济带沿线物流节点对广东省经济发展的贡献逐年加大，主要原因是物流业在广东省的经济发展过程中的地位越来越稳定，尤其是在新丝绸之路经济带发展过程中和物流基础设施快速建设时期的表现更为明显且稳定。

19）中国广西方差分解分析

根据表 8-9 的计算结果所示，在中国广西的经济发展过程中，新丝绸之路经济带沿线物流节点对广西壮族自治区经济发展的贡献程度处于逐步上升的阶段，第 1 期为 0，第 10 期为 51.94%，在 10 期内稳步上升，从其发展态势可看出，广西壮族自治区经济发展正在朝着多元化发展，并非依靠物流业单一产业发展而存在。

在物流节点的发展过程中，广西壮族自治区经济发展对物流节点的发展贡献程度在逐渐减小，第 1 期为 5.50%，第 10 期为 1.78%，可见广西壮族自治区经济发展对新丝绸之路经济带沿线物流节点的发展贡献在逐渐减少，减少幅度较小，说明广西壮族自治区在经济发展过程中对物流业的需求在逐年缓慢减少。

得出结论：新丝绸之路经济带沿线物流节点对广西壮族自治区经济发展的贡献逐年缓慢减小。

20）哈萨克斯坦方差分解分析

根据表 8-9 的计算结果所示，在哈萨克斯坦的经济发展过程中，新丝绸之路经济带沿线物流节点对哈萨克斯坦经济发展的贡献程度处于逐步上升的阶段，第 1 期为 0，第 10 期为 2.14%，在 10 期内平稳发展，从其发展态势可看出，哈萨克斯坦经济发展并非依靠物流业单一产业发展而存在。

在物流节点的发展过程中，哈萨克斯坦经济发展对物流节点的发展贡献程度在逐渐增大，第 1 期为 1.31%，第 10 期为 30.99%，可见哈萨克斯坦经济发展对新丝绸之路经济带沿线物流节点的发展贡献在逐年增加，说明哈萨克斯坦在经济发展过程中会有物流节点资源共享特点，满足哈萨克斯坦经济发展过程中的物流需求。

得出结论：新丝绸之路经济带沿线物流节点对哈萨克斯坦经济发展的贡献逐年加大，主要原因是物流业在哈萨克斯坦的经济发展过程中的地位越来越明显，尤其是在新丝绸之路经济带发展过程中和物流基础设施快速建设时期的表现更为明显。

21）吉尔吉斯斯坦方差分解分析

根据表 8-9 的计算结果所示，在吉尔吉斯斯坦的经济发展过程中，新丝绸之路经济带沿线物流节点对吉尔吉斯斯坦经济发展的贡献程度处于逐步上升的阶段，第 1 期为 0，第 10 期为 12.48%，在 10 期内稳步上升，从其发展态势可看出，吉尔吉斯斯坦经济发展并非依靠物流业单一产业发展而存在。

在物流节点的发展过程中，吉尔吉斯斯坦经济发展对物流节点的发展贡献程度在逐渐增大，第 1 期为 0.85%，第 10 期为 38.75%，可见吉尔吉斯斯坦经济发展对新丝绸之路经济带沿线物流节点的发展贡献在快速增加，说明吉尔吉斯斯坦在经济发展过程中对物流业的需求在快速增加。

得出结论：新丝绸之路经济带沿线物流节点对吉尔吉斯斯坦经济发展的贡献逐年加大，主要原因是物流业在吉尔吉斯斯坦经济发展过程中的地位越来越明显，尤其是在新丝绸之路经济带发展过程中和物流基础设施快速建设时期的表现更为明显。

22）塔吉克斯坦方差分解分析

根据表 8-9 的计算结果所示，在塔吉克斯坦的经济发展过程中，新丝绸之路经济带沿线物流节点对塔吉克斯坦经济发展的贡献程度处于逐步上升的阶段，第 1 期为 0，第 10 期为 10.16%，在 10 期内稳步上升，从其发展态势可看出，塔吉克斯坦经济发展并非依靠物流业单一产业发展而存在。

在物流节点的发展过程中，塔吉克斯坦经济发展对物流节点的发展贡献程度在逐渐增大，第 1 期为 9.22%，第 10 期为 62.45%，可见塔吉克斯坦经济发展对新丝绸之路经济带沿线物流节点的发展贡献在快速增加，说明塔吉克斯坦在经济发展过程中会有物流节点资源共享特点，满足塔吉克斯坦经济发展过程中的物流需求。

得出结论：新丝绸之路经济带沿线物流节点对塔吉克斯坦经济发展的贡献逐年加大，主要原因是物流业在塔吉克斯坦的经济发展过程中的地位越来越明显，尤其是在新丝绸之路经济带发展过程中和物流基础设施快速建设时期的表现更为明显。

23）乌兹别克斯坦方差分解分析

根据表8-9的计算结果所示，在乌兹别克斯坦的经济发展过程中，新丝绸之路经济带沿线物流节点对乌兹别克斯坦经济发展的贡献程度处于逐步上升的阶段，第1期为0，第10期为15.92%，在10期内稳步上升，从其发展态势可看出，乌兹别克斯坦经济发展正在朝着多元化发展，并非依靠单一产业发展而存在。

在物流节点的发展过程中，乌兹别克斯坦经济发展对物流节点的发展贡献程度在逐渐减小，第1期为46.48%，第10期为30.51%，可见乌兹别克斯坦经济发展对新丝绸之路经济带沿线物流节点的发展贡献在逐步减少，说明乌兹别克斯坦在经济发展过程中对物流业的物流需求在逐年减少。

得出结论：新丝绸之路经济带沿线物流节点对乌兹别克斯坦经济发展的贡献逐年减少。

24）土库曼斯坦方差分解分析

根据表8-9的计算结果所示，在土库曼斯坦的经济发展过程中，新丝绸之路经济带沿线物流节点对土库曼斯坦经济发展的贡献程度处于平稳阶段，第1期为0，第10期为0.37%，在10期内发展稳步，从其发展态势可看出，土库曼斯坦经济发展并非依靠物流业单一产业发展而存在。

在物流节点的发展过程中，土库曼斯坦经济发展对物流节点的发展贡献程度在逐渐增大，第1期为73.33%，第10期为97.79%，可见土库曼斯坦经济发展对新丝绸之路经济带沿线物流节点的发展贡献在逐步增加，并趋于平稳，说明土库曼斯坦在经济发展过程中会有物流节点资源共享特点，满足土库曼斯坦经济发展过程中的物流需求。

得出结论：新丝绸之路经济带沿线物流节点对土库曼斯坦经济发展的贡献平稳增大，并趋于平缓，主要原因是物流业在土库曼斯坦的经济发展过程中的地位越来越稳定，尤其是在新丝绸之路经济带发展过程中和物流基础设施快速建设时期的表现更为稳定。

25）伊朗方差分解分析

根据表 8-9 的计算结果所示，在伊朗的经济发展过程中，新丝绸之路经济带沿线物流节点对伊朗经济发展的贡献程度处于逐步上升的阶段，第 1 期为 0，第 10 期为 46.99%，在 10 期内稳步上升，从其发展态势可看出，伊朗经济发展正在朝着多元化发展，并非依靠物流业单一产业发展而存在。

在物流节点的发展过程中，伊朗经济发展对物流节点的发展贡献程度在逐渐增大，第 1 期为 0.02%，第 10 期为 32.18%，可见伊朗经济发展对新丝绸之路经济带沿线物流节点的发展贡献在逐年增加，说明伊朗在经济发展过程中会有物流节点资源共享特点，满足伊朗经济发展过程中的物流需求。

得出结论：新丝绸之路经济带沿线物流节点对伊朗经济发展的贡献逐年加大，主要原因是物流业在伊朗的经济发展过程中的地位越来越明显，尤其是在新丝绸之路经济带发展过程中和物流基础设施快速建设时期的表现更为明显。

26）土耳其方差分解分析

根据表 8-9 的计算结果所示，在土耳其的经济发展过程中，新丝绸之路经济带沿线物流节点对土耳其经济发展的贡献程度处于逐步上升的阶段，第 1 期为 0，第 10 期为 69.01%，在 10 期内稳步上升，从其发展态势可看出，土耳其经济发展并非依靠物流业单一产业发展而存在。

在物流节点的发展过程中，土耳其经济发展对物流节点的发展贡献程度在逐渐减小，第 1 期为 47.83%，第 10 期为 18.23%，可见土耳其经济发展对新丝绸之路经济带沿线物流节点的发展贡献在减小，说明土耳其在经济发展过程中对物流业的需求在逐渐减小。

得出结论：新丝绸之路经济带沿线物流节点对土耳其经济发展的贡

献逐年减小。

27）白俄罗斯方差分解分析

根据表8-9的计算结果所示，在白俄罗斯的经济发展过程中，新丝绸之路经济带沿线物流节点对白俄罗斯经济发展的贡献程度处于逐步上升的阶段，第1期为0，第10期为4.49%，在10期内稳步上升，且上升幅度较小，从其发展态势可看出，白俄罗斯经济发展正在朝着多元化发展，并非依靠物流业发展而存在。

在物流节点的发展过程中，白俄罗斯经济发展对物流节点的发展贡献程度在逐渐增大，第1期为50.35%，第10期为86.14%，可见白俄罗斯经济发展对新丝绸之路经济带沿线物流节点的发展贡献在稳步增加，说明白俄罗斯在经济发展过程中会有物流节点资源共享特点，满足白俄罗斯经济发展过程中的物流需求。

得出结论：新丝绸之路经济带沿线物流节点对白俄罗斯经济发展的贡献逐年增加，主要原因是物流业在白俄罗斯的经济发展过程中的地位越来越明显，尤其是在新丝绸之路经济带发展过程中和物流基础设施快速建设时期的表现更为明显。

28）德国方差分解分析

根据表8-9的计算结果所示，在德国的经济发展过程中，新丝绸之路经济带沿线物流节点对德国经济发展的贡献程度处于逐步上升的阶段，第1期为0，第10期为34.56%，在10期内稳步上升，从其发展态势可看出，德国经济发展正在朝着多元化发展，并非依靠物流业的发展而存在。

在物流节点的发展过程中，德国经济发展对物流节点的发展贡献程度在逐渐增大，第1期为27.31%，第10期为45.57%，可见德国经济发展对新丝绸之路经济带沿线物流节点的发展贡献在稳步增加，说明德国在经济发展过程中对物流业的需求在逐年增加。

得出结论：新丝绸之路经济带沿线物流节点对德国经济发展的贡献逐年增加，主要原因是物流业在德国的经济发展过程中的地位越来越明显，尤其是在新丝绸之路经济带发展过程中和物流基础设施快速建设时期的表现更为明显且稳定。

29）荷兰方差分解分析

根据表 8-9 的计算结果所示，在荷兰的经济发展过程中，新丝绸之路经济带沿线物流节点对荷兰经济发展的贡献程度处于逐步上升的阶段，第 1 期为 0，第 10 期为 2.51%，在 10 期内稳步上升且上升缓慢，从其发展态势可知，荷兰经济发展并非依靠物流业单一产业发展而存在。

在物流节点的发展过程中，荷兰经济发展对物流节点的发展贡献程度在逐渐增大，第 1 期为 39.68%，第 10 期为 43.74%，可见荷兰经济发展对新丝绸之路经济带沿线物流节点的发展贡献在逐步增加，说明荷兰在经济发展过程中会有物流节点资源共享特点，满足荷兰经济发展过程中的物流需求。

得出结论：新丝绸之路经济带沿线物流节点对荷兰经济发展的贡献逐年加大，主要原因是物流业在荷兰的经济发展过程中的地位越来越稳定，尤其是在新丝绸之路经济带发展过程中和物流基础设施快速建设时期的表现更为明显且稳定。

30）波兰方差分解分析

根据表 8-9 的计算结果所示，在波兰的经济发展过程中，新丝绸之路经济带沿线物流节点对波兰经济发展的贡献程度处于逐步上升的阶段，第 1 期为 0，第 10 期为 21.72%，在 10 期内稳步上升，从其发展态势可看出，波兰经济发展对物流业的依存度较低。

在物流节点的发展过程中，波兰经济发展对物流节点的发展贡献程度在逐渐增大，第 1 期为 1.69%，第 10 期为 22.95%，可见波兰经济发展对新丝绸之路经济带沿线物流节点的发展贡献在稳步增加，说明波兰在经济发展过程中会有物流节点资源共享特点，满足波兰经济发展过程中的物流需求。

得出结论：新丝绸之路经济带沿线物流节点对波兰经济发展的贡献逐年加大，主要原因是物流业在波兰的经济发展过程中的地位越来越明显，尤其是在新丝绸之路经济带发展过程中和物流基础设施快速建设时期的表现更为明显。

31）俄罗斯方差分解分析

根据表 8-9 的计算结果所示，在俄罗斯的经济发展过程中，新丝绸之路经济带沿线物流节点对俄罗斯经济发展的贡献程度处于逐步上升的阶段，第 1 期为 0，第 10 期为 3.39%，在 10 期内稳步上升，且上升幅度较小，从其发展态势可看出，俄罗斯经济发展并非依靠物流产业发展而存在。

在物流节点的发展过程中，俄罗斯经济发展对物流节点的发展贡献程度在逐渐增大，第 1 期为 87.31%，第 10 期为 91.25%，可见俄罗斯经济发展对新丝绸之路经济带沿线物流节点的发展贡献在逐步增加，说明俄罗斯在经济发展过程中会有物流节点资源共享特点，满足俄罗斯经济发展过程中的物流需求。

得出结论：新丝绸之路经济带沿线物流节点对俄罗斯经济发展的贡献逐年加大，主要原因是物流业在俄罗斯的经济发展过程中的地位越来越明显，尤其是在新丝绸之路经济带发展过程中和物流基础设施快速建设时期的表现更为明显且稳定。

32）蒙古国方差分解分析

根据表 8-9 的计算结果所示，在蒙古国的经济发展过程中，新丝绸之路经济带沿线物流节点对蒙古国经济发展的贡献程度处于逐步上升后回落的阶段，第 1 期为 0，第 2 期为 0.21%，第 10 期为 0.13%，在 10 期内发展平稳，从其发展态势可看出，蒙古国经济发展对物流业的依存度较低。

在物流节点的发展过程中，蒙古国经济发展对物流节点的发展贡献程度在逐渐增大，第 1 期为 44.80%，第 10 期为 97.83%，可见蒙古国经济发展对新丝绸之路经济带沿线物流节点的发展贡献在快速增长并趋于平稳，说明蒙古国在经济发展过程中对物流业的需求较高。

得出结论：新丝绸之路经济带沿线物流节点对蒙古国经济发展的贡献逐年加大并趋于较高位稳定状态，主要原因是物流业在蒙古国经济发展过程中的地位越来越明显，尤其是在新丝绸之路经济带发展过程中和物流基础设施快速建设时期的表现更为明显且稳定。

33）巴基斯坦方差分解分析

根据表8-9的计算结果所示，在巴基斯坦的经济发展过程中，新丝绸之路经济带沿线物流节点对巴基斯坦经济发展的贡献程度处于逐步上升并回落的阶段，第1期为0，第2期为0.24%，第10期为0.17%，在10期内稳步上升并回落，由此发展态势可知，巴基斯坦经济发展并非依靠物流业单一产业发展而存在。

在物流节点的发展过程中，巴基斯坦经济发展对物流节点的发展贡献程度在逐渐增大，第1期为19.34%，第10期为88.71%，可见巴基斯坦经济发展对新丝绸之路经济带沿线物流节点的发展贡献在快速增加并趋于稳定状态，说明巴基斯坦在经济发展过程中会有物流节点资源共享特点，满足巴基斯坦经济发展过程中的物流需求。

得出结论：新丝绸之路经济带沿线物流节点对巴基斯坦经济发展的贡献逐年加大并趋于高位稳定状态，主要原因是物流业在巴基斯坦经济发展过程中的地位越来越明显，尤其是在新丝绸之路经济带发展过程中和物流基础设施快速建设时期的表现更为明显且稳定。

34）孟加拉国方差分解分析

根据表8-9的计算结果所示，在孟加拉国的经济发展过程中，新丝绸之路经济带沿线物流节点对孟加拉国经济发展的贡献程度处于逐步上升的阶段，第1期为0，第10期为61.99%，在10期内稳步上升，从其发展态势可看出，孟加拉国经济发展对物流业发展的依存度也较高。

在物流节点的发展过程中，孟加拉国经济发展对物流节点的发展贡献程度在逐渐增大，第1期为0.14%，第10期为13.11%，可见孟加拉国经济发展对新丝绸之路经济带沿线物流节点的发展贡献在逐步增加，说明孟加拉国在经济发展过程中对物流业的需求在逐年增加，且增加幅度不大。

得出结论：新丝绸之路经济带沿线物流节点对孟加拉国经济发展的贡献逐年增加，尤其是在新丝绸之路经济带发展过程中和物流基础设施快速建设时期的表现更为明显。

35）印度方差分解分析

根据表8-9的计算结果所示，在印度的经济发展过程中，新丝绸之路经济带沿线物流节点对印度经济发展的贡献程度处于逐步上升的阶段，第1期为0，第10期为0.06%，在10期内稳步上升且上升幅度较小，从其发展态势可知，印度经济发展并非依靠物流业的发展而存在。

在物流节点的发展过程中，印度经济发展对物流节点的发展贡献程度在逐渐增大，第1期为92.43%，第10期为99.63%，可见印度经济发展对新丝绸之路经济带沿线物流节点的发展贡献在逐步增加且处于高位平稳的阶段，说明印度在经济发展过程中会有物流节点资源共享特点，满足印度经济发展过程中的物流需求。

得出结论：新丝绸之路经济带沿线物流节点对印度经济发展的贡献逐年加大且稳定，主要原因是物流业在印度经济发展过程中的地位越来越稳定，尤其是在新丝绸之路经济带发展过程中和物流基础设施快速建设时期的表现更为明显且稳定。

36）缅甸方差分解分析

根据表8-9的计算结果所示，在缅甸的经济发展过程中，新丝绸之路经济带沿线物流节点对缅甸经济发展的贡献程度处于逐步上升的阶段，第1期为0，第10期为45.95%，在10期内稳步上升，从其发展态势可知，缅甸经济发展对物流业的依存度较高。

在物流节点的发展过程中，缅甸经济发展对物流节点的发展贡献程度在逐渐增大，第 1 期为 23.97%，第 10 期为 51.71%，可见缅甸经济发展对新丝绸之路经济带沿线物流节点的发展贡献在稳步增加，说明缅甸在经济发展过程中对物流业的需求有所增加。

得出结论：新丝绸之路经济带沿线物流节点对缅甸经济发展的贡献逐年加大，主要原因是物流业在缅甸经济发展过程中的地位越来越明显，尤其是在新丝绸之路经济带发展过程中和物流基础设施快速建设时期的表现更为明显。

37）越南方差分解分析

根据表 8-9 的计算结果所示，在越南的经济发展过程中，新丝绸之路经济带沿线物流节点对越南经济发展的贡献程度处于逐步上升的阶段，第 1 期为 0，第 10 期为 17.03%，在 10 期内稳步上升，但上升幅度不大，从其发展态势可知，越南经济发展并非依靠物流产业发展而存在。

在物流节点的发展过程中，越南经济发展对物流节点的发展贡献程度在逐渐增大，第 1 期为 11.88%，第 10 期为 45.34%，可见越南经济发展对新丝绸之路经济带沿线物流节点的发展贡献在稳步增加，说明越南在经济发展过程中会有物流节点资源共享特点，满足越南经济发展过程中的物流需求。

得出结论：新丝绸之路经济带沿线物流节点对越南经济发展的贡献逐年增加，尤其是在新丝绸之路经济带发展过程中和物流基础设施快速建设时期的表现更为明显。

38）新加坡方差分解分析

根据表 8-9 的计算结果所示，在新加坡的经济发展过程中，新丝绸之路经济带沿线物流节点对新加坡经济发展的贡献程度处于逐步上升的阶段，第 1 期为 0，第 10 期为 10.71%，在 10 期内稳步上升，且上升幅度较小，从其发展态势可知，新加坡经济发展面临多元化发展，并非依靠物流业单一产业发展而存在。

在物流节点的发展过程中，新加坡经济发展对物流节点的发展贡献程度在逐渐增大，第1期为47.92%，第10期为68.43%，可见新加坡经济发展对新丝绸之路经济带沿线物流节点的发展贡献在稳步增加，说明新加坡在经济发展过程中会有物流节点资源共享特点，基本满足新加坡经济发展过程中的物流需求。

得出结论：新丝绸之路经济带沿线物流节点对新加坡经济发展的贡献逐年稳步增加，主要原因是物流业在新加坡的经济发展过程中的地位越来越明显，尤其是在新丝绸之路经济带发展过程中和物流基础设施快速建设时期的表现更为明显且稳定。

39）老挝方差分解分析

根据表8-9的计算结果所示，在老挝的经济发展过程中，新丝绸之路经济带沿线物流节点对老挝经济发展的贡献程度处于逐步上升的阶段，第1期为0，第10期为0.64%，在10期内稳步上升且上升幅度较小，从其发展态势可知，老挝经济发展并非依靠物流业的发展而存在。

在物流节点的发展过程中，老挝经济发展对物流节点的发展贡献程度在逐渐增大，第1期为45.81%，第10期为96.44%，可见老挝经济发展对新丝绸之路经济带沿线物流节点的发展贡献在快速增加并处于高位稳定的阶段，说明老挝在经济发展过程中会有物流节点资源共享特点，满足老挝经济发展过程中的物流需求。

得出结论：新丝绸之路经济带沿线物流节点对老挝经济发展的贡献逐年加大，主要原因是物流业在老挝经济发展过程中的地位越来越明显，尤其是在新丝绸之路经济带发展过程中和物流基础设施快速建设时期的表现更为明显且稳定。

40）马来西亚方差分解分析

根据表8-9的计算结果所示，在马来西亚的经济发展过程中，新丝绸之路经济带沿线物流节点对马来西亚经济发展的贡献程度处于逐步上升的阶段，第1期为0，第10期为28.01%，在10期内稳步上升，由其发展态势可知，马来西亚经济发展面临多元化发展，并非依靠物流业单一产业发展而存在。

在物流节点的发展过程中，马来西亚经济发展对物流节点的发展贡献程度在逐渐增大，第 1 期为 12.05%，第 10 期为 66.83%，可见马来西亚经济发展对新丝绸之路经济带沿线物流节点的发展贡献在稳步增加，说明马来西亚在经济发展过程中对物流业的需求在逐步加大。

得出结论：新丝绸之路经济带沿线物流节点对马来西亚经济发展的贡献逐年增加，主要原因是物流业在马来西亚经济发展过程中的地位越来越明显，尤其是在新丝绸之路经济带发展过程中和物流基础设施快速建设时期的表现更为明显。

8.5　本章小结

本章在建立 VAR 模型的基础上，通过模型对物流指标和区域经济发展指标数据进行参数估计分析，在滞后期为 10 周期的前提下，运用脉冲响应函数分析和方差分解分析得知，物流节点网络与区域经济发展的影响关系可分为三种类型。

其一是大多数物流节点对区域经济发展的相互促进作用非常明显，在滞后期内物流节点和区域经济的相互作用非常突出，且物流节点之间的合作较多，这些节点主要出现在国内和国外区域中我国为其建设物流基础设施较多的国家。由于近几年我国物流基础设施建设发展较快，所以我国物流节点呈现与区域经济发展相互促进作用非常明显，其中新疆维吾尔自治区的霍尔果斯口岸和天津市的口岸表现尤为突出，经过计算可知这些区域随着新丝绸之路经济带物流基础设施的不断增加，将会有更好的发展前景；随着我国在国外物流节点所投资的物流基础设施网络逐步完善，物流节点之间的互联互通给我国和沿线物流节点带来诸多便利并已初见成效，今后随着新丝绸之路经济带的继续发展，物流节点和区域经济发展将会呈现更为紧密的合作关系。

其二是部分物流节点与区域经济发展的相互促进作用较为明显，这部分物流节点主要出现在与我国合作并非非常密切但已有合作的国外区域，部分区域从计算结果可知物流节点与区域经济发展有上下波动的情况出现，但是整体呈现良好状态。由于在国外这些物流节点的发展过程中，我国对其物流基础设施建设投入较少，其物流基础设施尚未发展完善并未形成物流网络，并且有些国家是近几年才参与“一带一路”倡议，所以在新丝绸之路经济带的发展过程中属于正在发展的物流节点，随着这些物流节点与我国物流产业深入往来，在新丝绸之路经济带发展的过程中逐渐获利，预期在后续的发展过程中将会厚积薄发。

其三是少数物流节点与区域经济发展的相互促进作用较弱，这些物流节点主要出现在国外区域，它们虽然在新丝绸之路经济带的沿线上，但是与我国的物流往来相对较少，加之这些物流节点在区域经济发展的过程中，物流产业的发展占比相对较弱，区域物流需求度较低，所以近期物流节点与区域经济之间呈现的影响力较弱。但是新丝绸之路经济带的发展在我国的带领和推动下，一定是一个长期并稳固的过程，随着经济带物流设施设备的不断完善，将对经济带沿线的这些少数区域释放越来越多的物流供给，区域经济发展会逐渐提升对物流业的需求，逐步提高区域经济发展水平。

第9章 研究结论与对策建议

9.1 研究结论

本研究在全面梳理国内外有关物流节点，物流网络、“一带一路”与物流研究文献的基础上，全面梳理我国物流通道、物流枢纽、重点物流节点，收集和整理新丝绸之路经济带沿线物流节点的数据，建立数学模型，通过定性与定量方法的结合，进行课题研究。将新丝绸之路经济带沿线国家和地区作为物流节点，对其进行物流节点效率分析、物流需求预测、物流节点引力关系计算、网络层级分布、物流节点与区域经济发展影响分析。

对我国30个省、自治区、直辖市通过建立指标体系，收集2014—2020年的物流指标数据，运用DEA方法进行区域物流效率分析，其目的在于全面了解我国区域物流发展现状的同时，了解经济带沿线我国境内省、自治区、直辖市的物流发展效率。研究表明，我国东部和西部、东部和东北部物流效率差别较大，在物流指标投资过程中，东部地区物流指标投入较多，有些指标出现投入过剩问题；西部地区物流指标投入略显不足，尤其是物流基础设施投入指标每年都会出现不同程度的投入不足问题，这也是西部地区物流效率不高的主要原因；我国东北部地区由于物流通道效率较低导致整体物流效率不高。

通过研究得知，新丝绸之路经济带中欧班列运行形势良好，从开行第一列研究终止时，始终保持着很高的载货率，在品牌优势、货源货品、开行数量等方面均保持整体向好的发展趋势；西部陆海新通道建设中通过我国西南部物流通道的优势，拉动全国的物流效率，为新丝绸之路经济带沿线国家和地区的物流发展提供了强有力的物流基础准备。

运用 DEA 方法得到中国—中亚—西亚经济走廊物流节点效率较好；新亚欧大陆桥经济走廊物流节点效率呈现出最佳良好；中巴经济走廊物流节点效率良好；中蒙俄经济走廊物流节点效率尚好；孟中印缅物流节点效率逐年进步；中国—中南半岛经济走廊物流效率结果良好。

运用物流需求预测分析方法得到中国—中亚—西亚经济走廊物流需求快速增长；新亚欧大陆桥经济走廊物流效率物流需求走向趋高；中巴经济走廊物流需求增长明显；中蒙俄经济走廊物流需求稳步增长、孟中印缅物流需求平稳缓慢缓增长；中国—中南半岛经济走廊物流需求增长较快。

运用物流引力模型得到中国—中亚—西亚经济走廊、新亚欧大陆桥经济走廊、中蒙俄经济走廊、孟中印缅经济走廊和中国—中南半岛经济走廊沿线可将沿线物流节点划分为强物流引力关系、较强物流引力关系、中度物流引力关系和弱引力关系四个层级；中巴经济走廊因为沿线物流节点较少没有层级划分，两个节点之间呈强引力关系。

运用 VAR 模型进行新丝绸之路经济带沿线物流节点与区域经济发展影响的分析。通过 Johansen 协整检验和 ADF 检验考查 NODS 和 GDP 综合指标数据的平稳性；通过 VAR 模型进行物流节点的参数估计和检验，掌握物流节点与区域经济发展水平之间的拟合程度；利用脉冲响应函数明确 GDP 和物流节点之间的相互影响程度；利用方差分解分析物流节点和 GDP 在变化的过程中对对方所产生的影响。

综上所述，本研究利用 DEA 方法进行全国区域物流效率分析和经济走廊沿线物流效率分析，可以全面掌握在计算周期内各物流节点的物流贡献，并且可以得知物流投入是冗余还是不足，为今后的物流基础设施建设投入提供科学依据；预测经济走廊物流需求，可客观地得知经济走廊对于物流需求的发展趋势；通过对物流节点关系强弱的描述和分层，为经济走廊物流基础设施的投入建设提供指导依据；通过 VAR 模型分析新丝绸之路经济带沿线物流节点与区域经济发展之间的影响关系，为今后新丝绸之路经济带沿线物流节点与区域经济发展的研究奠定基础。

9.2 对策建议

1. 加强物流基础设施互联互通

新丝绸之路经济带国内区域物流设施设备发展速度较快，但国外大部分地区尤其是经济欠发达地区的物流基础设施发展滞后，自动化程度较低，集约化程度不高，对物流节点和区域经济的发展有着制约性的影响。国际物流保障是新丝绸之路经济带建设的重要方面，在推动新丝绸之路经济带建设走深走实上发挥着重要作用。当前，共建新丝绸之路经济带的国际物流保障能力还比较薄弱，不仅部分参与国家内部面临基础设施建设瓶颈，各参与国家之间的基础设施互联互通上也存在一些短板，导致一些国家难以发挥资源、劳动力等方面的比较优势，也影响生产要素和商品顺畅流动。为提升新丝绸之路经济带参与国家基础设施互联互通水平，提高共建新丝绸之路经济带的国际物流保障能力，我国将发挥自身在资金、技术和基础设施建设等方面的优势，依托物流基础设施互联互通，打造国际物流合作平台，通过物流技术体系建设、物流供需精准对接、物流新领域的前瞻性布局，为新丝绸之路经济带物流节点与区域经济发展提供物流基础设施互联互通保障。

2. 健全大数据智慧共享平台

根据新丝绸之路经济带沿线物流节点发展特点，以改变物流信息技术劣势为主要任务，健全新丝绸之路经济带大数据智慧共享平台。以数字技术为支撑，充分发挥大数据智慧共享平台企业与伙伴开放协作的优势，为新丝绸之路经济带沿线的产业链、供应链韧性和稳定性贡献力量。国务院办公厅转发国家发展改革委、交通运输部《关于进一步降低物流成本的实施意见》，明确提出推动降低物流成本与新基建相结合，加快推进新一代国家交通控制网、智慧公路、智慧港口、智慧物流园区等融合型基础设施建设，推广运用 5G 技术、物联网、人工智能、区块链等新兴技术。新丝绸之路经济带沿线物流节点从推动降低物流成本与新基建相结合，到通过大数据技术使用自动驾驶、自动装卸堆存、无人配送等应用基础设施，再到推动智慧物流，通过物流流程融合、物流服务共享、物流信息共通和物流数据融合，物流节点之间协作共生、互惠共赢，大数据智慧共享平台的加快发展带来新丝绸之路经济带经济发展的新方向。

3. 建立物流产业集群

加大对我国国家物流枢纽、国家骨干冷链物流基地、示范物流园区等“国字号”物流平台的支持力度，结合新丝绸之路经济带沿线各区域的自身经济、地域特征，积蓄社会物流能力，有计划、有针对性地发展重点、特色和优势物流产业，建立国内企业与国外企业之间、国外企业与我国政府之间的产业协调机制，形成一定规模的物流产业集群，发挥产业集群效应；规划新丝绸之路经济带沿线区域的集群化产业布局，形成物流区块或区域，实现物流业务活动的规模经济，通过物流产业内部汇集、集成、整合来增强新丝绸之路经济带沿线区域的物流发展能力；建立利益共享机制，以扩大业务量、节约物流成本、提高物流效率为目标，达到新丝绸之路经济带沿线区域的互利共赢；在新丝绸之路经济带沿线区域内努力培植一批具备供应链整合能力、国际联运货代组织能力、冷链运作能力等具有现代化物流能力的新型社会化物流服务组织，在不断更迭物流产业元素的同时，推进新丝绸之路经济带沿线区域物流业和经济的发展。

4. 提升产业链融合能力

随着新丝绸之路经济带的持续发展，经济带的产业链、供应链核心竞争力不断增强，在全球产业链、供应链中的地位持续攀升，但产业链融合能力较差的情况较为突出，不同产业在发展速度、发展阶段和现代化水平上有明显差异。根据新丝绸之路经济带沿线物流节点和各区域的具体物流业务做好战略设计、加强精准施策，注重补短板和锻长板，着力提升新丝绸之路经济带产业链融合能力。在经济带发展的关键领域、薄弱环节着力，强链补链，提升产业链整体融合实力和现代化水平。深度融合新丝绸之路经济带的产业链，将会使经济带沿线区域的经济发展更具稳定性和韧性，以经济带现有优势产业为突破口，发挥其规模优势、配套优势和先发优势，提高经济带产业链融合发展能力，将补足产业链、延长产业链、稳固产业链、建强产业链作为有效方式，通过推动要素功能集成、产业协作配套、产城融合发展，打造共创共融共赢共生的产业链形态，形成专业化、市场化、集群化的经济共同体，促进产业链现代化发展，提升产业链的融合发展水平，为新丝绸之路经济带沿线区域的经济发展提供产业保障。

5. 提高供应链韧性水平

供应链是新丝绸之路经济带沿线区域经济运行的重要基础。新丝绸之路经济带供应链的形成是经济全球化背景下全球分工的必然结果。供应链的韧性，从根本上说，指的是企业快速识别以及应对供应中断，并从中恢复的能力。如何应对冲击和挑战，打造韧性供应链，成为经济带沿线企业关注的焦点。我国作为世界制造大国和最大的消费者市场，有着全世界最广泛、最完整的产业链和供应链布局。例如，中欧班列作为共建新丝绸之路经济带标志性品牌，截至 2021 年年底累计开行班列超过 4.9 万列，通达欧洲 23 个国家 180 个城市，运输货物 443.2 万标箱，已成为推动中欧贸易互利共赢的“加速器”、稳定全球供应链的“黄金通道”。提高新丝绸之路经济带的供应链韧性水平，以切实行动深化供应链韧性的新丝绸之路经济带沿线各区域合作，与各国一道推动科技创新、提升供应链水平、实现数字化转型，共同构筑安全稳定、畅通高效、开放包容、互利共赢的供应链体系，提升物流效率和质量，为新丝绸之路经济带沿线国家和地区的经济发展带来价值和收益。

参考文献

[1] 王富忠.2018年中国中亚共建丝路经济带发展报告[R].丝绸之路经济带发展报告,2019,1:222-232.

[2] 王富忠.2019年中国中亚共建丝路经济带发展报告[R].丝绸之路经济带发展报告,2020,3:171-182.

[3] 王富忠.2020年中国中亚共建丝绸之路经济带发展报告[R].丝绸之路经济带发展报告,2021,1:181-195.

[4] 阿依古力·依明.2021年中国中亚共建丝绸之路经济带发展报告[R].丝绸之路经济带发展报告,2022,2:258-279.

[5] 姜涛.2019年新亚欧大陆桥发展报告[R].丝绸之路经济带发展报告,2020,3:194-204.

[6] 曹林,裴成荣.新亚欧大陆桥经济走廊建设与对策研究报告[R].丝绸之路经济带发展报告,2020,3:217-229.

[7] 谢晋.2020年新亚欧大陆桥经济走廊发展报告[R].丝绸之路经济带发展报告,2021,1:206-213.

[8] 彭静怡.新亚欧大陆桥经济走廊产业合作发展现状[R].“一带一路”产业合作发展报告,2021,8:86-97.

[9] 谢晋.2021年新亚欧大陆桥经济走廊发展报告[R].丝绸之路经济带发展报告,2022,2:299-309.

[10] 李景峰.2018年中巴经济走廊发展报告[R].丝绸之路经济带发展报告,2019,1:238-251.

[11] 李景峰.2019年中巴经济走廊发展报告[R].丝绸之路经济带发展报告,2020,2:280-299.

[12] 李景峰.2020年中巴经济走廊发展报告[R].丝绸之路经济带发展报告,2021,1:196-205.

[13] 王宇弘.中巴经济走廊产业合作发展现状[R].“一带一路”产业合作发展报告,2021,8:129-146.

[14] 李景峰.2021年中巴经济走廊发展报告[R].丝绸之路经济带发展报告,2022,2:280-298.

[15] 彭静怡,刘丽珊.中蒙俄经济走廊产业合作发展现状[R].“一带一路”产业合作发展报告,2021,8:51-71.

[16] 彭静怡.孟中印缅经济走廊产业合作发展现状[J].“一带一路”产业合作发展报告,2021,8:113-129.

[17] 王琳华.中国对中南半岛的FDI和OFDI对中国技术创新的影响[J].经济动态与评论,2019,12:148-166.

[18] 彭静怡.中国—中南半岛经济走廊产业合作发展现状[R].“一带一路”产业合作发展报告,2021,8:98-112.

[19] 龚燕秋.基于演化博弈的中欧班列开行城市协同运营研究[D].重庆工商大学,2021,6:98-112.